本书受到山东艺术学院科研出版基金资助

INTERNATIONAL
CULTURAL TRADE

国际文化贸易

张　斌◎编著

人民出版社

序　言

当前,"一带一路"倡议取得了很多积极成果,尤其在交通和民心相通、贸易相通等方面进展迅速。文化相通正是民心相通的重要推动力,而中国文化"走出去"是促进文化相通的重要环节和步骤。关于中国文化"走出去"的主要形式和道路,我个人认为有三种:"送出去""卖出去"和"投出去"。所谓"送出去",就是通过对外文化交流,通过公益性的文化服务和文化交流活动,使中国文化为外国民众所了解;所谓"卖出去",就是通过国际文化贸易的手段向各国销售本国的文化产品,提供文化服务;所谓"投出去",就是对外文化投资,具体而言就是中国的企业在海外设立文化类分公司或办事处,或并购外国著名的文化企业,或与外国企业合资在外国设立文化企业,进行文化投资和经营活动,统筹国内和国外的文化生产和销售。对外文化投资将成为我国对外文化贸易的重要推手。国际文化贸易已经成为近年来我国文化"走出去"的主要手段之一,在增强我国文化产业竞争力和我国文化国际影响力、国家软实力方面发挥了越来越重要的作用。文化贸易逆差在逐步减小,推动了我国文化产业规模和质量的提升。我预测未来中国文化"走出去",将出现对外文化交流、对外文化贸易和对外文化投资"三位一体"、并重发展的格局。

山东艺术学院的张斌博士近年来一直从事国际文化贸易的研究,是我国文化贸易研究领域的优秀青年学者。他曾经完成了博士学位论文《国际文化贸易壁垒研究》,获得了专家们的好评。现在呈现在眼前的这部新作《国际文化贸易》更是倾注了他无数心血。该书分为九章,分别为:文化产品的国际贸易流程、版权的国际贸易、我国的版权贸易概况、有中国特色的文化贸易行政管理、国际文化贸易的历史、国际文化贸易的现状、国际文化贸易壁垒、文化贸易壁垒效果的案例分析和中国的文化贸易保护措施。该书内容比较全面,既包括了不同类型的国际文化贸易,又探讨了国际文化贸易的历史、现状和壁垒问题;既有理论,也关注了实践。全书理论和实践结合,案例和研究结合,体现了作者对于我国和国际文化贸易发展现状的深入思考,展示了张斌博士良好的学术素养和严谨的治学精神。因此,我认为,这本新作是一本具有较高学术水平的著作。

我和张斌博士曾经在国内的多次学术会议上交流过关于国际文化贸易的看法。他为人实在、热心,对文化贸易研究充满了热情。今天看到他的最新成果,我十分高兴,欣然为之作序。期待张斌博士在未来的国际文化贸易研究道路上取得更多更好的成果。

是为序。

吴 承 忠

对外经贸大学文化与休闲产业研究中心主任、
公共管理学院教授、博士生导师
2018 年 9 月 10 日于对外经贸大学宁远楼

目　　录

第一章　文化产品的国际贸易流程 ·········· 1

　第一节　组织机构方面的准备 ·········· 1

　第二节　图书市场的调研 ·········· 10

　第三节　贸易磋商与合同签订 ·········· 24

　第四节　国际贸易中的价格核算 ·········· 37

　第五节　出口合同的履行 ·········· 53

　第六节　外汇核销与出口退税 ·········· 72

　第七节　暂时进出境货物的监管制度 ·········· 77

第二章　版权的国际贸易 ·········· 83

　第一节　版权贸易的基础知识 ·········· 83

　第二节　版权引进的贸易实务 ·········· 92

　第三节　版权贸易中的平行进口问题 ·········· 119

第三章　我国的版权贸易概况 ·········· 137

　第一节　我国版权贸易的逆差问题 ·········· 137

　第二节　我国版权贸易的引进 ·········· 138

　第三节　我国版权贸易输出中存在的问题 ·········· 142

　第四节　网络版权贸易 ·········· 146

第四章　有中国特色的文化贸易行政管理 ·········· 152

　第一节　出版物进口的经营管理 ·········· 152

　第二节　电影片的进出口 ·········· 157

第三节 关于境外电视节目引进、播出的规定 ······ 160

第四节 关于文物出口的规定 ······ 165

第五章 国际文化贸易的历史 ······ 177

第一节 国际书画贸易溯源 ······ 177

第二节 国际影视贸易溯源 ······ 181

第三节 国际音乐贸易 ······ 188

第六章 国际文化贸易的现状 ······ 192

第一节 宏观文化贸易格局 ······ 192

第二节 国际文化贸易的保护主义思潮 ······ 198

第七章 国际文化贸易壁垒 ······ 204

第一节 关税壁垒 ······ 204

第二节 国产内容配额 ······ 206

第三节 补贴 ······ 217

第四节 文化贸易保护主义思潮的困境 ······ 221

第八章 文化贸易壁垒效果的案例分析 ······ 235
——以美国、加拿大期刊贸易纠纷为例

第一节 背景概述 ······ 235

第二节 加拿大的期刊贸易壁垒 ······ 236

第三节 贸易纠纷的产生及解决 ······ 239

第九章 中国的文化贸易保护措施 ······ 249

第一节 中国的文化贸易壁垒 ······ 249

第二节 中国文化贸易壁垒的局限性 ······ 253

参考文献 ······ 268

第一章　文化产品的国际贸易流程

本章所谓的"文化产品"主要包括图书、报纸、期刊、磁带、CD、VCD、DVD、电影胶片、图书软片等有形物品。在我国，这些产品被认为不但具有娱乐教育、信息传播的功能，还兼有意识形态属性，承担着党和政府的"喉舌"功能，因此对它们的管理是双重的：一方面作为普通物品受国家广播电视总局、文化和旅游部、中宣部的管理，另一方面又作为精神产品受中宣部的管理。这些产品的进出口业务，不但具有一般国际贸易的特点，还具有自身的特殊之处。下面以图书为例，阐述有形文化产品的国际贸易流程。

第一节　组织机构方面的准备

在中国，企业要直接从事对外贸易，首先要申请对外贸易经营权；否则，就只能以委托代理、挂靠等方式间接地从事对外贸易。2004年新修订的《中华人民共和国对外贸易法》正式规定，我国外贸经营权的管理实行备案登记制。为指导其实施，同年商务部颁布了《对外贸易经营者备案登记办法》。按照该办法，企业申请外贸经营权只要按一定程序向外经贸主管部门备案登记即可。但从总体上看，获得外贸经营权的过程包括"办理相关的工商登记手续""办理对外贸易经营者备案登记""办理开展对外贸易需要的其他手续"三个步骤。

一、办理相关的工商登记手续

企业在外贸经营权备案登记前，先要向市场监督管理部门办理相关的工商手续。申请外贸经营权的企业有两类：一是新成立的企业；二是已成立但无外贸经营权的企业。已成立但无外贸经营权的企业要想取得外贸经营资格，相对比较简单：只需到市场监督管理部门办理营业范围的变更，在营业执照上增加一项"货物进出口、技术进出口"。

本书主要介绍成立新公司的注册登记手续。① 目前，我国注册公司的法律依据是《中华人民共和国公司法》和《中华人民共和国公司登记管理条例》。可以注册的公司形式有"有限责任公司"和"股份有限公司"。外贸企业大多数注册为有限责任公司，2013 年《中华人民共和国公司法》修改之后取消了有限责任公司最低注册资本的限制，由公司股东（发起人）自主约定认缴出资额、出资方式、出资期限，并记载于公司章程。如果企业名称中有"进出口"字样，则注册资本不应少于 100 万元。

注册成立公司需要事先备妥下列材料：（1）股东个人资料（身份证原件及复印件、居住地址、电话号码、法人简历）；（2）注册资金；（3）拟注册公司的名称；（4）公司经营范围②；（5）公司住所；（6）住所/经营场所的合法使用证明（如房产证、房屋租赁合同）；（7）股东名册及股东联系电话、联系地址；（8）公司机构的产生办法、各机构职权、议事规则；（9）公司章程。

成立公司的步骤如下：

（一）租房

去专门的写字楼租一间办公室，如果自己有厂房或办公室就更好了，可以省掉一笔费用。与房东签订好租房合同后，再请房东提供一份房产证的复印件，然后到税务局购买租房的印花税，将印花税贴在租房合同的首页。

（二）拟定公司章程

公司章程规定了公司组织和活动的基本准则，涵盖了公司名称、公司住所、经营范围、经营管理制度等重大事项，对公司的成立及运营意义重

---

① 金鑫主编：《国际贸易实务》，北京大学出版社 2015 年版，第 6—11 页。
② 根据《出版管理条例》，报纸、期刊的进口须由国务院出版行政部门指定的机构进行。

大。如果图省事,可从市场监督管理局网站下载《公司章程样本》,结合本公司实际进行增删,达成一致后由所有股东在章程上签字确认。

（三）刻制公司的法定代表人名章

（四）注册公司

到市场监督管理局领取并填写设立公司的各种表格:申请人持市场监督管理局网报系统审核通过的《新设企业五证合一登记申请表》,携带其他纸质资料,前往市场监督管理局多证合一窗口办理。窗口核对信息、资料无误后,将信息导入工商准入系统,生成工商注册号,并在"五证合一"打证平台生成各部门号码,补录相关信息,同时,窗口专人将企业材料扫描,与《工商企业注册登记联办流转申请表》传递至质监、税务、社保、统计等部门,由各部门分别完成后台信息录入;最后打印出载有一个证号的营业执照。大约两天后即可领取营业执照。

（五）刻制公章

持营业执照到公安局指定的刻章处刻制公司的公章及财务专用章。

（六）开立银行账户

凭"五证合一"的营业执照去银行开立基本账户,作为公司未来收付账款的平台。

二、办理对外贸易经营者备案登记

公司注册完毕后,接下来需要到当地市场监督管理局备案,取得进出口经营权,其步骤如下:

首先,登录国家商务部网站(http://www.mofcom.gov.cn),下载并打印《对外贸易经营者备案登记表》,认真填写表上的所有项目,确保信息的准确、完整,《对外贸易经营者备案登记表》的背面应加盖企业公章及法定代表人签字。

然后,向当地商务局提交《对外贸易经营者备案登记表》和营业执照复印件,商务局应当在收到上述材料的 5 天内办理备案登记手续,在《对外贸易经营者备案登记表》上加盖备案登记印章。

三、办理开展对外贸易需要的其他手续

外贸经营权备案登记后还要凭《对外贸易经营者备案登记表》,在一定的时间内到海关、检验检疫等部门办理一些开展对外贸易所需要的手续。2004 年《对外贸易经营者备案登记办法》规定,"对外贸易经营者应凭加盖备案登记印章的《对外贸易经营者备案登记表》,在 30 日内到当地海关、检验检疫、外汇、税务等部门办理开展对外贸易业务所需要的有关手续。逾期未办理的,《对外贸易经营者备案登记表》自动失效"。这些手续主要有:

(一) 办理税务登记

在领取工商营业执照的 30 天内,新企业需携带以下材料到所在地的税务局办理税务登记:

1.工商营业执照和其他核准执业证件;

2.有关合同、章程、协议书;

3.公司法定代表人或负责人的身份证、护照或其他合法证件;

4.税务机关要求提供的其他资料。

如果材料合格,税务局将在 5 个工作日内发放税务登记证。

(二) 到海关办理报关单位的注册登记手续

申领《中华人民共和国进出口货物收发货人报关注册登记证书》,有了该证书,才能够自己办理报关。由于每个海关都有一定的管辖范围,申请人应在自己受辖海关办理注册登记,办理时需提交下列材料:

1.公司法人营业执照复印件;

2.商务局颁发的《对外贸易经营者备案登记表》原件及复印件;

3.公司章程原件及复印件;

4.税务登记证副本原件及复印件;

5.银行开户证明复印件;

6.《报关单位情况登记表》《报关单位管理人员情况登记表》(到辖区海关领取)。

海关注册登记的办理时间约 5 个工作日,材料合格的发给《中华人

民共和国海关进出口货物收发货人报关注册登记证书》（有效期3年），外贸公司凭此办理报关业务。

（三）　到国家外汇管理局申请"经常项目①外汇账户开立核准件"

银行开立了经常项目外汇账户后，应当将账号、币种、开户日期、限额等信息填写在"账户开立核准件"的相应栏中，并将"账户开立核准件"第四联交给申请的公司。公司应在开户之日起10个工作日内，将"账户开立核准件"第四联送到所在地外汇管理局，申领《外汇账户使用证》。

（四）　到出入境检验检疫局办理相关手续

首先，应申领《出入境检验检疫自理报检单位备案登记证书》，有了该证书才能自己办理商检。其次，根据业务需要办理原产地证书、普惠制产地证书的注册登记，以便将来办理原产地证、普惠制产地证。

（五）　办理"中国电子口岸"②入网手续

外贸公司取得经营权后，应当到当地海关办理"中国电子口岸"入网手续，领取"中国电子口岸"企业法人IC卡、"中国电子口岸"企业操作员IC卡，以便登录"中国电子口岸"办理各种业务。"中国电子口岸"网站链接了海关、检验检疫、税务等管理部门，便利了各部门的信息共享与交流，也有利于各部门办理网上审批，提高工作效率。在电子口岸模式下，所有贸易单证的传递、生成都通过网络进行，大大节省了时间。

（六）　办理出口退税手续

外贸公司应到当地税务局网站，下载并填写《出口货物退（免）税认定表》，并提交工商营业执照、税务登记证、海关进出口企业代码等资料。

---

①　经常项目是指国际贸易中经常发生的交易项目，包括进出口、劳务收支、无偿转让（如侨民汇款、无偿援助和捐赠、国际组织收支等）——作者注。

②　中国电子口岸是国务院有关部委将分别掌管的进出口业务信息流、资金流、货物流等电子底账数据集中存放到口岸公共数据中心，为各行政管理部门提供跨部门、跨行业的行政执法数据联网核查，并为企业及中介服务机构提供网上办理进出口业务服务的数据交换平台。

办理了出口货物退税认定手续后,出口的货物就可以按规定办理退(免)税了。

（七）办理图书进出口许可

我国为了鼓励出口,对大部分商品的出口不加管制,不需要办理出口许可。但出于意识形态方面的考虑,我国对书报刊的进口实行指定经营管理。根据海关总署令第 161 号,印刷品及音像制品的进口业务,由国务院有关行政主管部门批准或者指定经营。未经批准,任何单位和个人不得从事出版物进口业务;未经指定,任何单位和个人不得从事报纸、期刊进口业务。

根据《出版管理条例》第四十二条,设立出版物进口经营单位,应当具备下列条件:

1. 有出版物进口经营单位的名称、章程;

2. 有符合国务院出版行政主管部门认定的主办单位及其主管机关;

3. 有确定的业务范围;

4. 具有进口出版物内容审查能力;

5. 有与出版物进口业务相适应的资金;

6. 有固定的经营场所;

7. 法律、行政法规和国家规定的其他条件。

具备上述条件后,申请人需要向所在地的省、自治区、直辖市宣传部提出申请,省、自治区、直辖市宣传部初审合格后,再上报中央宣传部终审,合格的发给"出版物进口经营许可证"。申请单位持《出版物进口经营许可证》到工商局领取营业执照。另外,出版物进口单位在进口前,应对拟进口的出版物的目录进行审查,填写进口《出版物目录备案表》,报省宣传部备案。《出版物目录备案表》应包括以下项目:出版物名称、出版者、国家(地区)、书(报、刊)号、定价、册(份)数、品种总数、进口总量、进口时间、进口海关。

省宣传部收到《出版物目录备案表》后,如发现其中有禁止进口的或暂缓进口的,应在 5 个工作日内通知出版物进口经营单位,并通报海关。对通报禁止进口或者暂缓进口的出版物,进口经营单位不得进口,海关不得放行。

四、我国主要的图书贸易公司简介

目前,经国家批准,有资质从事图书进出口的单位有四十余家,多为国有贸易公司。它们中比较知名的有:中国图书进出口(集团)总公司,隶属于文化和旅游部;北京中科进出口公司,隶属于中国科学出版集团;天津图书进出口总公司,隶属于天津市宣传部。随着文化体制改革的进一步深化,前述进出口公司均完成了转企改制,成为自负盈亏的企业。我国的图书进出口公司可分为三个梯队:实力最强的当数国家级企业,如中国图书进出口(集团)总公司和中国国际图书贸易集团有限公司一直是行业"老大",其他规模小点的有中国教育图书进出口有限公司、中国经济图书进出口有限公司;第二梯队是省市级图书贸易公司,如北京图书进出口总公司、上海图书进出口总公司、厦门外图集团有限公司等;第三梯队是近几年零星出现的私营图书进出口公司,如珍本图书出口公司。下面简要介绍之:

(一) 中国国际图书贸易集团有限公司

中国国际图书贸易集团有限公司的前身是成立于 1949 年 12 月的中国国际书店,是中国的第一个图书对外贸易机构。中国国际书店成立的目的在于统一办理书刊进口、统一发行进口的书刊。中国国际书店先后在北京、上海、天津、沈阳、西安、广州、武汉、重庆开设分店。1958 年,中国国际书店的各地分店先后改名为外文书店或新华书店的外文门市部。中国国际书店在成立之初即设有进货、发行、校对等科室,主要经营苏联、东欧各国的出版物。后来,中国国际书店增设了国际供应科,进口欧美发达国家的科技书籍和文艺作品,也向国外销售我国出版的中外文书刊。1964 年,中国国际书店的进口业务单独划出,由新成立的外文书店[即现在的"中国图书进出口(集团)总公司"]专营,中国国际书店专营图书的出口业务。1981 年,中国国际书店恢复图书进口业务;1983 年,中国国际书店改名为"中国国际图书贸易集团有限公司"。

到 2004 年,中国国际图书贸易集团有限公司的书刊出口贸易额首次突破 1000 万美元,占据全国书刊出口贸易总额 1/2 以上的份额,在中国出版物"走出去"工程中发挥了重要作用。从 2009 年至 2016 年,中国国际图书贸易集团有限公司连续四次被授予"国家文化出口重点企业"。中国国际图书贸易集团有限公司的经营范围包括:图书、报刊、艺术画册、图片、缩微出版物、木版水印艺术复制品、书法绘画原作,以及剪纸、书签、贺卡、麦秆画等,还积极举办境外的中国图书绘画展览、承办国外来华书展。目前,公司已经同全世界 90 多个国家和地区的近 1000 家同行建立了书刊贸易关系,并通过邮购服务方式,直接向全世界 30 万外国报刊订户和读者供应中国书刊。

(二) 中国图书进出口(集团)总公司

中国图书进出口(集团)总公司成立于 1964 年,脱胎于成立于 1949 年的中国国际书店。基于"条块分割"的计划经济管理模式,1964 年 1 月,中国国际书店的进口业务分立出来,成立了"中国外文书店"。1973 年 1 月,中国外文书店改名为"中国图书进口公司",专营出版物进口业务。1981 年 1 月,中国图书进口公司更名为中国图书进出口总公司,恢复出版物的出口业务。2009 年 1 月,经过战略重组,公司的名称变更为中国图书进出口(集团)总公司。

中国图书进出口(集团)总公司的业务涵盖报纸、期刊、图书、文献资料、音像制品、数据库、电子书及其他信息资料等,年经营品种 37 万种,占中国出版物进口市场份额的 60% 以上,是中国内地最大的出版物进出口公司。公司一直致力于国际化运营,目前的海外网点遍布美国、加拿大、英国、德国、法国、日本、澳大利亚、俄罗斯、中国香港等国家或地区,共有 6 家分公司(代表处)、8 家出版公司、12 家书店和发行公司,形成了中国出版业最大的集进口、出口、出版、发行为一体的跨国营销网络。截至 2018 年,由中国图书进出口(集团)总公司创办和承办的北京国际图书博览会,已历时 32 年,成功举办了 25 届,现已成为国际著名的图书交流盛会。

（三）中国教育图书进出口有限公司

1987年，为改进和加强高等学校科技文献保障体系的建设，原国家教委成立了图书进出口企业——中国教育图书进出口有限公司。公司的业务包括纸质图书出口业务、版权贸易业务、国际出版业务、国际会展业务、数据库业务。

与高等院校的密切联系是中国教育图书进出口有限公司的特色。公司长期承担着一批国家级项目的国外图书采购工作，如"高校人民文学出版社会科学图书专款"和"教育部外国教材中心专款"等，并与国内六百多家公共图书馆、高校、科研院所、政府机构以及机关、企事业单位保持合作关系，几乎涵盖所有的"211"和"985"高校，以及国家图书馆、国家科学图书馆、上海市图书馆、广东省立中山图书馆、南京图书馆等众多公共图书馆。此外，公司还承担了教育部的国际赠书项目，接收"美国亚洲基金会"赠书，办理赠书的进口手续和审读工作，并安排赠书的配送及转赠给国内有需求的机构，特别是西部地区的高校。

"报刊电子文献进口部"是公司的特色业务部门之一，专门从事国外和港澳台地区所出版的印刷版报刊、电子版报刊、各类数据库、电子图书、缩微文献、多媒体产品等文献资料的进口业务。

（四）珍本图书出口公司

作为一家私营国际图书贸易公司，"珍本图书出口公司"被中国政府认定为"国家文化出口重点企业"。公司已经与三十多个国家的近百家学术和公共图书馆、贸易商、出版社建立了合作关系。珍本图书出口公司拥有私营企业独有的灵活机制、优惠价格、良好服务。公司经营中文图书、期刊、音像制品、缩微制品、电子书、版权代理、国际汉语教学的教材教辅和图书馆设备，服务于世界各地的学术图书馆、公共图书馆、进口商和汉语教学院校，可以定期为这些机构组织相应的书目，顾客可以在公司的网站上方便地下载书目。在发货时，公司通常采取海运方式以节省运费，并且按国家标准收费。

第二节　图书市场的调研

众所周知,人们对普通物品的使用价值比较容易达成一致意见,无论小麦粉、牛肉,还是牛仔裤、苹果手机。但就一本图书是否有价值、有多大价值,则仁者见仁,智者见智,要受所在国家的语言、文化背景、社会结构、思维方式等因素的影响。在进行图书贸易之前,搜集、分析国外的图书市场,发现其中的商机及潜在的危机,就成了前期准备工作的主要内容。

市场调查的途径有两种:间接调查与直接调查。间接调查是指通过图书经销商的门户网站、外国驻华使馆的文化处、外文报刊及书目等途径,了解潜在生意伙伴的经营范围、财务状况、经营成果、销售渠道等具体信息,并把握语言文字、价值观念、目标地区的经济发展状况等宏观信息。直接调查主要是参加各种国际图书展览,通过与国外出版社人员的访谈与观察,发现值得引进的国外图书,并积极向外方推销自己,帮助外方找到感兴趣的本国作品,这是最快捷有效的方式。

一、间接调查

对普通商品来说,世界各国同时存在着无数的生产商和经销商,要想尽可能多地获得它们的经营项目、营业规模、行业地位、诚信记录等信息,难度极大甚至不可能。但对图书来说,由于国际出版大国集中在美、英、德、法等少数发达国家,也由于20世纪下半叶以来传媒巨头的大肆兼并,现存的图书生产商和经销商数量大幅减少,剩下的多为历史悠久、实力雄厚、信誉可靠的佼佼者,这就降低了国际图书市场的间接调研难度。

(一) 图书市场调研的渠道

1.在版书目

在版书目是一个国家或一个语言区内可销售图书的目录,常用的有

《美国在版书目》《英国在版书目》《德国在版图书目录》《国际复制物出版目录》。这些书目按年出版,几乎涵盖了所在国家的全部出版社新出版的作品,涉及出版社、书名、作者、书号、价格、出版年份等简明扼要的信息,内容广泛,对筛选图书极为有用。通常在联系具体的出版社前,先浏览一下各国的在版书目,寻找感兴趣的图书,再与对方出版社联系。

2. 出版名录

最有参考价值的是《文学市场》和《国际文学市场》,前者主要面向美国和加拿大,后者则面向美、加之外的其他国家。出版名录的优点是可以帮助我们迅速查到出版社的地址、联系电话、传真、主要业务员的姓名、出版方向等核心信息,为我们选择国外出版社提供了便利。

3. 行业性外文报刊

值得参考的有《图书周刊》《出版商周刊》《书商》《出版月刊》《德国图书报》。国外大报的"书评"栏目也可以帮助我们及时发现畅销书种,制订图书引进计划,纯粹的"书评"类刊物有《图书目录》和《选目》,许多综合性大报设有书评专栏,《纽约时报》的书评在读者圈内影响巨大,《时代》《洛杉矶时报》《华盛顿邮报》的书评也很有名气。

（二） 图书贸易的流向

从近几年的数据看,我国引进国外图书的对象主要是英、美发达国家,引进的类别主要是科学技术类、电子类、经济类,这些领域是对方的强项,也是我们努力追赶的目标,这些图书的引进符合中国的宏观发展战略,这种趋势还将持续相当长的时间。

就出口来看,起初中国的图书主要输往周边的中华文化圈（中国港澳台地区、韩国、日本、新加坡、马来西亚）,包括中医中药、气功推拿、民族风情画册。现在,周边的华人文化圈仍然是重要的出口地区,但销往英、美、法等国的图书越来越多,出口的品种也更加多样化,扩大到了现当代文学、人物传记、历史类、语言类,我们和英、美、法、澳形成了某种程度的"产业内贸易"格局,见表1-1。

表 1-1 其他书籍、小册子及类似印刷品的进出口海关统计

(单位:千美元)

年份 进出口 国家和地区	2010		2011		2012		2013	
	出口额	进口额	出口额	进口额	出口额	进口额	出口额	进口额
中国香港	385988	12878	410179	15958	435837	16179	380922	24063
美　国	285430	44150	263155	54161	267090	66824	278368	75721
英　国	98320	25043	110888	35993	116141	42889	92664	67535
德　国	36994	4778	40159	9146	45900	7744	40874	8860
新加坡	4972	21282	7569	21992	10048	23921	19338	34802
澳大利亚	26742	1387	30175	1068	31810	1442	35008	1228
俄罗斯	22590	2192	23699	256	24270	110	24264	390
法　国	30503	822	35928	1236	38813	2155	35738	2289
中国台湾	11570	3697	11564	8982	11714	10689	11853	8506

资料来源:中华人民共和国海关总署:《中国海关统计年鉴》,中国海关出版社 2011、2012、2013、2014 年版。

从市场细分的视角看,中国的图书贸易市场可划分为亚洲市场、北美洲大洋洲市场、欧洲市场,每个地域均呈现出不同的供求特点。①

1. 亚洲市场

东南亚国家是中文书刊的主要市场。过去以中国香港地区为集散转口地,目前逐步建立了直接贸易往来,如新加坡、泰国、菲律宾,主要供应对象是华裔、华侨。

南亚地区以外文书刊为主要销售品种,发行的主要国家有印度、斯里兰卡、尼泊尔、巴基斯坦、孟加拉国等。除英文书刊外,我国还出版了印地文、泰文、乌尔都文、孟加拉文、缅甸文图书,发行量较大。

---

① 尹章池、张麦青、尹鸿编著:《国际图书与版权贸易》,武汉大学出版社 2011 年版,第107—109 页。

蒙古国、朝鲜、越南、老挝等近邻由于实行垄断经营,从中国进口图书的品种不多、数量不大。

2.北美洲大洋洲市场

该市场图书贸易的特点是:(1)中国出版物进入这一地区一般无特殊障碍。中美建交后,尤其是对外开放以来,中国书刊对美国发行不受限制,欧美各国对中国书刊的需求稳定增长;(2)该地区有众多的华侨和选修汉语的外国学生、从事对华经贸交往的人士和研究人员,他们对中文图书的需求量较大;(3)欧美图书市场属买方市场,顾客或书商对每一笔交易都很认真,付款有保证;(4)比较而言,在美国这个较大的市场里,中国图书的发行网点比较薄弱,只在华人社区的一些图书音像商店里才有较多的华文图书和音像制品。近年来,随着华人移民的大量涌入和华人文化层次的大幅提高,华人社区的中文书店也成为发展迅速的行业。凡是华人购物中心都有中文书店,而且经营面积越来越大,品种越来越多。其中有好几家已经形成了一定规模的连锁店,如中国国际图书贸易公司、香港联合出版集团、台湾的世界书局和长青书局等,都有多家连锁书店。在美国的华人尤其是年青一代的新移民,非常希望国内的出版单位能够开发一批实用性强、民族味足的各种载体的出版物,以满足海外华人的实际需要和外国人学习汉语的需要。

3.欧洲市场

在欧洲,旅居的华人没有美国那么多,也不像旅居在澳大利亚的华人迅猛增长,偶尔见到的欧洲"唐人街",其规模和声势也不能与美国和澳大利亚的"唐人街"相比。而且欧洲华人的成分和职业都比较简单,中文出版物在欧洲各国的需求量不大,专门销售中文出版物的书店很少,只有巴黎的友丰书店、凤凰书店等较有名气,并与中国国际图书公司、中国外文书店等单位保持业务联系。在以往的法兰克福书展上,中文出版物的展台通常比较冷清,偶尔来的几位观众,不是亚洲人就是学过中文的欧洲人,来了也只是翻翻中国传统书籍或美术画册之类。但最近十年来,随着中国文化"走出去"步伐的加快,中文图书在欧洲的市场迅速扩大!

（三）国际知名的图书出版机构简介

1.英国的三大出版集团①

（1）新闻集团

新闻集团是一家跨国多媒体和信息服务公司,在全球各地均有其业务。美国、加拿大、英国、澳大利亚、拉丁美洲和太平洋地区的业绩尤为突出。在业务构成方面,主要包括电影娱乐、电视、卫星和有线传播、报纸、杂志和图书出版、数字产品。旗下的全资子公司哈珀柯林斯出版是美国知名的图书出版公司,总部在纽约,另在英国、加拿大、欧洲大陆和澳大利亚设有分公司,主要业务集中在文学、小说、经济类图书、儿童图书、烹调图书、宗教图书等方面。

2018年,新闻集团的营业收入达90.2亿美元,比上一年度增加了11%。新闻集团收入来源状况见表1-2。

表1-2　新闻集团收入来源　　　　　　（单位:百万美元）

收入来源	2017年	2018年	增减幅度（%）
新闻与信息服务	5069	5119	1
图书出版	1636	1758	7
房地产	938	1141	22
视频订阅	494	1004	103
总收入	8137	9022	11

资料来源:笔者根据"新闻集团官网"（https://newscorp.com）的数据制作。

（2）培生集团

1844年,培生集团成立于英国的约克郡,是世界上最大的教育培训公司。公司的业务遍及全球70多个国家和地区,雇员达35000人,虽然总部设在英国,但北美无疑是其最主要的阵地,占其销售总额的70%。

从20世纪60年代至今,培生集团逐步并购了朗文、企鹅、爱迪生—威斯利、哈珀柯林斯、西蒙·舒斯特等知名教育出版品牌,并在教育测评、

---

① 杨贵山、种晓明编著:《海外出版业概述》,苏州大学出版社2007年版,第53—56页。

国际认证、在线教育、语言培训、考试服务等领域奋力开拓,成为全球领先的教育巨擘。

培生集团原来的业务主要有三大块:培生教育(Pearson Education)、《金融时报》集团(the Financial Times)和企鹅公司集团(Penguin Group)。2012年10月,企鹅出版社与美国的兰登书屋合并,打造了全球最大规模的商业图书出版公司。通过此次合并,全球两大顶级英语出版集团强强联手,实现优势互补。兰登书屋是美国及英国领先的英文书籍出版商,而企鹅出版社是全球最著名的出版品牌,在增长迅猛的发展中国家市场占据了强势地位。2015年7月,培生集团以8.44亿英镑的现金,将《金融时报》集团出售给日本经济新闻社。

经过不断调整,培生集团将业务集中在"培生教育"上,其教科书、多媒体学习工具和考试工具所服务的对象数量超过世界上其他任何私有机构,其服务对象超过1亿人。培生教育属下有斯格特·弗里斯曼(Scott Foresman)、普林迪斯·豪尔(Prentice Hall)等多个著名品牌。在美国,每三个孩子中就有一个使用培生出版的教科书。在北美,培生所服务的对象包括5300万名学生和300万名教师。至于培生下属的企鹅集团则是高品质小说和经典读物的象征,其出品的文学作品、非文学作品、畅销读物、儿童读物、画刊、学习参考书影响了全世界一代又一代人,从1935年艾伦(Allen)始创企鹅公司至今,企鹅集团的产品已经在全球90多个国家/地区,以40种语言传播。

(3)励德·爱思唯尔出版集团(Reed Elsevier Group PLC)

它是世界著名的专业出版商和信息供应商,其主营业务主要集中在北美和欧洲。在科学、法律和商务信息方面的强大优势使其立于出版界的不败之地。

2017年,励德·爱思唯尔出版集团总收入达73.55亿英镑,经营利润为22.84亿英镑。其中在科技与医学、法律领域的收入分别为24.78亿英镑、16.92亿英镑。在收入的地区分布方面,科技与医学的赢利最多,为9.13亿英镑;其次是商业和法律领域,分别为7.59亿英镑和3.32亿英镑。

从励德·爱思唯尔集团收入的地域分布中我们可以看出,集团一贯坚持走国际化道路。虽然集团发源于欧洲,但在其 2017 年的收入中,北美市场占据了绝对比重(达到了 55.49%之多),整个欧洲的比重占 23%,从集团长期的发展战略来看,国际化仍然为其首选。

励德·爱思唯尔集团采用统一的管理结构,自 1993 年合并之后,集团业务一直由集团董事会管理,董事会由 7 位执行董事和 8 位非执行董事组成,董事会定期召开会议。一位非执行主席和一位总裁代表集团董事会对集团进行管理,对现有业务进行调整,重新洗牌,剥离不合时宜的资产,依托科学、法律和商业三大核心产业,深挖增长潜力,提高组织管理水平,以管理促效益,这是集团实施的新战略。对产品进行更新换代,制订详细的营销计划,大力投资互联网,以实现专业出版与高新技术的完美结合。通过并购和结盟,继续实施国际扩张政策,重视人力资源的开发和利用。在进行投资创新的同时,成本节流也是集团的一项重要任务。

2. 法国的阿歇特出版集团(Hachette)

阿歇特出版社是法国最大的书刊综合出版社,1826 年由阿歇特创立于巴黎,主要出版古典文学、教科书、教育书籍。1833 年,借助于初级义务教育的推广普及运动,阿歇特出版社迅速发展起来。后来,阿歇特出版社通过全球范围内的大肆兼并,先后收购了英国的猎户星出版集团(Orion Publishing Group)、章鱼出版集团(Octopus Publishing Group)、霍德—海德兰出版集团(Hodder Headline),以及西班牙的阿纳亚出版集团(ANAYA)、日本的妇人画报社(Fujingaho),将经营范围延伸到一般书籍、儿童图书、历史书籍、大众读物、简装书等,成为全球第三大商业与教育出版集团。

2006 年,阿歇特出版集团收购了美国的时代—华纳出版公司,成功地接收了时代—华纳出版公司旗下的利特尔·布朗出版公司和大中央出版公司,组建了阿歇特出版集团美国分公司,分公司的总部设在纽约,另在波士顿、纳什维尔、波尔德、费城、伯克利设有办公室。此外,阿歇特还在多伦多成立了加拿大分公司。

阿歇特出版集团美国分公司每年出版约 900 种成人图书、250 种青少年图书和 400 种有声图书。2015 年,阿歇特出版集团美国分公司出版的图书中,有 183 种进入了《纽约时报》的畅销书榜单,其中 34 种排名第一。

3. 德国的贝塔斯曼集团①

贝塔斯曼集团是世界上最大的媒介集团之一。其总部在德国的居特斯洛,在全球 58 个国家和地区拥有 82000 多名员工,被评为《财富》500 强之一,在全球拥有 300 多家公司,业务范围主要包括图书、专业信息、音乐、多媒体、电视广播、报纸杂志、印刷工业等传媒业的各个生产、服务领域。在全世界,它拥有贝塔斯曼音乐集团(BMG)、兰登书屋这样的知名品牌。在德国,它的实力更是不容小觑。德国一些重要的报纸、杂志,如《萨克森日报》《明星》《资本》等都是它出版的,德国最大的私人电台 RTL 集团(卢森堡广播电视)、最大的互联网媒体"贝塔斯曼在线"(BOL)也由其控股。德国著名的《经济周刊》将贝塔斯曼公司评为"德国最有前途的康采恩"。

集团旗下的贝塔斯曼出版社是德国最大的出版社,1835 年由卡尔·贝塔斯曼创立,初期只出版宗教书籍,1928 年增加了儿童书和文学书。出版社的一个经营高招是建立消费者网络。1950 年 6 月 1 日,贝塔斯曼出版社创立了书友会,打破了传统的图书销售模式,以往的读者都是去书店买书,而现在图书直接上门。直销的模式取得了极大的成功,仅仅六个月,书友会的会员便达到 52000 人。一年以后达到 10 万人。现在,贝塔斯曼书友会的业务延伸到世界各个角落,相继在英国、法国、美国、澳大利亚、加拿大、荷兰、瑞典、波兰等国家建立了分会,形成了全球规模的出版和发行渠道。

1980 年,贝塔斯曼出版社并购了世界最大的平装书出版公司——纽约矮脚鸡图书出版公司(Bantam Books)以及巴塞罗那 Plaza & Jan 出版公司,这标志着贝塔斯曼在 20 世纪 80 年代进军美国图书市场。1986 年,杜

---

① 姜飞主编:《海外传媒在中国》,中国文联出版社 2005 年版,第 20—24 页。

布戴尔出版公司（Doubleday Dell）被并入贝塔斯曼，在美国成立了矮脚鸡杜布戴尔出版集团。1998年，贝塔斯曼买下了美国著名的兰登书屋，形成矮脚鸡杜布戴尔兰登出版集团，这桩交易是公司历史上最大的一笔交易，同时也标志着美国市场最终成为贝塔斯曼公司最重要的市场。目前贝塔斯曼公司是英语世界最大的图书出版商。

4.美国的出版集团

美国的图书出版开始于19世纪早期，第二次世界大战后迅速繁荣起来，出版市场分工很细，有学术出版、大学教科书出版、电子出版、儿童读物出版、有声书出版，整个市场由少数几家大出版社和大量中小出版社构成，形成某种形式的寡头垄断格局。几家大出版社各有自己的侧重点：约翰·威利父子公司、麦格劳·希尔（教育）出版社主要出版自然科学读物；塞奇出版社（Sage）、学术出版社（Academic Press）等侧重于社会科学和行为科学方面的内容。美国图书市场的国际化程度很高，不少出版社被欧洲的出版集团兼并，成为对方的子公司，但美国本土的西蒙·舒斯特、麦格劳·希尔（教育）等的出版社实力强大，一直居于行业的前列。现以麦格劳·希尔（教育）出版社为例，以期管中窥豹。

麦格劳·希尔（教育）出版社成立于1888年，至今已有一百多年的历史。长久以来，麦格劳·希尔（教育）在学校教育方面享有盛名，涵盖从初等教育到职业教育的广泛领域，其图书多为全球各大专院校的指定教科书，读者遍布世界各地，涵盖大中小学和研究所。出版社的宗旨是通过直观有效的参与式体验，充分挖掘每一位学习者的潜力。

麦格劳·希尔（教育）出版社在全世界53个国家设有办事处，包括中国。每年用近60种语言出版书籍，销往135个国家/地区。麦格劳·希尔（教育）与清华大学出版社、高等教育出版社关系密切，并与中国图书进出口（集团）总公司合作，将麦格劳·希尔的最新图书出口到中国。

除纸质出版外，美国的网络出版业也很发达，科睿唯安公司（Clarivate Analytics）的科学网（Web of Science）就是其中的翘楚。

汤森路透集团是全球著名的教育、商业和专业电子市场解决方案的供应商,2008年4月由加拿大的汤姆森集团和英国的路透集团合并而成,是全球最大的专业信息服务提供商,就学术资源而言,汤森路透经营的科学网是最有名的在线文献检索工具之一。

科学网(Web of Science)诞生于1997年,由尤金·加菲尔德博士基于引文索引的理念而建立,是世界上最全面的文献检索数据库,旨在运用文献计量学的专业知识,为学者们提供准确可信的研究资源。目前,世界上的众多知名高校和研究机构将其作为评价学术水平的重要参考,学者们可以利用科学网发现研究热点,寻找研究趋势,查找论文内容,也可以获得关于研究议题、学者分布等方面的信息。科学网将所收录的论文被安置在了三个引文数据库和两个化学数据库中:科学引文索引数据库收录了1900年以来的论文,社会科学引文索引数据库收录了1998年以来的论文,艺术与人文科学引文索引数据库也收录了1998年以来的论文。2016年7月,科学网被汤森路透集团转让给了美国的科睿唯安公司。

二、直接调查

直接调查的主要方式是亲自参加各种图书展览会,与世界各地的出版社、图书批发商、零售商、作家、学者交流,实地倾听读者的心声,获得新的市场信息,进一步拓展商机。

目前,世界各地举办的书展有几十个(见表1-3),规模有大有小,影响力有高有低,彼此的侧重点也不同:有的以版权贸易为主(如法兰克福书展),有的以实体书交易为主(如美国书展),也有的二者兼顾(如阿根廷书展)。书展的举办地遍布全球:欧洲有博洛尼亚国际儿童书展、伦敦书展、莫斯科书展;非洲有开罗国际书展;亚洲有北京国际书展、东京书展、香港书展、台北书展。这些大大小小的书展起着连接国内外市场的桥梁作用,是我们把握世界出版状况、开拓图书市场、了解业内最新动态的平台。

表 1-3　主要国际书展一览表

书展名称	举办时间	书展名称	举办时间
开罗国际书展	1、2 月	首尔国际书展	6 月
新德里世界书展	1 月	香港书展	7 月
台北书展	2 月	津巴布韦国际书展	7 月
伦敦书展	3 月	菲律宾书展	8、9 月
莱比锡书展	3 月	北京国际图书博览会	8、9 月
巴黎书展	3 月	莫斯科国际书展	9 月
博洛尼亚国际儿童书展	3、4 月	哥德堡国际书展	9 月
布宜诺斯艾利斯国际书展	4 月	科伦坡国际书展	9 月
东京国际书展	4 月	法兰克福书展	10 月
布达佩斯国际图书节	4 月	贝尔格莱德国际书展	10 月
布拉格国际书展	4 月	上海版权贸易洽谈会	10 月
慕尼黑国际书展	4、5 月	大马士革阿拉伯书展	10 月
新加坡世界书展	5 月	圣地亚哥国际书展	10 月
华沙国际书展	5 月	蒙特利尔国际书展	11 月
都灵图书展	5 月	萨格勒布国际书展	11 月
吉隆坡国际书展	5 月	布加勒斯特国际教育图书展	11 月
里斯本世界教育书市	5 月	瓜达拉哈拉国际书展	11、12 月
布加勒斯特国际书展	5 月	伊斯坦布尔书展	11、12 月
美国书展	5 月	索菲亚书展	12 月
耶路撒冷国际书展	6 月	开罗国际儿童书展	12 月
多伦多书展	6 月	澳洲出版人协会书展	6 月
彼得堡图书展览会	6 月	德黑兰国际书展	4、5 月

资料来源:辛广伟:《版权贸易与华文出版》,重庆出版社 2003 年版,第 138—139 页。

　　在以上各个书展中,最重要的是被誉为出版界"奥林匹克盛会"的法兰克福书展。自从古登堡完成了印刷技术革命后,德国一直执世界出版印刷之牛耳,早在 16 世纪,法兰克福就成了德国的图书交易中心。到今天,法兰克福成了世界出版信息的最大集散地。除了法兰克福书展以外,美国书展、伦敦书展也为世人瞩目。北京国际书展作为后起之秀,影响力也越来越大。

(一) 法兰克福书展

法兰克福书展的历史可以追溯到15世纪,古登堡在法兰克福发明了活字印刷术,掀起了图书出版的热潮。从那时起人们就汇集在莱茵河畔的法兰克福,进行关于图书的信息交流与贸易。每年的10月,来自100多个国家的几千家参展商、几十万观众将参加这一盛会。另有各种大会、研讨会、主题报告、作家朗诵会、颁奖会、新闻发布会、签名会。

从1976年开始的主宾国项目,更是每年法兰克福书展的亮点。主宾国通过各种方式向参加书展的观众们展示该国的图书市场、文学以及文化的魅力。书展由法兰克福书展会展公司承办,书展之外的其他时间里,主办方还组织各种国际会议、高端论坛、专业培训及交流活动。

为了进一步开拓国外市场,法兰克福书展会展公司在纽约、莫斯科、北京和新德里设立了德国图书中心,作为法兰克福书展的海外办公室,旨在为德国国内及国际书业提供信息和服务。设在北京的德国图书中心成立于1998年,代表德国图书行业与众多中国书商、专家、协会建立联系,增进双方的了解和互信,向中国出版业介绍德国的图书文化、市场信息、策划和营销理念、产业运作经验。

延伸阅读1-1 第66届法兰克福国际书展

2014年10月8日至12日,第66届法兰克福国际书展在法兰克福展览中心举办。本届书展以"全球思想之都"为口号,吸引了来自全球120多个国家和地区的约7200家参展商和近30万观众参加。法兰克福国际书展在17万平方米的展馆和活动区中,举办了近3000场大会、研讨会、主题报告、作家朗诵会、颁奖会和新闻发布会等各类活动。在本届书展中,国际展商占到了75%的比例,拉丁美洲和东南亚的参展商数量出现了明显的增幅。国家新闻出版广电总局组织了160多家出版商、作家参展,参展图书达数千种。同时,还安排了版权贸易的洽谈、专题研讨、作家交流等活动,成为继2009年中国担任法兰克福书展"主宾国"之后,中国出版界参展规模最大的一次。法兰克福书展已成为中国文化"走出去"和对外宣传的重要平台。

资料来源:柳斌杰、邬书林主编:《中国出版年鉴2015》,《中国出版年鉴》杂志社有限公司2015年版,第174页。

(二) 美国书展

美国书展始于1947年,由美国书商协会与美国出版商协会联合主办,是除法兰克福书展外,全球最大规模的书展之一。书展的地点不很固定,1947—1971年一直在美国首都,20世纪90年代以后在洛杉矶(2008)、纽约(2009—2015;2017—2018)、芝加哥(2016)等大城市举行。

每年5月底至6月初,重要的美国出版商纷纷预订摊位,展示新书,结交其他出版社的同行,众多作者、图书馆员、图书经销商也前来捧场,使书展变成了美国最大的图书批发交易市场!另有来自世界80多个国家和地区的出版界业内人士云集于此,包括英国、德国、加拿大、澳大利亚、荷兰、日本、印度、墨西哥、巴西等。除纸质书,美国书展也开展版权交易。与法兰克福书展类似,美国书展也安排了各种专题会议、专题展览、座谈会、同业聚会、文艺沙龙。书展虽然只有短短的四天,但其门户网站(www.bookexpoamerica.com)为人们提供了随时交流信息的便利。

延伸阅读1-2 2015年美国国际图书博览会

2015年7月,美国书展在纽约市的贾维茨会展中心拉开帷幕,中国是本届展会的主宾国。中国的展览由国家新闻出版广电总局主办,中国图书进出口(集团)总公司和环球新闻出版发展有限公司联合承办,这是中美建交以来,中国在美举办的规模最大的出版交流活动。中国新闻出版广电总局副局长吴尚之出席开幕式并致辞,美国前国务卿亨利·基辛格向开幕式发来贺信,中国驻美大使崔天凯、美国出版商协会主席汤姆·艾伦、纽约市市长比尔·德布拉西奥分别在开幕式上致辞或发来贺信。中国主宾国活动的展台面积达2300多平方米,共有150家出版社、出版集团携带近万种图书参展,受到了美国出版商及读者的普遍关注。本次书展亮点突出,专业论坛上聚焦了热点话题。书展期间,中国作为主宾国共举办了四场"论坛中国"系列的出版高峰论坛,邀请了中美出版界精英进行交流。阿乙、毕飞宇、刘震云、曹文轩等25位中国作家参与了五十余场形式多样的交流活动,搭建了中国和世界文学领域沟通交流的桥梁。中国在图书版权输出上也取得了新突破,共输出版权1328项,在推动中国出版"走出去"和对外文化交流方面迈出了重要的一步。

资料来源:柳斌杰、邬书林主编:《中国出版年鉴2016》,《中国出版年鉴》杂志社有限公司2016年版,第199页。

(三) 伦敦国际书展

伦敦国际书展始于1971年,由英国工业与贸易博览会举办,每年4月在伦敦西区举行,正好与秋季的法兰克福书展错开,是最重要的春季书展,每年都能吸引来自100多个国家的一千多家参展商前来,其中包括出版商、文学经纪人、批发商、分销商、互联网服务供应商、图书包装商。展会期间人们互相交流讨论,进行有关图书印刷、出版,以及电视电影和数字频道的谈判和商业合作。

伦敦书展的展馆分为综合出版、儿童教育出版、学术出版、国际展区及出版技术研讨区等,参展图书种类繁多、影响很大,包括人文、科技、教育、美术、医学、地图、军事及儿童出版物等。英国展商约占参展商总数的70%,如兰登书屋、企鹅集团、布鲁斯伯里、牛津大学出版社、DK等知名出版公司一直是展会的积极参与者。每年的书展,组委会都会提供内容丰富、形式多样的研讨会和专题讲座。整个书展专业气氛热烈,是最具影响的图书交易平台之一。

伦敦书展设立的"主宾国"活动始于2004年。主宾国家或地区借助书展平台,可以展示本国优秀的出版物,宣传、推介本国的知名作家,扩大图书版权贸易,开展具有国际影响力的文化交流活动。2012年4月的伦敦书展上,中国以"市场焦点"主宾国身份参展,掀起了一股强劲的"中国风"。

延伸阅读1-3　2014年伦敦国际书展

2014年4月8日至10日,伦敦国际书展在伦敦市的伯爵宫展览中心举办,本次书展吸引了超过100个国家的1500多家参展商。我国的新闻出版广电总局组织了30余家出版单位参展,中国区的面积达105平方米,参展图书600多种。中国出版集团、中国教育出版传媒集团、中国国际出版集团、凤凰出版传媒集团、人民卫生出版社等单位均单独设展。本届伦敦书展分为综合出版、儿童教育出版、学术出版、国际展区及出版技术研讨区,参展的图书涉及面广、影响力大,涵盖人文、科技、教育、美术、医学、地图、军事及儿童出版物等类别。来自英国的参展商有兰登书屋、企鹅集团、布鲁斯伯里、BBC、牛津大学出版社、DK等知名出版公司。整个书展的专业气氛浓厚,版权交易活跃。

资料来源:柳斌杰、邬书林主编:《中国出版年鉴2015》,《中国出版年鉴》杂志社有限公司2015年版。

第三节　贸易磋商与合同签订

一、磋商

经过充分的市场调研,寻找到潜在的客户后,双方就进入了贸易磋商阶段。所谓贸易磋商,是指买卖双方就交易的货物及交易条件进行商谈,如果达成一致意见则签订合同的过程。在整个国际贸易中,贸易磋商是最重要的环节。磋商可以当面进行,或通过电话进行,也可以通过书面方式进行,如传真、电子邮件、信函、电报。磋商的内容包括货物名称、品质、数量、价格、支付方式、运输、保险、检验检疫、索赔、仲裁、法律适用等诸多问题。其中,关于检验检疫、索赔、仲裁、法律适用等条款,在各个交易中变动不大,故常采用既有的格式条款。需要双方仔细探讨的是价格、数量、品质、包装运输、货款支付等内容,尤其是商品的价格。当事人需事先仔细估算自己的盈亏平衡点,确定最低价格线(底线)。外贸商品的估价非常复杂,后文还将涉及。

图书贸易中的商品价格主要由成本、费用、利润三部分构成。成本是整个价格的核心,是出口企业为出口其产品而进行生产、加工、采购所产生的含税成本。费用是指整个交易过程发生的支出。利润是指预期的净收入。与其他物品不同的是,图书、期刊、报纸通常在封底印有价格,书店从出版社进书时通常享受 70% 左右的折扣,因此其成本的计算相对简单:实际成本=封面价格×进货折扣。至于费用,有些是固定的,如报关费,有些则随货物数量、交货方式的不同而变,如运费,我们可以根据以前的外贸业务进行费用的估算。

贸易磋商通常要经过询价(询盘)、报价(发盘)、还价(还盘)、接受四个阶段。

询价是向潜在的买家或卖家询问商品的成交条件/交易可能性的行为:既可以是买方向卖方询问,也可以是卖方向买方询问。除非事先有特殊的约定,询价不具有针对双方的法律约束力。比如下面这句:Please send us your best prices for each copy of *Harry Potter and the Sorcerer's Stone* published by Scholastic(September 1998)[请发给我们 1998 年 9 月学者出版社的小说《哈利·波特与魔法石》的单本最优价格]。

报价就是向对方提出交易的各项条件,并愿意按所提出条件订立合同的行为。根据《联合国国际货物销售合同公约》,一项合格的报价须符合四个要件:向 1 个或 1 个以上的特定人发出;已经传达到接受人;内容明确(至少包括商品名称、数量、价格条款);表明承受约束的意思(愿意按所提条件与接受者订立合同)。实务中的报价通常明确规定一个最迟回应日期,或最迟回应的时间段,过期不回即为拒绝。在有效期内,接受人的拒绝或还价也将否定前面的报价。

还价是指接受人不完全同意报价条款而提出修改或变更。还价不但可以更改价格,还可以更改其他条款。在国际贸易中,A 方作出报价后,如 B 方对内容不满意可以还价;A 方对 B 方的还价不满意时可以再还价……直到双方达成协议或放弃。还价过程中要仔细分析各项条款,根据以往的价格、同其他贸易商的报价、市场供求态势等信息,通过摆事实讲道理陈述还价的理由,劝说对方作出让步。当然,双方还要学会换位思考,适当做些妥协,找到双方都能接受的方案,力争达成交易,实现双赢。

接受是指一方收到对方的报价/还价后,同意对方提出的交易条件,愿意与之达成交易的行为。一方的报价经另一方接受,交易即告完成,双方应分别履行各自承担的义务。接受是一种法律行为,生效后一般不能撤销,否则构成违约。接受的生效必须具备四个要件:

1. 必须由特定的接受人作出。

2. 必须以一定的形式作出,既可以是口头的,也可以是书面的(通常使用 accept、accepted、confirm、confirmed 等词语来表述);还可以用行动表示,例如,接到客户报价后立即发货。

3. 必须在报价的有效期内作出并送达报价人。

4. 接受的条款必须与报价的条款完全相符。虽然使用了"接受"的字眼,但又对报价的条款做了增删,则不构成接受。

二、贸易合同的条款

在外贸磋商过程中,当一方的报价被另一方接受时,双方就构成了合同关系,相互之间的往来函电就成了合同的书面证明,根据国际贸易惯例,双方还要签订正式的书面合同。这是因为,国际贸易的完成涉及海关、轮船公司、检验检疫、税务、外汇管理局等众多部门,买/卖方需要往返于这些部门办理各种进出口手续。以分散的往来函电作为证明合同真实的依据,会带来诸多不便。如果将双方协商一致的条款汇集在格式规范的书面合同中,将给双方带来便利;当双方发生商业纠纷时,书面合同也可以作为证据。另外,双方讨价还价的过程中一般只涉及价格、数量、支付方式等主要事项,还有许多不很重要的事项没有涉及,如不可抗力条款、合同适用哪国的法律、溢短装条款……这些遗漏部分需要在书面合同中确认。

在实际工作中,货物买卖合同通常由卖方草拟,经买方同意后由双方代表签字。合同的内容应当完整、具体、全面、准确,通常包括约首、约尾、基本条款三部分。

约首是合同的开头部分,包括合同名称、合同编号、缔约双方的名称及地址、电话号码、传真号码、双方订立合同的意愿、双方执行合同的保证等内容。双方单位的名称一定要写全称,地址一定要详细。"约首"部分尤其要确认清楚缔约的地点:一旦发生纠纷,合同将适用缔约地区的法律!

约尾是合同的尾部内容,包括合同的有效期、使用文字的效力、合同份数、双方代表的签字盖章。

基本条款是合同的核心部分,它规定了双方的权利义务,具体列明了各项贸易条款,包括商品名称、数量、价格、规格、支付方式、交货时间及地点、包装、运输、保险、检验检疫、不可抗力、索赔、仲裁等内容。有的合同还会附加保值条款、溢短装条款等补充内容。签订合同时务必认真仔细多看几遍,尽量不留漏洞,剔除模糊字眼、表述不清之处,使文字严谨、条理清晰,前后一致。下面对外贸合同的基本条款略加说明①。

(一) 品质条款

界定商品的品质有多种途径:以商品的名称、规格、等级、标准确定;凭商标、原产地表明商品的品质,如果有不同的国家生产同一商标的商品,则应在商标的基础上加上生产地点;以说明书和图样表示商品的品质时,则应在合同中指明说明书和图样的名称、份数;以样品实物表示品质的,应当指明样品的编号,必要时还应标出寄送的日期。

上述各方法既可以单独使用,也可以组合使用。如果样品和规格同时使用,就必须标明以哪个为准,一般不宜同时使用两种或多种方式。无论用哪种方式,文字应简单、具体、明确,避免"大约""左右"等模糊字眼,为未来的争端埋下伏笔。

对图书来说,品质的界定有两方面。首先是图书的物理性质,如纸张尺寸、克重、纸张类型(铜版纸、胶版纸、新闻纸……)、内页的排版设计、图书的装订方法、采用的印刷工艺……这些指标不难确定,在版权引进合同中可以详细列出,但在进口纸质书时,合同标的只需写成"××出版社××

① 杨凤祥、王茜主编:《国际贸易实务实训教程》,清华大学出版社2011年版,第29—35页。

年××月出版的《××》第××版"；其次是图书内容的好坏，这个主观性太强，因人因地而异，正所谓"一千个人就有一千个哈姆雷特"，所以无法在合同中约定。买方只能结合编辑、专家学者、市场调查数据进行综合判断。因此在图书交易中，几乎不存在仅凭外贸函电就进口的情况，除非买方已经预先阅读并作出了价值判断。

（二）包装条款

包装条款一般包括包装材料、包装方式、包装规格、包装标志和包装费用等内容。根据包装在物流中所起作用的不同，可分为运输包装（外包装）和销售包装（内包装）两种类型。运输包装的作用是保护商品，防止商品受损；销售包装除了保护商品，还有促销的功能。

与奶粉、饼干等物品不同的是，图书的销售无须内包装（图书的函套除外），尽管这样，由于图书的进出口一般需要海运，最好能使用防水牛皮纸将书打成小包，再将小包放入纸箱，便于运输。牛皮纸的内面有塑料薄膜，可以防水防潮防油污。纸箱的尺寸应根据图书的尺寸订制，中国的图书多采用正16开，大16开，异16开或国际32开本。订制时，图书和纸箱内壁的间隔应适当，既不能太松也不能太紧，间隙以不超过1厘米为宜，封箱后纸箱外形饱满，受压时不会塌陷，能较好地保护书籍，如果图书放入纸箱后与四壁间隙较大，应当用衬垫纸或泡沫板填充，防止走动。纸箱的长、宽面应呈长方形，这样的话如果使用托盘装卸，就便于在托盘上交叉摆放，堆得更稳。考虑到集装箱的尺寸，托盘的堆放高度以1.1米为宜。

包装物料和费用一般包括在报价内，不另计价，但如果买方对包装材料和方式提出特殊要求，超出的包装费用原则上应由买方负担，并在合同中具体说明。经双方商定，全部或部分包装材料由买方供应的，应在合同中明确约定买方提供包装材料的时间及逾期未到的责任。

世界各国对包装的材料、大小、外观等有不同的要求，如美国、澳大利亚要求木制包装必须经过熏蒸处理。为了运输、装卸、仓储的方便，保证货物安全准确地送达收货人，通常需要在运输包装上书写相关的标志，标志的格式和内容如果由买方决定，则合同中应规定标志到达的时间以及买方逾期应负的责任。

（三）装运条款

在国际贸易中,资金和供求信息的传输可以通过网络即时完成,但货物的运输却成了"阿喀琉斯之踵",通常耗时较长。航空运输耗时虽短却过于昂贵,实务中用得不多。我国的进出口合同大多是 FOB、CIF、CFR 合同,货物多通过海洋运输,因此装运条款主要包括装运时间、装运港和目的港、能否分批装运和转运、装卸货率和装船时间、滞期和速遣条款等,下面分别说明。

1. 装运时间

装运时间的规定有三种方式:(1)具体指定期限,如"2015 年 11 月装运""2016 年 8—10 月装运""2016 年 7 月底或以前装运"。这种规定可以使卖方有一定的时间进行备货,安排运输,所以应用得较多;(2)在收到信用证、票汇、电汇后的若干天装运,如"收到信用证的四十天内装运""买方必须不迟于×年×月×日将信用证开至卖方",这种方法可以保证卖方安全收回货款,降低风险;(3)笼统地规定,如"立即装运""尽快装运"等,这些词语在国际上没有统一的解释,很容易引起纠纷,应避免采用。

为了扶持国内的航运企业和保险公司,国家鼓励外贸单位在磋商中尽量按离岸价(FOB)条件进口,按到岸价(CIF)条件出口。对 FOB 出口合同,出口方应当按合同规定的交货期,提前 30 天向进口方发出准备装船的通知。进口方应当在出口方发出通知之日起的 20 天内,将装货船舶的有关信息和预计到港时间告知出口方及装运港的船务代理。对 CIF 进口合同,一般由出口方安排运输,进口方只管付款赎单、码头提货即可。

在拟定条款时,应避免将信用证结汇有效期和货物装运期定为同期,应至少让结汇有效期超过装运期半个月,以便货物装船后有足够的时间办理结汇。

2. 装运港和目的港

装运港是货物起始装运的港口,一般由出口方提出,经进口方同意后确定。目的港是货物最后卸货的港口,由进口方提出,经出口方同意后确定。装运港和目的港通常各指定一个,也可以根据实际需要规定多个。

港口的指定务必要明确具体,世界上有三十多个港口是重名的,甚至有的港口名字同时出现在几个国家/地区,如加拿大、巴西、几内亚、智利、马耳他、塞舌尔共和国境内都有"维多利亚港(Victoria)",如果只规定 Victoria 为目的港,则轮船公司不知应运至何处,因此应当在港口后面加注国名。如果指定目的地是菲律宾的马尼拉,但马尼拉有两个港口,分别是马尼拉港和马尼拉南港,所以应具体指出是马尼拉的哪个港口。

在选择港口时,要认真了解国外装运港的具体情况,如港口的装卸设施、码头的水深、有无直达的班轮航线、港口费用、装货速度、设备能力、是否拥挤等情况。由于内陆运输的费用和时间难以准确估计,尽量不要指定内陆城市为目的港。

3. 能否分批装运和转运

分批装运是指同一合同项下数量较大的货物,或者受资金、运输条件、市场销售限制,分若干批次的装运。如果其中任何一批未按指定的时间和数量装运,则该批及以后各批均为违约。在出口合同中尽量不要规定短时间内的分批装运,以免因各种意外而违约。

转运是指货物自装运港至目的港的途中,从一种运输工具转到另一种运输工具,或者由一种运输方式转为另一种运输方式的行为。如果目的港没有直达班轮,或者虽有直达班轮但船期不定或间隔时间太长,则买卖双方应在合同中商订"允许转运"的条款。

对买方来说,分批装运和转运增加了费用,耽误了时间,倾向于不选择或限制分批装运和转运。对卖方而言,分批装运和转运增加了灵活性。

4. 装卸货率和装船时间

装卸货率是指每日装卸货物的速度。在合同磋商过程中应本着实事求是的原则,按港口正常的装卸速度确定装卸率,太高则船公司不愿意,太低则委托方受损。至于装船时间,实务中多采用"连续 24 小时好天气工作日"计算,即在好天气情况下,不论港口习惯工作几个小时,均以累计 24 个小时为一个工作日。

5. 滞期和速遣

在合同规定的装卸时间内,如果租船人未能完成装卸作业,给船方造成了经济损失,租船人须向船方支付一定的罚金,这项罚金被称为滞期费。反过来,如果租船人在合同规定的时间内提前完成了装卸,给船方节省了时间和费用,船方对所节约的时间要给租船人一定的奖金,这被称为速遣费。在外贸业务中商品常采用租船运输方式,所以合同中应规定如何计算滞期费和速遣费。在实际业务中,速遣费通常是滞期费的一半。

(四) 支付条款

国际图书贸易活动会引起两种要素的流动:纸质图书实体的转移和资金的转移。由于图书较重,多通过轮船海运以节省运费。至于资金的支付和收取,通常采取汇付、托收、信用证等方式。其中,托收在实际业务中很少使用,此处不作展开。

1. 汇付

汇付又称汇款,指付款人主动通过银行或其他途径将款项交给收款人的付款方式。在贸易实务中,当买方收到货运单据/货物时,应按合同约定的时间与条件,将款项通过银行汇交给卖方。汇付的手续简单,方便快捷,费用低廉,自20世纪90年代后期以来,使用的频率越来越高。一般来说,采用汇付方式时,买卖双方中的某一方要承受很大的风险,因此只适用于贸易双方高度互信的情况。汇付主要有两种具体的办法:预付款(见图1-1)或卖方装运货物后买方再付款(见图1-2)。

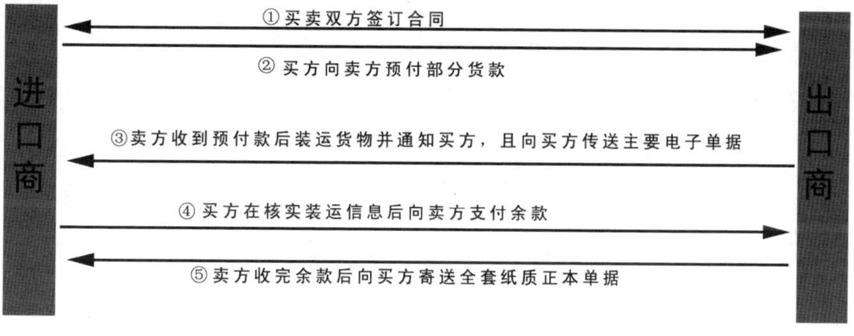

进口商 / 出口商

① 买卖双方签订合同
② 买方向卖方预付部分货款
③ 卖方收到预付款后装运货物并通知买方,且向买方传送主要电子单据
④ 买方在核实装运信息后向卖方支付余款
⑤ 卖方收完余款后向买方寄送全套纸质正本单据

图1-1 预付款流程

注:笔者根据金鑫的《国际贸易实务》自己制作。

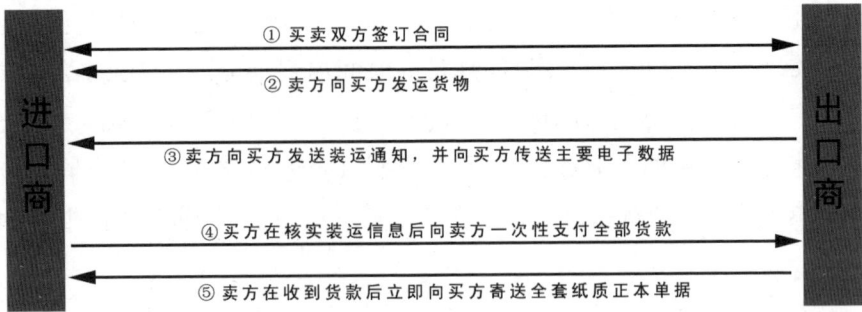

① 买卖双方签订合同

② 卖方向买方发运货物

③ 卖方向买方发送装运通知,并向买方传送主要电子数据

④ 买方在核实装运信息后向卖方一次性支付全部货款

⑤ 卖方在收到货款后立即向买方寄送全套纸质正本单据

图1-2　后付款流程

注:笔者根据金鑫的《国际贸易实务》自己制作。

(1)预付款的流程如下:

①买卖双方签订合同;

②买方向卖方预付部分货款;

③卖方收到预付款后装运货物并通知买方,且向买方传送主要电子单据;

④买方在核实装运信息后向卖方支付余款;

⑤卖方收完余款后向买方寄送全套纸质正本单据,以备买方到港口提货。

从上述流程可以看出:预付款方式对买方来说面临风险,如果卖方收到预付款后不按时交货甚至不交货,买方就会遭受损失。如果进行跨国诉讼,则不一定熟悉对方的法律制度,增加了难度,有时甚至旷日持久,耗费精力。所以采用买方预付款时须满足三个条件:A.卖方是老客户,信誉可靠,资信优良;B.买卖货物的数量和金额不大;C.双方关系融洽,不存在遗留问题。我国主要从美、日、德、法、英等发达国家进口图书,出口的图书主要流向中国港台地区和韩日等地。其中,日本的客户信誉很高,可以考虑采取汇付的方式进口图书,但对韩国客户则应尽量避免预付货款,即使采用,预付的数额也不要太大,一般以不超过30%为宜。

(2)货物装运后再付款的流程如下:

①买卖双方签订合同;

②卖方向买方发运货物;

③卖方向买方发送装运通知,并向买方传送主要电子数据;

④买方在核实装运信息后向卖方一次性支付全部货款;

⑤卖方在收到货款后立即向买方寄送全套纸质正本单据。

货物装运后再付款的方式对买方更有利,而对卖方不利。一旦卖方发了货就无法控制买方了,如果买方借口取消合同,借口拒收货物或拒付货款,卖方就很被动了。

2. 信用证

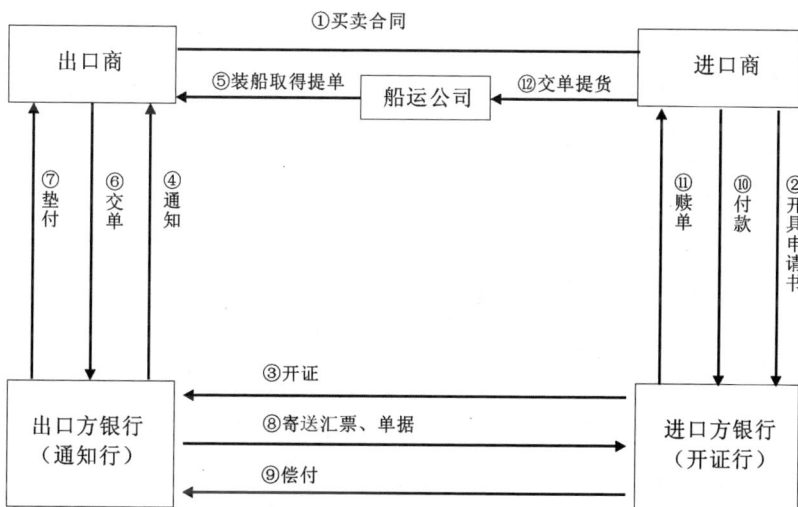

图1-3 信用证业务流程

注:笔者根据百度百科制作。

在国际贸易中,买卖双方通常处于不同的国家,彼此之间缺乏信任和了解,也缺乏相互制约的有效手段,这会造成双方之间进行交易时,卖方不愿先发货(怕对方收到货物后不付款),买方不愿先付款(怕对方收到款后不发货)。为了促成交易,人们找到了一种解决办法:由银行代替买方向卖方作出书面的支付承诺,银行的信用等级比企业的信用等级高很多,从而降低了卖方的出口收汇风险。我们把银行提供担保的书面文件称作"信用证"(Letter of Credit,L/C)。

所谓信用证,就是指开证银行应申请人的要求并按其指示,向第三方开立的载有一定金额,在一定的期限内,凭符合规定的单据付款的书面保证文件。信用证是国际贸易中最主要、最常用的支付方式,其业务流程见图1-3,通常的信用证包括下列条款:

(1)对信用证本身的说明,如种类、性质、有效期及到期地点;

(2)对货物的要求,如品名、规格、数量、包装、单价等;

(3)对运输的要求,如运输方式、装运港、目的港、装运期限、能否分批装运、能否转运等;

(4)对单据的要求,如单据的种类(货物单据、运输单据、保险单据)、单据的份数、格式、语言、签发条款等;

(5)特殊要求,如银行费用条款、信用证生效或未生效条款、寄单方法、应用何种惯例的条款等;

(6)开证行对受益人及汇票持有人保证付款的责任文句。

与"汇付"相比,信用证的运作流程较为复杂,至少涉及买卖双方及各自的开户银行,有时候还涉及付款行、议付①行、保兑②行。涉及的当事人不同,信用证的运作流程就不同。

随着信息通信技术越来越发达,信用证的传递也不断与时俱进,一开始,信用证通过邮寄方式传递,后来出现了电报传递,到现在,应用最广的是SWIFT信用证。SWIFT是"环球银行金融电信协会"的简称,是国际银行间的非营利性合作组织,1973年5月在比利时成立,旨在为国际金融业提供快捷优质的服务。目前已有2000多家全球各地的银行参加SWIFT并采用其信息网络系统。通过SWIFT传递信用证具有可靠、安全、廉价、自动加密的优点。

下面是SWIFT信用证样本:

---

① 所谓议付,是指开证行可以指示另外一家银行:如果出口商交来了符合信用证要求的贸易单据,可以自己先行垫款给出口商,并扣除自垫款之日起,到预计收到开证行付款期间的利息。但在中国,议付行通常不向出口商垫款,只是起单证传递、来款通知的作用。

② 所谓保兑,是指当开证行开出信用证时,另外一家银行保证对符合信用证条款的单据履行付款义务,充当第二付款人的行为。

2010APR12　09:33:52　　　　　　　　　　　　　　　　LOGICAL TERMINAL S009
MT　S700　　　　　**ISSUE OF DOCUMENTARY CREDIT**　　　　　PAGE 00002
　　　　　　　　　　　　　　　　　　　　　　　　　　　　FUNC SDHQL1P

MSGACK DWS7651 AUTH OK, KEY DIGEST, BKCHCNBJ BKKBTHBK RECORD
BASIC HAEDER　　　　F　01　BKCHCNBJA500　1856　353584
APPLICATION HEADER　0　700　1951 100409 BKKBTHBKBXXX 2225 081896 100409 2051 N
　　　　　　　　　　　　　　　　　　*BANGKOK BANK PUBLIC COMPANY LIMITED
　　　　　　　　　　　　　　　　　　*BANGKOK
USER HEADER　　　　SERVICE CODE　　103:
　　　　　　　　　　BANK. PRIORITY　113:
　　　　　　　　　　MSG USER REF.　108:
　　　　　　　　　　INFO. FROM CI　115:
SEQUENCE OF TOTAL　*27　: 1/1
FORM OF DOC. CREDIT *40 A :IRREVOCABLE
DOC. CREDIT NUMBER　31 C :100409
APPLICABLE RULES　　*40 E : UCP LATEST VERSION
　　　　　　　　　　　　/
EXPIRY　　　　　　　*31 D : DATE 100531 PLACE BENEFICIARY'S COUNTRY
APPLICANT　　　　　*50 : KOBE-YA SHOKUHIN KOGYO CO.,LTD.
　　　　　　　　　　　/ADDRESS SEE 47A/
BENEFICIARY　　　　*59 : QINGDAO DAVID INTERNATIONAL TRADE
　　　　　　　　　　CO., LTD. ROOM 890, NO. 16
　　　　　　　　　　HONGKONG ROAD, SHINAN DISTRICT,
　　　　　　　　　　QINGDAO, CHINA
AMOUNT　　　　　　*32 B :　　　　CURRENCY USD AMOUNT 19.215,
AVAILABLE WITH/BY　*41 D : ANY BANK
　　　　　　　　　　IN CHINA
　　　　　　　　　　BY NEGOTIATION
DRAFTS AT ...　　　42 C : SIGHT
　　　　　　　　　　IN DUPLICATE
　　　　　　　　　　INDICATING THIS L/C NUMBER
DRAWEE　　　　　　42 D : ISSUING BANK
PARTIAL SHIPMENTS　43 P : NOT ALLOWED
TRANSHIPMENT　　　43 T : ALLOWED
PORT OF LOADING　　44 E :
　　　　　　　　QINGDAO, CHINA
PORT OF DISCHARGE　44 F :
　　　　　　　　BANGKOK　(PAT)　THAILAND
LATEST DATE OF SHIP.　44 C : 100515
DESCRIPT. OF GOODS　45 A :

　　　　　1, 300 CTNS　THE PICKLED VEGETABLE
　　　　　CIF BANGKOK (PAT) THAILAND

DOCUMENTS REQUIRED   46 A :

        DOCUMENTS REQUIRED :

+COMMERCIAL INVOICE IN ONE ORIGINAL PLUS 3 COPIES, ALL OF WHICH MUST BE MANUALLY SIGNED,

+2/3 ORIGINAL CLEAN ON BOARD OCEAN BILLS OF LADING OR MULTIMODAL TRANSPORT DOCUMENT AND TWO NON-NEGOTIABLE COPIES MADE OUT TO ORDER OF BANGKOK BANK PUBLIC COMPANY LIMITED, BANGKOK MARKED FREIGHT PREPAID AND NOTIFY APPLICANT TEL. 0-2683-0520 FAX. 0-2683-0177 AND INDICATING THIS L/C NUMBER.

IF MULTIMODAL TRANSPORT DOCUMENT IS PRESENTED, IT MUSTSHOW AN ON BOARD VESSEL NOTATION INDICATING THE DATE, THE OCEAN VESSEL'S NAME AND PORT OF LOADING.

+INSURANCE POLICY OR CERTIFICATE OR DECLARATION IN TWO NEGOTIABLE FORMS INDICATING "ORIGINAL" AND "DUPLICATE" PLUS ONE NON-NEGOTIABLE COPY ENDORSED IN BLANK FOR FULL INVOICE VALUE PLUS 10 PERCENT WITH CLAIM PAYABLE IN BANGKOK IN THE SAME CURRENCY AS THE DRAFT, COVERING INSTITUTE CARGO CLAUSES (A).

+PACKING LIST IN ONE ORIGINAL PLUS 3 COPIES, ALL OF WHICH MUST BE MANUALLY SIGNED.

+BENEFICIARY'S CERTIFICATE CERTIFYING THAT ONE SET OF COUPLES OF SHIPPING DOCUMENTS AND 1/3 OF ORIGINAL B/L HAVE BEEN SENT TO APPLICANT WITHIN 7 DAYS AFTER SHIPMENT.

+BENEFICIARY'S CERTIFICATE CERTIFYING THAT SIGNED INVOICE, B/L, CERTIFICATE OF ORIGIN HAVE BEEN SENT THROUGH FASCIMILE MACHINE DIRECTLY TO THE APPLICANT WITHIN 7 DAYS AFTER SHIPMENT.

ADDITIONAL COND.   47 A :

ADDITIONAL CONDITION :

+A DISCREPANCY FEE OF USD50.00 WILL BE IMPOSED ON EACH SET OF DOCUMENTS PRESENTED UNDER THIS L/C WITH DISCREPANCY. THE FEE WILL BE DEDUCTED FROM THE BILL AMOUNT.

/APPLICANT'S ADDRESS:

256, 258, 260, 264, 266 SOICHOKECHAIJONGJAMREON, RAMA 3RD., BANGPONGPANG, YANNAWA, BANGKOK, THAILAND

DETAILS OF CHARGES   71 B : ALL BANK CHARGES OUTSIDE THAILAND INCLUDING DISCREPANCY FEE (IF ANY) ARE FOR BENEFICIARIES' ACCOUNT

PRESENTATION PERIOD   48 : PRESENTATION OF DOCUMENTS MUST BE MADE WITHIN 16 DAYS AFTER SHIPMENT DATE.

CONFIRMATION   49 : WITHOUT

INSTRUCTIONS   78 :

DOCUMENTS TO BE DESPATCHED TO US IN TWO MAILS BY SEPARATE

COURIER, SECOND MAIL MUST CONSIST OF ONE ORIGINAL B/L ONLY.
ALL CORRESPONDENCE TO BE SENT TO BANGKOK BANK PUBLIC COMPANY
LIMITED HEAD OFFICE, 333 SILOM ROAD, BANGKOK 10500, THAILAND L/C NO.
ATTN: L/C NO. 1011L794683 TRADE FINANCE CENTER TEAM 1
+IN SETTLEMENT, WE SHALL COVER YOU BY T/T AS PER YOUR INSTRUCTION
SWIFT/CABLE CHARGES ARE FOR BENEFICIARIES' ACCOUNT UPON RECEIPT OF
DOCUMENTS COMPLIED WITH.

ADVISE THROUGH*　　　　　57 D : YOUR OFFICE AT
　　　　　　　　　　　　　　　　　NO. 59, YORK ROAD,
　　　　　　　　　　　　　　　　　QINGDAO, SHANDONG, CHINA
TRAILER　　　　　　　　　　: MAC : 438752BD
　　　　　　　　　　　　　　　　CHK : 2C3DE45CB26F
　　　　　　　　　　　　　　　　D1004120916SDHQ-L1　 : SDHQL11004120931M

第四节　国际贸易中的价格核算

一、贸易术语

在国际贸易中,买卖双方分属不同的国家,有时彼此相隔遥远。为节省运费,大部分商品的运输选择海运,商品由卖方转运到买方需要较长时间,甚至需要中转数次。交易环节的复杂导致商业风险的增加。每次交易时,买卖双方都就同样的问题进行磋商:在何地以何种方式交货? 以何种方式运输? 谁来承担哪些环节上的手续费? 谁来购买保险……这无疑会耗费双方的时间、精力和费用。为降低交易成本,人们逐渐将一些得到共识的习惯做法固定下来,使之成为惯例,这就是"贸易术语"。所谓贸易术语,是指在长期的贸易实践中得到确认的习惯做法,用来说明商品价格的构成,明确买卖双方关于费用、风险、责任的划分,确定双方在交接货物过程中的权利义务。

目前,有关贸易术语的国际贸易惯例共有三个:《1932 年华沙—牛津规则》《1990 年美国对外贸易定义修订本》《2010 年国际贸易术语解释通则》。其中,影响最大的是国际商会制定的《2010 年国际贸易术语解释通则》。《2010 年国际贸易术语解释通则》首次制定于 1936 年,其后大概每十年修订一次,旨在为各国商人提供统一的贸易规范,避免或减少分歧,顺应经济全球化的潮流。国际商会共规定了 11 种贸易术语。鉴于海洋运输是最主要的国际商品运输方式,本书只涉及"离岸价"(FOB)、"成本加运费价"(CFR)、"到岸价"(CIF)等最常用的适用于水上运输的贸易术语。

(一) 离岸价

采用 FOB 贸易术语时,卖方承担的责任是:负责在合同规定的装运港和期限内,将货物装到买方指定的船上,并立即通知买方;取得出口许可证或其他官方批准证件,并办理货物出口所需的一切海关手续;负责提供货运单据;负责货物装船前的一切责任和风险。

买方承担的主要责任是:负责租船订舱,支付运费,并将船期、船名、装船码头通知卖方;付清货款并负担卖方交货后的费用和风险,包括海运费和保险费;取得进口许可证和其他官方证件,办理目的港收货和进口手续。

鉴于美国是中国图书进出口的重要伙伴,如果向美国进口纸质图书,需注意美国对 FOB 的解释不同于国际商会对 FOB 的解释。按《1990 年美国对外贸易定义修订本》,FOB 价格有六种,只有 FOB Vessel 与国际商会规定的 FOB 术语含义相类似,因此对美国图书贸易时如采取 FOB 价,需在 FOB 后面加上 Vessel(船舶)字样,否则美方可能在美国内陆的运输工具上交货,中方不得不额外支付由美国内陆运至装船码头的费用。

(二) 成本加运费价

在 FOB 价格的基础上再加上海运费,就成了 CFR 价格。当贸易合同采用 CFR 价格时,卖方负责租船订舱,按约定时间将货物装载于买方指定的船舶上,并负担在此之前的风险与费用。买方承担货物越过船舷之后的费用,但不包括货物运至目的港之费用。

CFR 与 FOB 的区别是,在 FOB 条件下由买方订立运输合同、承担相关费用;在 CFR 条件下则由卖方订立运输合同、承担相关费用。

采用 CFR 术语时,卖方一旦装货完毕就应立即通知买方。卖方虽然承担运费但不承担途中的保险费,买方需凭借卖方的装船通知办理投保手续,如果因为卖方未及时发出装运通知,致使买方漏保,一旦运输途中货物损毁,卖方不得以货物已越过船舷为由推卸责任。

(三) 到岸价

CIF 价格是国际贸易中使用最广泛的贸易条件,采用该术语时,卖方承担的义务有四个:(1)订立或取得运输合同,将货物运到约定的港口,并支付自装运港至目的港的费用;(2)订立保险合同并支付保险费;(3)取得出口许可证或其他官方文件,办理货物出口所需的海关手续;(4)提供必要的商品包装,负担相应的检验费用。买方的主要义务在于接收货物,支付货款,取得进口许可证或其他官方文件,并办理进口海关手续。

在签订 CIF 价格的合同中,双方应明确规定投保的险别和保险的金额,若合同中没有就保险问题作出明确约定,根据《2010 年国际贸易术语解释通则》,卖方只需投保责任范围最小、费率最低的险别。

在实际业务中,不同的贸易术语意味着不同的义务、风险与费用,买卖双方在选择贸易术语时,应综合考虑不同的运输路线、运输方式、货物品种、成交量等因素。我国的外贸企业在进口时大多选择 FOB 术语,出口时选择 CIF 术语,通过由我方办理运输和保险业务,一方面降低贸易风险,另一方面推动本国保险公司和运输公司的发展。

二、出口贸易价格的核算

国际贸易合同中的价格条款一般包括单价和总额,单价通常由四个部分组成,即计量单位、单位价格金额、计价货币和贸易术语。例如,某报价"USD 1800 per MT CIF Tokyo(每公吨 CIF 东京 1800 美元)",其中的USD(美元)是计价货币,1800 是单位价格金额,per MT 是计量单位,CIF Tokyo 是贸易术语。计价货币是指合同中规定的用来计算价格的货币,它可以是出口国的货币,也可以是进口国的货币或双方约定的第三国货币。国际贸易中的交货期普遍比较长,币值可能升值或贬值,影响进出口双方的经济利益。因此计价货币的选择意义重大。一般情况下,贸易各方倾向于以美元、欧元、日元等硬通货计价。常用的计价货币见表1-4。

表1-4　常用货币简写

货币名称	英文简写	货币名称	英文简写
美　元	USD	澳大利亚元	AUD
欧　元	EUR	新加坡元	SGD
英　镑	GBP	加拿大元	CAD
日　元	JPY	港　元	HKD

在拟定贸易合同的过程中,价格的确定是最重要的事项,是买卖双方谈判的核心。无论对哪一方来说,必须认真核算贸易成本,预估贸易收益,使己方的报(还)价建立在科学、合理的基础上,占据磋商中的主动权。由于国际贸易的流程复杂,涉及的环节众多,无形中增加了交易成本。一般来说,出口价格由出口成本、出口的国内费用、出口的国外费用、预期利润等部分构成,出口的国内外费用又包括一系列更为具体的项目,下面进行逐一解析。

(一) 出口成本

大多数外销商品是外贸公司从生产企业采购的,所支付的价款即为采购成本。对纸质图书来说,其制作成本由两部分构成:图书的制版费是固定的,与印刷份数的多少无关;而印刷费则与印刷份数成正比,属于可变费用。凡固定发生的费用,如排版费、纸型费、浇铸费、电镀费、照相版费、凸版费等属于制版费的成本;控制在一定限额内使用的编辑费、宣传费等,也都属狭义的固定费用,生产和发行的数量越大,每部书所分摊的固定费用就越少。在出版物的生产中,材料费、印刷费、装订费、版税、运费等随发行量的增减而增减,属于可变费用。

根据我国的税收政策,采购成本中包含"增值税",因此采购成本又被称为含税成本。增值税是以商品进入流通环节所产生的增值额为对象的流转税,由于商品远销国外,从理论上讲,不应由外国消费者负担本国商品的增值税,因此人们把不含增值税的价格称为"净价",为了鼓励出口,也为了避免出口商品的双重征税,国家通常将增值税全额或部分返还给出口企业,这被称为"出口退税",出口退税的额度以商品的净价为基础,可视为外贸公司的一部分收入。关于采购成本、净价、增值税、出口退税的关系是:

$$增值税税额 = 净价 \times 增值税税率 \qquad (1-1)$$

$$采购成本 = 净价 + 增值税税额 = 净价 \times (1 + 增值税税率) \quad (1-2)$$

$$净价 = \frac{采购成本}{1 + 增值税税率} \qquad (1-3)$$

$$出口退税额 = 净价 \times 出口退税率 \qquad (1\text{-}4)$$

$$= \frac{采购成本}{1 + 增值税税率} \times 出口退税率$$

$$= \frac{采购成本 \times 出口退税率}{1 + 增值税税率}$$

出口退税实际上是对出口企业成本的冲减,因此外贸企业在计算出口成本时,应将国家返还的出口退税额剔除:

$$出口成本 = 采购成本 - 出口退税额 \qquad (1\text{-}5)$$

$$= 采购成本 - \frac{采购成本 \times 出口退税率}{1 + 增值税税率}$$

$$= 采购成本 \times (1 - \frac{出口退税率}{1 + 增值税税率})$$

$$= \frac{采购成本 \times (1 + 增值税税率 - 出口退税率)}{1 + 增值税税率}$$

（二）出口的国内费用

出口商品从进货、储存、运输、保险到出口外销过程中发生的各种费用称为出口费用。以出口的口岸为界,货物离开口岸之前发生的费用为国内费用,离开口岸之后发生的费用为国外费用。

国内费用包含的项目众多,是价格核算中较为复杂的部分,通常包括下列项目:

1. 国内运输费:装货前的内陆运输费用,如卡车运费、过桥费、高速公路通行费、装卸费等;

2. 订舱费;

3. 港杂费:货物装运前在港区码头支付的费用;

4. 报检费;

5. 商检费:商检机构检验检疫货物的费用;

6. 银行手续费:如通知费、议付费、修改费等;

7. 认证费:出口商办理出口许可、配额、产地证以及其他证明的费用;

8. 出口报关费;

9. 垫款利息:出口商买进卖出货物期间垫付的利息;

10. 经营管理费:出口企业在经营中发生的费用,如交通费、招待费、邮电通信费等;

……

核算国内费用的方法有两种:一是凭经验估计,即根据以往的经验按采购成本的一定比例估算,此法比较简单快捷但不够精确,适合于快速报价;二是明细算法,将所有各项费用相加,此法计算量大但更准确,适合于价格激烈竞争时的报价。

当然,由于不同的贸易术语对应着不同的风险、责任与费用,所以采用不同的贸易术语,所产生的出口费用也不同,参见表1-5。

表1-5 常见贸易术语的出口商品价格构成

贸易术语			构成要素		具体内容
C I F	C F R	F O B	出口成本		实际购货成本
			国内费用		包装费
					仓储费、港区杂费
					国内运输费(仓库至码头、车站、机场、集装箱运输站/堆场)
					订舱费、拼箱费(如果货物不够装一个整箱)、装箱费
					证件费(许可证费、产地费、领事签证费、保管费等)
					报检费、商检费
					银行费用(贴现利息、手续费)
					关税及其他海关代征税
					业务费/经营管理费(工资、交通费、接待费、广告费等)
					邮电费(电报、电话、电传、传真、邮政等)
					报关费、海关查验费
			预期利润		
		自装运港(地)至目的港(地)的运输费用			
	货物在国内运输时的保险费				

资料来源:李洋、徐薇主编:《进出口贸易实务》(第2版),北京理工大学出版社2017年版,第45—46页。

（三）出口的国外费用

出口的国外费用主要有国外运费、保险费和佣金，但并不是每笔业务都会产生上述费用，要视具体采用的贸易术语而定。

1. 运费

国际货物运输的70%采用海运，海运中常采用集装箱整箱运输和集装箱拼箱运输两种方式，不同方式的运输，费用的计算方法也不一样。

集装箱又称货箱或货柜，是一个装载货物的铁柜子，可以露天存放，无须仓库；能够快速装卸；转运时能够迅速从一种交通工具上转到另一种工具上；尺寸规格统一。目前最常用的集装箱是20英尺和40英尺的箱型，20英尺的集装箱一般可装载17.5公吨（M/T）或25立方米（m^3）的货物，是国际上计算集装箱的标准单位，简称TEU，40英尺的集装箱一般可装载25公吨（M/T）或55立方米（m^3）的货物。

在集装箱运输中，货物的交接有两种方式：整箱交货与拼箱交货。整箱交货是指一个集装箱只装一个收货人的货物，货物由发货人装箱、计数并办理海关加封手续，收货人接到外表状态良好、铅封完整的集装箱后，再将货物从集装箱中取出。拼箱交货是指当货物数量不多，不足以装满一个集装箱时，发货人将货物交给承运人，承运人把去往同一目的地的两票或多票货物拼装在一个集装箱内，待运达目的地后，承运人再将货物从集装箱中取出，以原来的形态向各收货人交货。

在图书贸易中，纸质图书的进出口数量有时不太多，可以考虑采用拼箱运输的方式。拼箱运输的费用由两部分构成：基本运费和附加费。

基本运费是轮船公司根据航程、港口设施、港务费用、营运开支等因素，依货物性质的不同而订立的运费，是运费的主要构成部分。基本运费的计算公式是：

基本运费＝基本运费率×运费吨　　　　　　　　　　　　　（1-6）

基本运费率可以从船公司的"航线费率表"上查到，运费吨需要经过比较而产生：如果1公吨（Metric Ton）货物的体积小于1立方米（Cubic Meter），就以1公吨作为一个"运费吨"；如果1立方米体积的货物重量小于1公吨，则以1立方米作为一个"运费吨"。总之，当货物的重量数字大于体积数字时,按重量收费,反之则按体积收费。

附加运费是针对一些需要特殊处理的货物,或突然发生事件,或客观情况的变化而额外收取的费用,以弥补基本运费的不足。附加费主要包括燃油附加费、超重附加费、超大(长)附加费、港口拥挤附加费、更改卸货港附加费、货币贬值附加费等,不同的船公司规定的附加费项目也不同,其计算公式是:

附加运费 = 基本运费 × 附加费率   (1−7)

总运费 = 基本运费 + 附加费   (1−8)

           = 基本运费率 × 运费吨 + 基本运费率 × 运费吨 × 附加费率

           = 基本运费率 × 运费吨 × (1+∑附加费率)

如果采取整箱交货的方式,则运费的计算就简单多了,只要货物不超重就可以按集装箱个数计收运费。集装箱的整箱运费通常称为包箱费率,常见的包箱费率有三种:

(1)FAK 包箱费率:货物不分等级或类别,一律按集装箱的个数计收运费;

(2)FCS 包箱费率:根据货物的不同等级制定的包箱费率;

(3)FCB 包箱费率:先将货物分为干杂货、冷藏货、危险品等类别,每一类别下再划分不同的等级,针对不同的等级制定不同的费率。

整箱货运费的计算步骤如下:

(1)计算总的装箱数量;

(2)区别包箱费率的种类,属于 FAK 的直接查出其报价,属于 FCS、FCB 的须在货物等级表上查出货物等级,对照运价表找到其报价;

(3)计算运费总额;

(4)计算单位产品运费。

2. 保险费

在货物的长途运输中,各种自然灾害及意外事故都可能使货物和运输工具受到损害,给货主和航运公司带来损失。为合理转嫁损失,保障交易的顺利进行,货主通常向保险公司购买货物的运输保险。目前,我国主要的进出口保险公司有太平洋保险公司、中国人民财产保险股份有限公

司、平安保险公司等等。保险费就是投保人向保险公司支付的费用,其计算公式是:

保险费＝保险金额×保险费率　　　　　　　　　　　　　　(1-9)

保险费率是保险公司为承担约定的责任而向投保人收取保费的标准,由货物的运输方式、航程远近、货物的特性、险别、航线等因素决定。

保险金额是被保险人向保险公司投保的金额,也是发生风险时保险公司赔偿的最高金额,通常保险金额的确定以货物发票的 CIF 价为基础。当发生货物损失时,被保险人已经支付的经营费用,如信用证开证费、借款利息、税款等,以及本来可以得到的预期利润,均无法从保险人处获得补偿。为了弥补被保险人的各项经营费用及预期利润的损失,各国在确定保险金额时通常在发票价值的基础上再向上浮动一定的比率,称为"投保加成率"。投保加成率一般为 10%,也可以是 20%、30%,由双方协商。因此,保险金额＝CIF 价×(1+投保加成率)。

保险金额的计算以货物的 CIF 价为基础,但有的交易合同却是以 FOB 或 CFR 价成交,这就需要我们先将 FOB 或 CFR 价转换为 CIF 价,然后再计算保险费。若 F 表示海上运费,则 FOB 或 CFR 价换算成 CIF 价的公式是:

$$CIF\ 价 = \frac{FOB + F}{1 - (1 + 投保加成率) \times 保险费率}$$

$$= \frac{CFR}{1 - (1 + 投保加成率) \times 保险费率} \qquad (1-10)$$

3. 佣金

佣金是中间商因撮合生意或代办有关业务而获得的报酬,在我国一般以发票为基数计算。

(四) 出口报价的核算

在我方进行对外报价时,必须将出口利润考虑在内,但出口利润并不是在出口总成本的基础上计算,而是在"出口成本+出口利润"基础上计算,即:

出口报价＝出口总成本 + 出口利润

　　　　　＝出口总成本 + 出口报价 × 出口利润率

移项,得:

出口报价 − 出口报价 × 出口利润率 = 出口总成本

出口报价 × (1 − 出口利润率) = 出口总成本

$$出口报价 = \frac{出口总成本}{1 - 出口利润率} \qquad (1-11)$$

其中,出口利润率需要根据商品种类、国内外市场行情、交易数量、付款条件等因素而估计,具体能否实现取决于我方的报价能否得到对方同意,这就需要双方的反复磋商、谈判。有时为开拓市场、促成交易,我方不得不降低价格,也可能最终放弃交易。

三、进口贸易价格的核算

当我们接到外方的报价时,应进行进口价格的核算,以确定是否接受对方的报价,或再进行讨价还价。进口价格的核算内容有两个:一是进口总成本的核算;二是预期利润的确定,重点是前者,只要确定了进口总成本,就可按设定的成本利润率算出预期利润,进而确定外方的价格是否合理。下面我们将探讨进口总成本的核算问题。与出口成本的核算类似,进口总成本也由一系列项目构成,见表1-6。

表1-6 进口总成本的构成一览表

序号	构成项目	说　明
1	进口合同的 CIF 价	=FOB 价+国外运费+国外保险费,或=CFR 价+国外保险费
2	进口货物的口岸费用	货物运抵我方口岸,进入国内流通环节前所发生的费用,包括卸货费、驳船费、码头建设费、仓租费、报关费、报检费……
3	银行费用	银行结算时收取的费用,如开证费、保兑费、议付费、改证费、通知费、审单费、不符点费、结汇手续费……
4	进口货物的国内营业费用	包括国内运费、国内仓储保管费、差旅费、业务招待费、通信费
5	垫款利息	进口企业从支付外方货款到收回进口货款期间所垫付款项的利息
6	进口税费	包括进口关税、进口消费税、进口增值税
7	∑进口成本	以上各项的加总

资料来源:张燕等编:《国际贸易单证实务》,清华大学出版社 2015 年版,第228—229 页。

（一）进口合同的 CIF 价

进口商从国外出口商那里购买商品,所支付的价款既包括货物本身的 FOB 价,也包括国外运费和保险费,即使合同规定的成交价格是 FOB 价或 CFR 价,进口商在核算时也要将相应的运费和保险费加进去。无论采用何种贸易术语,进口商都必须承担进口货物的运费和保险费,即使出口商预先已经支付了运费/保险费,进口商也要再将相应款项转付出口商。进口货物统一采用 CIF 计价,也是为了后续税费计算的方便,不是 CIF 价的应当转换成 CIF 价。

FOB 价转为 CIF 价的公式是:

CIF 价＝FOB 价+国外运费+国外保险费

$$= \frac{FOB + F(国外运费)}{1 - (1 + 投保加成率) \times 保险费率} \quad (1-12)$$

CFR 价转为 CIF 价的公式是:

$$CIF 价＝CFR 价+国外保险费 = \frac{CFR}{1 - (1 + 投保加成率) \times 保险费率}$$

$$(1-13)$$

（二）进口货物的口岸费用

口岸费用的计算比较琐碎。报关费、报检费按"单"计算,每做一笔生意就交一次钱;卸货费、驳船费、码头建设费、仓租费按货物的重量或体积计算。

（三）银行费用

不同的银行费用有不同的收费方式:有些是定额收取的,如通知费、不符点①费等,按每笔收取;有些则是按比例收取的,如议付费、兑换费等;还有按时间循环收取的,如承兑费、保兑费等。不同银行间的收费标准也不一样。在实际业务中,针对信用证下的各项明细费用,一般采取"开证行以外的所有银行费用由出口方承担"的原则。

————————

① 所谓"不符点",是指信用证的内容与提单、装箱单、发票上的内容不相符合,比如,信用证上列明的商品是 apple,但提单上的商品成了 aple,此即为一个"不符点"。

（四）进口货物的国内营业费用

实际业务中的国内营业费用通常很难准确地计算,一般是结合以往的经验,按进口 CIF 价折合本币的一定比率来估算。

（五）垫款利息

进口商在进口货物时除了向出口商支付价款,还要向海关支付关税,向其他部门支付各种费用,所有这些开支都需要在进口货物售出后才能收回,但货物的销售需要一段时间,此段时间内因资金占用而损失的利息收入就成了进口商的机会成本。计算公式是:

垫款利息=（进口合同的 CIF 价+进口货物的口岸费用+进口税费+银行费用+进口货物的国内费用）×利息率×计息时间　　　　（1-14）

（六）进口税费

进口税费是进口成本的重要组成部分,主要包括进口关税和进口环节税,对于部分减免税和保税货物,海关还会征收监管手续费。

进口关税是各国海关以进境货物和物品为对象所征收的税,征收进口关税会增加进口货物的成本,提高进口货物的国内销售价格,因此进口关税常常成为限制国外商品进口的手段,WTO 的各轮谈判旨在限制、取消进口关税。

进口货物在办理海关手续后进入国内流通领域,应当与国内的产品同等对待,缴纳相应的国内税费。为了简化手续,进口货物的国内税通常由海关代为征收,称为进口环节税。进口环节税包括对进口货物征收的增值税和对少数商品（主要是奢侈消费品）征收的消费税。

1.进口关税的计算公式

关税的征收方式有三种:从价税、从量税、复合税。从价税按进口货物的完税价格征收;从量税按货物的重量、体积、长度、面积、数量征收;复合税则同时按从价和从量两种方式征税。

在计算进口从价关税时,首先应对进口的货物进行税则分类,确定应按哪个税号的适用税率征税;其次要确定进口关税的完税价格;最后将完税价格×适用税率,即得进口关税额:

进口关税=进口货物的完税价格×关税税率　　　　（1-15）

货物的税则分类应以《中华人民共和国进出口税则》为基础,按照《进出口税则商品及品目注释》《中华人民共和国进出口税则本国子目注释》,以及海关总署发布的关于商品归类的行政裁定、商品归类的决定,确定进出口货物商品的编码。进出口货物的经营单位可以在货物实际进出口的 45 日前,向直属海关申请就其拟进出口的货物预先进行商品归类,海关经审核通过后发给《预归类决定书》,待实际进口货物时,进口商再向海关出示《预归类决定书》。进口商也可在 HS 编码查询网站(http://www.hsbianma.com)上快速查到商品的编码、进口普通税率、增值税税率、出口退税率等信息。按我国目前的商品综合分类表,"书籍、报纸、印刷图画及其他印刷品"属于第十类第 49 章,税则号列为 49019900,进口关税为 0%;"雕版画、印制画、石印画的原本"则属于第二十一类第 97 章,税则号列为 97020000。

随着我国与越来越多的国家开展双边贸易谈判、签订双边贸易协定,在普通进口关税的税率之外,又产生了一系列"协定税率",因此我们在确定适用税率时,还要注意查看是否存在中国与特定国家的协定税率,以"雕版画、印制画、石印画的原本"为例,其进口关税的最惠国税率为12%,但我国与巴基斯坦签订的协定税率为 6%,与瑞士签订的协定税率为 8.4%,与秘鲁为 3.6%,与韩国为 9.6%,与澳大利亚为 7.2%,当中方从前述国家进口"雕版画、印制画、石印画的原本"时,需要让对方办理"原产地证明书",以便于我方在办理进口报关时,享受优惠的协定税率。

进口货物的完税价格是海关针对进口货物征收关税的基数,一般以该批货物的 CIF 价对应的本币为准。如果进口价格采用的是 FOB 价或CFR 价,需要转换为 CIF 价。海关在将进口货物的外币价格转换为本币价格时,通常使用"中间汇率"计算,进出口商在核算自己的成本时通常以外汇牌价的最高价计算。

2.进口消费税的计算公式

相对于普遍征收的关税,我国的海关只对部分产品征收消费税,具体品目需查阅进口税目表。消费税是政府对特定消费品征收的税项,具有选择性,通常是根据国家的产业政策和消费政策,针对小汽车、摩托车、首饰、珠宝、玉石、化妆品、烟、酒等特殊消费品所征的税,旨在调节消费结构,引导消费方向。消费税由进口商在报关时向海关申报纳税,不同商品的消费税税率也不同,大部分文化产品不征消费税。

与关税一样,进口消费税的征收办法也有从量税、从价税和复合税三种,例如,根据海关总署 2006 年第 15 号公告《关于对进口环节消费税税目、税率及相关政策进行调整》,对进口的外国白酒征收复合消费税:按20%的税率计征从价消费税,同时按 1 元/公斤的税率计征从量消费税,二者之和即为应征消费税税额。消费税的计算公式是:

$$消费税税额 = 组成计税价格 \times 消费税税率$$

$$= \frac{关税完税价格 + 关税}{1 - 消费税税率} \times 消费税税率 \qquad (1-16)$$

在计算从价消费税时应注意:消费税是价内税,是价格的有机组成部分,"关税完税价格+关税"里不包含消费税,用"(关税完税价格+关税)÷(1-消费税税率)",就变成含消费税的价格了。

3. 进口增值税的计算公式

凡申报进入我国关境的货物均应缴纳进口环节增值税,其计算公式是:进口增值税=增值税计税价格×增值税税率=(关税完税价格+关税税额+消费税税额)×增值税税率。 $\qquad (1-17)$

增值税的税率分基本税率(13%)和低税率(9%),进口的图书、报纸、杂志适用9%的低税率。在实际计算进口环节增值税时,应先计算进口关税税额,再计算进口消费税税额,最后计算进口环节的增值税税额。由于进口的书报刊无须缴纳消费税,所以就先计算进口关税,再计算进口环节增值税。

以下举例说明艺术品进口缴税的计算。

2012 年伊始,国家海关总署《2012 年关税实施方案》正式实施,有三类艺术品的进口关税税率由 12%降至 6%,从中可以明显感受到政府对扶持艺术品进口、促进艺术交易充满善意,对那些翔实申报的艺术品进口商是个利好消息。艺术品进入海关要缴什么税?缴多少?怎么缴?这是艺术品贸易商需要搞清楚的问题。

艺术品进口,最先涉及的就是进口关税,但相应的征缴是项精细活,要分为四个步骤:确定税则归类、确定适用税率、明确完税价格、套用公式。

第一步是要确定税则归类,归入相应的税号。2007年1月1日起,我国海关开始采用新版的《商品名称及编码协调制度》,据此编制出2007年版的《进出口税则》《统计商品名录》。在2007年版的《统计商品名录》中将艺术品划分到第21大类,97章"艺术品、收藏品及古物"之中。具体对应的各个艺术品税则号分别是:97011010,油画、粉画及其他手绘画原件;97020000,雕版画、印制画、石印画的原本;97030000,各种材料制的雕塑品原件;97040000,邮票、印花税票、邮戳印记、首日封、邮政信笺(印有邮票的纸品)及类似品;97050000,具有动物学、植物学、矿物学、解剖学、历史学、考古学、古生物学、人种学或钱币学意义的收集品及珍藏品;97060000,超过一百年的古物。

明确税号之后,才步入征收的第二个环节,确定适用税率。一般而言,当明确了税则号列之后,参看《进出口税则》就可以很快明确该商品的税率。但还有一个重要的工作需要完成——明确产地。因为我们尽管加入了世贸组织,但并不是所有的国家都享受我国的"最惠国待遇",那些与我国签订过优惠贸易协定的国家,艺术品原作的进口税率为12%,没有签订的国家,艺术品进口税率为50%。

在明确产地的过程中会涉及两种情况:一种是某种货物完全在一国(地区)生产或制造,适用"完全获得标准";另一种是几个国家(地区)生产、制造产品,主要以最后实质性加工的国家为原产国,适用"实质性改变标准"。实际上,艺术品主要归入第一种情况,较为简单。

产地问题解决后,就进入第三个环节,根据完税办法的有关规定,明确应税货物的完税价格,即CIF价格。假设国内某画廊引进价值1万美元的画到上海,运费是1000美元,保险是100美元,相关材料交至海关审批的时候,海关核定的CIF价格就是11100美元(作品价值+保险+运费)。之后确定计征汇率,将以外币计算的CIF价格换算成人民币。所谓

"计征汇率"是海关以上一个月第三个星期三(第三个星期三为法定节假日的,顺延采用第四个星期三)中国人民银行公布的外币兑人民币的基准汇率为核算汇率。以基准汇率币种以外的外币计价的,采用同一时间中国人民银行公布的现汇买入价和现汇卖出价的中间值(人民币元后采用四舍五入法保留4位小数)。

最后套用应征税款公式,完成计算,结束全部流程。需要说明的是,仅从进口关税的分类来看,我国就分为从价税、从量税、复合关税、滑准税、租赁进口货物关税、特定减免税等。不同类别的商品,缴的税也不相同,需要具体情况具体分析。

艺术品并不属于关系国计民生的大宗物资,一般直接进口的都是完成品,所以真正适用的进口税种类较为有限,主要包括从价税和租赁进口货物关税。相关公式是:从价税的税额=进口货物完税价格×进口从价税税率;租赁进口货物关税=租赁进口货物完税价格×关税税率。为了便于叙述,分别演示如下:假设画廊从美国进口一张标价1万美元的油画到上海,运费为1000美元,保险为100美元。关税征收流程如下:(1)通过查找2007年版《统计商品名录》,油画的税则归入97011010之中;(2)产地为美国,享受2012年最惠国待遇,确定适用税率为12%。但2011年12月9日,国务院关税税则委员会发布《2012年关税实施方案》(税委会〔2011〕27号)中,规定自2012年1月1日起,对税则号97011010、97020000、97030000的物品征收税率由12%降为6%(暂定一年);(3)核定CIF价格为11100美元,根据中美计征汇率1∶6.3(假定),换算成69930元人民币;(4)套用从价税公式,应缴关税为69930×6%=4195.8元。

除了进口关税之外,艺术品还应缴纳进口环节的各类国内税,方能进入国内市场流通。为了提升效率、简化手续,进口环节的国内税很多直接由海关代为征收和管理。目前,由海关代征的国内税种有:进口环节消费税、进口环节增值税、船舶吨税。艺术品不属于税收认定中的奢侈品,因此免缴进口环节消费税,但要缴纳进口环节增值税。

参看 2009 年 1 月 1 日开始实行的《中华人民共和国增值税暂行条例》中的相应规定,我国增值税实际税率分为 9%、13%、零税率、6% 四个档次。其中 9% 的税率主要适用于进口粮食、食用植物油、自来水、暖气、图书、报纸、杂志等国务院特批货物;零税率只适用于出口货物。艺术品无缘增值税优惠,适用 13% 的税率是跑不掉的。海关代征进口环节增值税的相应公式为:

$$应纳税额 = 增值税组成计税价格 \times 增值税税率 \qquad (1-18)$$

仍然以引进 1 万美元的油画为例,由上文计算已知,CIF 完税价格为 69930 元,应缴纳关税为 4195.8 元,这里并不涉及消费税,税率为 0%,由此计算增值税组成计税价格 = 4195.8 + 69930 = 74125.8 元,应纳增值税税额 = 74125.8 × 13% = 9636.35 元。因此交给海关的税收总额为进口关税 + 应纳增值税税额 = 9636.35 + 4195.8 = 13832.15 元,要知道这张油画运到上海的 CIF 总价格才 69930 元人民币,税额已经占到总金额的 19.78% 了。这些代缴过增值税的艺术品,如果发生交易,可以凭借海关出具的《海关进口增值税专用缴款书》抵扣增值税税款,多退少补,如果不发生交易就进入退税流程。

第五节　出口合同的履行

出口合同一经签订即进入履行阶段。下面以外贸工作中经常采用的海洋运输、信用证付款为样板,了解如何开展货物出口。简而言之,外贸出口的环节包括备货、信用证、检验检疫、托运、报关、制单结汇、核销退税。当然,对某些商品来说其出口流程略有不同。以图书为例,因其未被列入《出入境检验检疫机构实施检验检疫的进出境商品目录(20170301)》,可以不做检验检疫。

货物出口涉及银行、海关、外汇管理局、商检局、保险公司、外运公司、船务代理、货运代理、国外客户等众多当事人,且整个过程环环相扣,需要各方统筹安排、通力合作,这就使其业务流程比国内的商品流通更加复杂。下面简明扼要地阐释进出口业务是如何开展的。

一、备货

出口商应在仔细考察的基础上选择生产商,并将外方对产品质量、数量、规格、包装等要求告知生产商,以便于后者及时准备物料、制订生产计划。出口商要时常关注生产进度,甚至派人进驻车间,力求使产品达到信用证的规定。供货的数量可以比合同规定多一些,以便货物损坏或短缺时补足。确定了供货商后,应及时签订生产合同,明确交货时间,约定责任,对产品的质量要求应严格与国外的订单一致。

二、信用证

在国际贸易中,进口商及时开出信用证是出口商履行合同的前提,事关出口商能否安全地收回货款。因此,仔细审核信用证,必要时修改信用证,就具有十分重大的意义。在本环节中,出口商要做的事有三个:催证、审证和改证。

出口商在签订合同、落实订单后,应通过信件、电报、传真等方式及时催促对方办理开证手续,并将信用证送达出口商,这样既提醒对方履约也表明了自己的合作意愿。出口商在收到信用证或预付款之前,不宜马上安排货物的生产,以防止进口商签约之后怠于履行甚至毁约,造成损失。

在中国,审核信用证是银行(通知行)和出口商的共同责任。通知行着重审核有关开证行的政治背景、资信能力、付款责任、索汇路线等内容,对资信不佳的银行可采取必要的防范措施,如要求更换开证行、要求资信更好的银行加以保兑。

由于信用证是以交易合同为基础开立的,出口商收到信用证后应立即逐条审查其条款,并结合《跟单信用证统一惯例(UCP)》,查看信用证的内容是否与合同相符,具体可从以下几方面入手:

(1)审查开证人、受益人的信息,仔细核对其名称和地址,防止张冠李戴。

(2)审查信用证金额和货币。信用证规定的支付货币与金额应与合同一致,金额的阿拉伯数字和文字数字保持一致,发票/汇票的金额不能超过信用证金额,金额前有"约""大约"字样的,应解释为有10%的增减幅度。

(3)审查对货物的描述。凡商品的名称、规格、尺码、花色、数量、重量、价格等内容必须与合同相符。

(4)审查信用证的装运期、有效期和到期地点。信用证规定的装运期必须与合同一致,如果没有规定装运期,则信用证的到期日就是最迟装运期。如果货物没有准备妥当,或国外信用证延迟了很久才发来,导致无法按期装运,出口方就可以要求进口方延长装运期限。至于信用证的到期地点,通常约定在本国境内,否则,卖方不易掌握国外银行收到单据的时间,存在收汇安全隐患。

(5)审查汇票,主要审查汇票的金额、付款人、付款期限。付款人只能是开证银行,不能是进口商;汇票的付款期限应当与合同一致。有些信用证不用汇票付款,则本环节就省略了。

(6)审查保险条款。信用证保险条款的险别、保险金额必须与合同相符。如果信用证要求投保的险别超出合同规定,或保险责任扩大至内陆,则应慎重考虑能否接受。

(7)审查单据,包括单据的种类、份数、填写内容、填制方法,看看各单据是否都与信用证相符,各单据之间是否也相符,即所谓"单单相符""单证相符"。以发票为中心审查"单单相符",以信用证为中心审查"单证相符"。

如果出口商在审查的过程中发现:信用证的某些条款与合同的规定不符,影响合同执行与安全收汇,或由于客观情况的变化已不能按原证的条款办理,在与银行、轮船公司、保险公司、检验检疫部门协商后,出口商应及时通知进口商改证,当收到银行修改信用证的通知书并认可后,出口商才可装运货物。当然,出口商也可灵活处理:凡是可改可不改,或经过适当努力可以做到的,就不做修改,以免耽误时间,也可借机赢得客户的好感,以利下次合作。

三、托运

托运是出口商将货物交给承运人,委托他们将货物运至指定目的港的行为。货物的承运人可以是轮船公司,可以是"货运代理人+轮船公司",也可以是"货运代理人+轮船公司代理人+轮船公司"。实际业务中,出口商通常不直接与轮船公司打交道,而是委托货运代理人办理。货运代理人简称"货代",货代熟悉运输市场行情,与轮船公司关系密切,可以帮助出口商以优惠的价格找到服务水平高的轮船公司,也节省了出口商的时间与精力。在目前的海运业务中,集装箱运输以其高效、便利、节约成本等优势,成了最重要的海运方式。以下的内容就围绕集装箱运输展开。

集装箱运输涉及进出口商、货代、船代、轮船公司、港口、集装箱场站、海关等部门,需要准备两大类单证:一类是进出口运输单证,包括设备交接单、装箱单、场站收据、集装箱提单、货物舱单、交货记录等;另一类是向各监管部门申报的单证,包括合同副本、信用证副本、报关单、商业发票、进出口许可证、产地证明书、商检证书等。以集装箱出口的货物运输要经过四个阶段:委托订舱、领箱装货、集装箱交接签证、装船。

(一) 委托订舱

出口商填制《集装箱货物托运单》交给货代,委托货代向船代或轮船公司申请订舱。出口商在选择货运代理商时应仔细考察其业务水平与诚信状况,尽量避免那些运输质量差、运达时间晚、收费不透明的货代。如果轮船公司或船代接受了订舱申请,就在场站收据的第五联(关单联)上盖章确认,并确定船名、航次等信息。

(二) 领箱装货

如果采取集装箱整箱运输的方式,发货人需自行到集装箱码头堆场(Container Yard)领取空箱,填写设备交接单,办理交接手续。出口公司负责装箱,并加盖海关签封,将集装箱运至码头堆场。如果采取拼箱运输,则由集装箱货运站(CFS)领取空箱,出口商把货物交至货运站,由货运站整理装箱,填制装箱单。

（三）集装箱交接签证

集装箱码头堆场在验收货箱后,即在场站收据上签字,并将签署的场站收据交还给发货人,发货人凭签署的场站收据向轮船公司换取海运提单。①

（四）装船

集装箱码头堆场或装卸区根据收到的货物情况,制订装船计划,待船靠岸后即行装船。

在整个流程中,有一个文件特别重要,这就是"场站收据(dock of receipt,D/R)"。场站收据兼托运单、装货单、理货单、配舱回单、大副收据、运费通知单于一体,通常一式十联(份),十联中的不同联次需要在多个部门和机构中传递:托运人、货代、船代、海关、堆场、理货公司、船长/大副。各联的用途见表1-7。

表1-7 场站收据十联单

序号	名 称	颜色	用 途
1	集装箱货物托运单——货方留底	白色	托运人备查
2	集装箱货物托运单——船代留底	白色	编制装船清单、装箱积载单、预制提单
3	运费通知(1)	白色	计算运费
4	运费通知(2)	白色	运费收取通知
5	场站收据副本(1)——装货单(关单)	白色	报关并作为装货指示
	缴纳出口货物港杂费申请书	白色	港方计算港杂费
6	场站收据副本(2)——大副联	粉红色	报关,船上留存备查
7	场站收据(正本联)	淡黄色	报关,船代凭以签发提单
8	货代留底	白色	编制货物流向单
9	配舱回单(1)	白色	船公司配好仓,签字后退给货代,货代再退给货主

---

① 提单是海上货物运输合同的证明文件,证明货物已经由承运人接收或装船,承运人凭证据以交付货物。

续表

序号	名　称	颜色	用　途
10	配舱回单(2)	白色	船公司配好仓,签字后退给货代,由货代保存

资料来源:金鑫:《国际贸易实务》,北京大学出版社 2015 年版,第 134—135 页。

场站收据各联次的流转顺序如下:

1. 发货人或代理填制场站收据一式十联,留下第一联(发货人留底联),将其余九联送船代订舱。

2. 船代接收场站收据第二至十联,经编号后自留第二联(船代留底联)、第三联[运费计收联(1)]、第四联[运费计收联(2)],并在第五联(关单联)上盖章确认订舱,然后将第五至十联退回发货人或代理。

3. 发货人或货代将第五至十联送海关报关,海关核对无误后在第五联(关单联)上盖章放行。

4. 海关在第五联盖章放行后,自留第九联,将其余联(第五至八、十联)退回发货人或代理。

5. 发货人或代理负责将箱号、封志号、件数等填入第五至七联,并将货物连同第五至八联、第十联在规定时间一并送交堆场或集装箱货运站。

6. 堆场或集装箱货运站在接收货物时进行单、货核对。如果无误,则在第七联(场站收据正本)上填入实收箱数、进场完毕日期并加盖场站公章签收,然后退回发货人。堆场或集装箱货运站自留第五联(关单联)。

7. 发货人凭签收的第七联去船代处换取待装船提单,或在装船后换取已装船提单。

8. 货物装船时,堆场将第六、八、十联送给外轮理货公司,理货员待货物实际装船后,在第八联上签收并自留。

9. 等货箱全部装上船舶,理货员将第六联(大副联)和第十联(空白联)交给船方留存。第十联也可供有关方使用。

货物在装运后,出口商应及时主动地用最快捷的书面方式,如传真、电子邮件等向进口商发送一份装运通知,便于进口商及时办理货运保险,尽快安排进口报关和提货。

场站收据各联次的内容有所不同,下面是其中比较重要的第一联、第五联和第六联的样本:

需要说明的是,上述流程只是通常情况下的操作,实际业务中又有所变化。比如,拼箱送货时,场站会给送货人一张《入库通知单》,有了入库通知单,就证明货已送达,只需等待通关装船了。整箱的货物出口则与前述流程一致:集装箱车司机在场站提取空箱,办理相关的手续后去工厂装货,然后重新返回场站。

随着电子网络通信技术的发达,传统的十联装"场站收据"已经被淘汰,代之以电子数据传输。例如,租船订舱时无须在十联单上打印相关信息,只需通过电子邮件、微信或其他方式,将发货人、收货人、通知方、船名、航次、提单号发给轮船公司即可。当然,场站和海关中心的数据传输,是通过专用的内部网。下面是场站收据中的第一、五、六联的样本①(见表1-8、表1-9、表1-10)。

表1-8 场站收据第一联

SHIPPER WUXICONSTANT READ MECHANICAL AND ELECTRIAL EQUIPMENT CO.,LTD CHINA NEW GARDEN IN WUXI CITY,JIANGSU PROVINCE ON 30-1			D/R NO.HANJCOSCO1523-4568	盖 章
CONSIGNEE TOORDER OF SHIPPER			集装箱货物托运单	
NOTIFY PARTY COLLECT TYRONE DECORATION MATERIAL CO.,LTD			船代留底	第一联
PRE-CARRIAGE BY XXXX PLACE OF RECEIPT				
OCEAN VESSELNANJINSAN FRANCISCO VOY NO.082E PORT OF LOADING SHANGHAI				
PORT OF DISCHARGE MOMBASA PORT PLACE OF DELIVERY KENYA			FINAL DESTINATION FOR THE MERCHANT'S RETER ENCE KENYA	
CONTAINER NO. CBHU80012	SEAL NO. 101488	NO.OF CONTANINERS OR PKGS 100BOXES	KIND OF PACKAGES DESCRIPTIONOF GOODS HARDWARE	GROSS WEIGHT 25KG	MEASUREMENT 20CM×30CM×40CM

---

① 笔者根据"百度文库"上的内容制作而成。

续表

TOTAL NUMBERS OF CONTAINERS OR PACKAGES (IN WORDS)			SAY TOTAL ONE HUNDRED BOXES ONLY			
FREIGHT & CHARGES SHIPPING	REVENUE TONS	RATE	PRE	PREPAID	COLLECT
EX.RATE	PREPAID AT SHANGHAI	PAYBLE AT		PLACE OF ISSUE SHANGHAI	
	TOTAL PREPAID HK $ 1550.5	NO.OF ORIGINAL B/L THREE			
SERVICE TYPE ON RECEIVE	SERVICETYPEON DELIVERY	REETER TEMPERATURE REQUIRED		F	C
TYPE OF GOODS HARDWARE	LIQUID, LIVE ANIMAL, BULK 危险品		CLASS:PROPERTY IMDG CODE PAGE UN NO. PROPERTY:IMDG CODE PAGE:UN NO.		
可否转船 Y	可否分批 Y				
装船期 Oct.24,2011	有效期 Oct.24,2011				
金额:HK $ 1550.5					
制单日期:Oct.20,2011					

表 1-9 场站收据第五联

SHIPPER WUXI CONSTANT READ MECHANICAL AND ELECTRICAL EQUIPMENT CO.,LTD CHINA NEW GARDEN IN WUXI CITY,JIANGSU PROVINCE ON 30-1		D/R NO.HANJCOSCO1523-4568		盖 章	
CONSIGNEE TO ORDER OF SHIPPER		装货单			
NOTIFY PARTY COLLECT TYRONE DECORATION MATERIAL CO.,LTD		场站收据副本		第五联	
PRE-CARRIAGE BY×× PLACE OF RECEIPT					
OCEAN VESSEL NANJINSAN FRANCISCO VOY.NO.082E PORT OF LOADING SHANGHAI					
PORT OF DISCHARGE MOMBASA PORT PLACE OF DELIVERY KENYA				FINAL DESTINATION FOR THE MERCHANT'S RETERENCE KENYA	
CONTAINER NO. CBHU80012	SEAL NO. 101488	NO. OF CONTAINERS OR PKGS 100BOXES	KIND OF PACKAGES: DESCRIPTION OF GOODS HARDWARE	GROSS WEIGHT 25KGS	MEASUREMENT 20CM×30CM×40CM

续表

TOTAL NUMBEROF CONTAINERS OR PACKAGES（IN WORDS)	SAY TOTAL ONE HUNDRED BOXES ONLY		
CONTAINER NO.CBHU80012	SEAL NO.101488	PKGS 100BOXES	CONTAINER NO. CBHU80012 SEAL NO.101488 PKGS 100BOXES
			RECEIVED CCCCCCC BY TERMINAL
FREIGHT & CHARGE SHIPPING	PREPAID AT SHANGHAI	PAYABLE AT	PLACE OF ISSUE SHANGHAI
	TOTAL PREPAIDHK $1550.5	NO.OF ORIGINAL B/L THREE	

表1-10 场站收据第六联

SHIPPER WUXI CONSTANT READ MECHANICAL AND ELECTRIAL EQUIPMENT CO.,LTD CHINA NEW GARDEN IN WUXI CITY, JIANGSU PROVINCE ON 30-1		D/R NO.HANJCOSCO1523-4568	盖 章	
CONSIGNEE TO ORDER OF SHIPPER		场站收据副本（COPY OF DOCK RECEIPT)		
NOTIFY PARTY COLLECT TYRONE DECORATION MATERIAL CO.,LTD		大副联（FOR CHIEF OFFICE)		
PRE-CARRIAGE BY XXXX PLACE OF RECEIPT				
OCEAN VESSEL NANJINSAN FRANCISCO VOY.NO.082E PORT OF LOADING SHANGHAI				
PORT OF DISCHARGE MOMBASA PORT PLACE OF DELIVERY KENYA			FINAL DESTINATION FOR THE MERCHANT'S RETERENCE KENYA	

CONTAINER NO. CBHU80012	SEAL NO. 101488	NO. OF CONTAINERS OR PKGS 100BOXES	KIND OF PACKAGES: DESCRIPTION OF GOODS HARDWARE	GROSS WEIGHT 25KGS	MEASUREMENT 20CM×30CM×40CM
TOTAL NUMBER OF CONTAINERS OR PACKAGES（IN WORDS)		SAY TOTAL ONE HUNDRED BOXES ONLY			
CONTAINER NO.BHU80012	SEAL NO.101488	PKGS 100BOXES	CONTAINER NO.BHU80012.SEAL NO. 101488 PKGS 100BOXES		
			RECEIVED CCCCCCC BY TERMINAL		
FREIGHT & CHARGE SHIPPING	PREPAID AT SHANGHAI	PAYABLE AT	PLACE OF ISSUE SHANGHAI		
	TOTAL PREPAIDHK $1550.5	NO.OF ORIGINAL B/L THREE			

四、报关

进口货物的发货人或其代理在进出口货物时,应在海关规定的时限内,以纸质或电子数据向海关报告进出口货物的情况,并随附有关货运和商业单据,申请海关审查放行,并对所报内容的真实性和准确性承担法律责任的行为,称为报关。报关程序分为前期阶段、进出境阶段、后续阶段。其中,进出境阶段有四个作业环节:货物申报、配合查验、缴纳税费、海关放行。不同货物的报关流程略有差别,见表1-11。

表1-11   不同货物的报关流程

货物类别	前期阶段	进出境阶段	后续阶段
一般进出境货物	无	申报、查验、征税、放行	无
暂准进出境货物	备案、申领证明	申报、查验、征税、放行	解除监管、销案

资料来源:笔者根据《报关实务与操作》制作。

在表1-11中,所谓"暂准进出境货物"是指为了特定目的而暂时进出境,有条件地暂时免纳进出口关税并豁免进出口许可证,在特定的期限内,按原装复运出境或复运进境的货物。实务中常见的例子有:参加北京国际书展的图书、外国歌星来华演出使用的道具、来华参加影视节(展)的电影拷贝等,这些物品在进出境之前须办理海关的备案文件。各种海关备案文件都有固定的编号,这些编号必须填在《进出口货物报关单》的"备案号"栏内,备案文件的正本须在报关时递交,否则海关不予放行。

下面着重探讨进出境阶段的报关流程。

(一)货物申报

1. 备妥货物

海关只接受已经运抵监管区接受监管的出口货物的报关,报关人既要满足这一要求,还要满足运输工具对货物装卸的时间和地点要求。一般海运出口货物需在船离境48小时前进入码头海关监管区,但是如果轮船公司办理了"加急"业务,也可以在轮船启航前的48小时内进入,集装箱也可进入码头海关监管区。通常情况下,集装箱先从工厂托运到专门存放集装箱的堆场,由场站进行管理。一旦船公司要求装船,集装箱就会再从场站拖到码头。从场站到码头的过程中有海关设置的一个卡口,一过卡口,出口商就失去了对集装箱的控制。卡口的工作人员会向电脑系统输入指令,传送到海关的电脑系统,称作"运抵报告"。一旦有了运抵报告,出口商(货代)就可以向海关申报了。

2. 准备单证

出口货物报关需要提交的单证包括"出口货物报关单""商业发票""装箱单""出口许可证""出境货物通关单""原产地证书"等。当然并不是所有货物的报关都需要备齐前述单证,有的货物只需要其中的一部分。对于进口货物的收货人,应当自运输工具申报进境之日起 14 日内,向海关申请报关,超过规定时限未申报的,从第 15 日起按日征收滞纳金。

3. 输入电脑交单

在单证和货物准备完毕后,报关人员须按规定的时间登录海关网站,在线填写相关的报关申报表,进行电子申请报关。海关经网上审核,接受报关申请后,报关人再向海关提交全套纸质单据。

（二）配合查验

海关对出境货物的品名、规格、价格、数量、用途、原产地、货物状况、贸易方式进行实际查验,看看是否与报关单上的内容相符,有无错报、漏报、瞒报等情况。查验的方式有彻底查验、抽查和外形检查,至于采用何种方式取决于货物的类别、性质、发货人的资信状况等因素。出口商应到现场配合查验,如实回答海关的提问、负责搬运货物、开封和重封货物的包装。海关查验货物时如造成损坏,出口商或货代有权根据货物受损程度,要求海关予以赔偿。

（三）缴纳税费

国家鼓励出口,出口的商品一般不需要缴税,只有某些限制出口的货物才缴纳出口关税。但进口货物通常要缴进口关税、进口增值税,有的进口商品还需再缴消费税。报关时,海关根据进出口货物的税号和征税政策确定征税比例,开具税票,供进出口商缴纳税款用。

（四）海关放行

货物完成海关申报、接受查验、缴纳税款后,由海关在货运单上签字或盖章放行,允许货物离开海关监管现场。在实行"无纸通关"的海关,还须通关电脑将"海关放行"的报文发到海关监管货物的现场,如仓库、卡口。对一般的货物来说,海关放行就等于结关,但对于"暂准进出境货物"来说,并未完成全部海关手续,在一定时间内,已放行的货物仍在海关的监管之下。

在报关阶段,出口商要准备一系列的单证,其中最重要的是《出口货物报关单》(见表1-12)。无论是出口商自己报关,还是委托货代报关,均须按《进出口货物报关单填制规范》,如实填写《出口货物报关单》。为进一步规范进出口申报,简化工作流程,自2016年5月16日起,海关总署公布了新版的《中华人民共和国进出口货物报关单填制规范》,部分报关单项目的填制规范如下:

1. 预录入编号

本栏目填报预录入报关单的编号,预录入编号规则由接受申报的海关决定。

2. 海关编号

本栏目填报海关接受申报时给予报关单的编号,一份报关单对应一个海关编号。每个海关编号18位,其中第1—4位为接受申报海关的编号,第5—8位为海关接受申报的公历年份,第9位为进出口标志,后9位为顺序编号。

3. 收发货人

本栏目填报在海关注册并执行进出口贸易合同的中国境内法人、其他组织或个人之名称及编码,编码可选填法人和其他组织的"统一社会信用代码"或10位"海关注册编码"。

4. 申报日期

申报日期指海关接受进出口货物的收发货人、受委托的报关企业申报数据的日期。以电子数据报关单方式申报的,申报日期为海关计算机系统接受申报数据时记录的日期。以纸质报关单方式申报的,申报日期为海关接受纸质报关单并对报关单进行登记处理的日期。

5. 消费使用单位/生产销售单位

本栏目可选填18位法人和其他组织"统一社会信用代码"或10位"海关注册编码",或9位组织机构代码中的任一项。没有代码的应填报"NO"。

6. 随附单证

本栏目分为随附单证代码和随附单证编号两栏,其中代码栏应按海关规定的《监管证件代码表》选择填报相应证件代码;编号栏应填报证件编号。

7. 标记唛头①及备注

标记唛头包括图形、文字、数字、进出口企业名称。当监管方式为"暂时进出境货物"和"展览品"时,如果为复运进出境货物,在进出口货物报关单的本栏内分别填报"复运进境""复运出境"。

8. 项号

本栏目分两行填报及打印。第一行填报报关单中的商品顺序编号;第二行专用于加工贸易、减免税等已备案、审批的货物,填报和打印该项货物在《加工贸易手册》或《征免税证明》等备案、审批单证中的顺序编号。

9. 商品编号

本栏目填报的商品编号由10位数字组成。前8位为《中华人民共和国进出口税则》确定的进出口货物的税则号列,同时也是《中华人民共和国海关统计商品目录》确定的商品编码,后2位为符合海关监管要求的附加编号。

10. 特殊关系确认

本栏目旨在确认进出口双方是否存在特殊关系,如存在特殊关系则在栏目中填报"是",反之则填报"否"。

---

① 唛头又称运输标志,通常由一个简单的几何图形和一些字母、数字及简单的文字组成,其作用在于使货物在装卸、运输、保管过程中容易被有关人员识别,以防错发错运。

表1-12　中华人民共和国海关出口货物报关单

（××海关）

预录入编号：　　　　海关编号：

境内发货人		出境关别	出口日期	申报日期	
境内收货人		运输方式	运输工具名称及航次号	提运单号	
生产销售单位		监管方式	征免性质	许可证号	
合同协议号		贸易国（地区）	运抵国（地区）	指运港	离境口岸
包装种类	件数	毛重（千克）	净重（千克）	成交方式	运费	保费	杂费
随附单证及编号					
标记唛码及备注					

项号	商品编号	商品名称及规格型号	数量及单位	单价/总价/币制	原产国（地区）	最终目的国（地区）	境内货源地	征免

报关人员	报关人员证号	电话	兹申明对以上内容承担如实申报、依法纳税之法律责任	海关批注及签章
申报单位			申报单位（签章）	

11. 价格影响确认

本栏目旨在确认进出口双方存在的特殊关系是否影响成交价格,如影响则填报"是",反之则填报"否"。

12. 支付特许权使用费确认

本栏目旨在确认买方是否向卖方或者有关方直接或者间接支付了特许权使用费。对于知识产权权利人及权利人有效授权人来说,买方为取得关于专利权、商标权、专有技术、著作权、分销权或者销售权的许可或者转让而支付的费用就是特许权使用费。

五、制单结汇

货物装箱托运后,出口商应尽快按信用证或合同的要求,填制、整理必要的贸易单证,在信用证规定的有效期内将单证送达银行,办理付款、承兑①或议付手续。越早提交贸易单证,就可能越早收到货款。在信用证结算方式下,银行只凭贸易单证付款,而不管货物如何。即使货物与信用证的规定不完全相符,只要贸易单证上的内容与信用证的规定一致,银行仍然付款。这就要求出口商及时、准确、全面地准备好与信用证相对应的单证。这些单证中,有的是出口商自己制作的,如商业发票、装箱单、汇票、合同等;有的是其他机构制作的,如信用证、提单、保险单、原产地证书等。

(一) 发票

发票是出口商向进口商签发的,凭以向进口商收款的发货清单,是双方收发货物、记账、报关、缴纳税款的凭证。发票是编制各种贸易单证的中心文件,报关单、保险单、原产地证书等文件均应参照发票制作。发票的内容包括货物的名称、规格、数量、单价、总价等情况的详细说明。发票的日期要确定在信用证开证日之后,交货期之前。发票中的货物描述要与信用证上的完全相同,小写和大写金额都要正确无误。信用证上对发

---

① 通俗地讲,承兑就是当开证行收到出口商发来的远期汇票时在上面签字,承诺汇票到期时一定向受益人付款的行为。

票的条款应当显示出来。如果发票需要对方大使馆的认证,一般应提前20天办理。下面是一个发票的样本(见表1-13)。

表1-13 商业发票

ISSUER AIGE IMPORT & EXPORT COMPANY ROOM 2501,JIAFA MANSION,BEIJING WEST ROAD,SHANGHAI 200001,P.R.CHINA		商业发票 COMMERCIAL INVOICE		
TO RIQING EXPORT & IMPORT COMPANY P.O.BOX 1589,NAGOYA,JAPAN		TO IV0001979		DATE 2011-08-30
TRANSPORT DETAILS FROM SHANGHAI TO NAGOYA,JAPAN ON SEPTEMBER 1, 2011,BY VESSEL.		SIC NO. CONTRACT 02		L/C NO
		TERMS OF PAYMENT T/T 100% IN ADVANCE		
CHOICE	MARKS AND NUMBERS	DESCRIPTION OF GOODS	QUANTITY	UNIT PRICE	AMOUNT
		[CIF NAGOYA,JAPAN]			
	MAN'S T-SHIRT,JAPAN C/NO.1-100,MADE IN CHINA	MAN'S T-SHIRT,20PCS PER CARTON,COLOR:NAVY BLUE, FABRIC CONTON:100% COTTON	2000 PCS	USD 15	USD 30000
	TOTAL:[2000] [PCS]		[USD] [30000]		
SAY TOTAL:USD THIRTY THOUSAND ONLY					
艾格进出口贸易公司 AIGE IMPORT & EXPORT COMPANY AIGE ZHANG					

资料来源:笔者根据“百度百科”网站制作。

(二) 装箱单

装箱单是出口商制作的用以补充商业发票的文件,记载了已装箱货物的名称、规格、数量、唛头、集装箱号码、货物件数、重量、包装等情况(见图1-4)。装箱单是海关通关验货的参考文件,检验检疫机构核对货物包装件数的文件,是承运人收发货物的参考文件,也是进口商核对货物件数的参考文件,是保险公司理赔的依据,还是海运公司计收运费的依据。装箱单的填制日期一般不应早于发票日期。图1-4是装箱单实例。

GUANGZHOU XINXI TECHICAL&TRADING CO.LTD

25/F,NO449,TIANHEBEI ROAD,GUANGZHOU,CHINA

MARKS:	DFGDFG/FGHFG VGHFGHFGH			INVOICE NO.	INVOS03108	
	PACKING LIST			DATE:	JULY 03, 2003	
				S/C NO.	CZ038982	
LOADPORT:HUANGPU		VIA:HONGKONG		DESTINATION:ONDON		
PAYMENT: L/CAt Sight				L/C NO:LC462323		
CASE NO.	PACKGES	DESCRIPTION&SPEIFICATION	QUANTITY	G.W. KGS	N.W. KGS	VOL CBM
123890	9CTNS	COLORFUL PEN CIL	3600SETS	600.00	570.00	0.700
34545	140CTNS	SPORTS SHOES	5600PAIRS	2250.00	2150.00	17.956
343545	18CTNS	DENIM JACKET(DENIM+CORDUROY)	890PCS	1700.00	1598.00	11.424
45456	141CTNS	SPORTS SHOES	5656PAIRS	20475.00	19565.00	163.402
TOTAL:	308CTNS		11256PAIRS +890PCS+3600SETS	25025.00KGS	23883.00KGS	193.482CBM
PACKING LIST SPECIAL TERMS						

图1-4　装箱单

资料来源:笔者根据"百度文库"网站制作。

（三）汇票

汇票是出票人签发的,委托付款人在见票时,或在指定的日期无条件支付确定的金额给收款人或者持票人的票据。按我国《票据法》,汇票必须记载下列事项:表明"汇票"的字样、无条件支付的委托、确定的金额、付款人名称、收款人名称、出票日期、出票人签章。在国际贸易中,人们经常采用跟单汇票进行支付。所谓跟单汇票,是指附带有货运单据的商业汇票。跟单汇票代表资金请求权和物权的结合,持票人既受票据当事人的信用保证,又受所附货运单据代表的物权的保障。汇票通常是一式两份,但债务只有一笔,实务中为了避免重复付款,在汇票的第一联中常有"Second of Exchange unpaid"字样,而在第二联中则相应地有"First of Exchange unpaid"字样,俗称"付一不付二,付二不付一"。

在实务中,各个企业和银行设计的汇票格式不尽相同,图1-5是一个汇票样本。

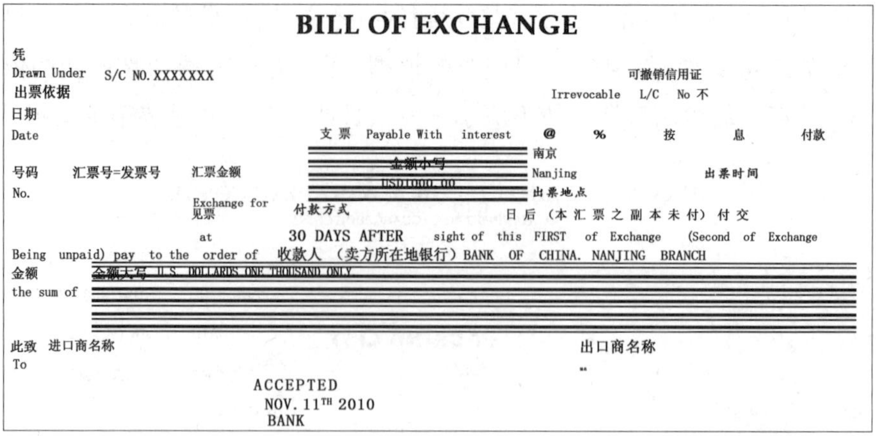

BILL OF EXCHANGE

凭
Drawn Under S/C NO. XXXXXXX 可撤销信用证
出票依据 Irrevocable L/C No 不
日期
Date 支票 Payable With interest @ % 按 息 付款
南京
号码 汇票号=发票号 汇票金额 金额小写 USD1000.00 Nanjing 出票时间
No. 出票地点
Exchange for 见票 付款方式 日后（本汇票之副本未付）付交
at 30 DAYS AFTER sight of this FIRST of Exchange (Second of Exchange
Being unpaid) pay to the order of 收款人（卖方所在地银行）BANK OF CHINA. NANJING BRANCH
金额 金额大写 U.S. DOLLARDS ONE THOUSAND ONLY
the sum of
此致 进口商名称 出口商名称
To
ACCEPTED
NOV. 11TH 2010
BANK

图 1-5 汇票

资料来源：笔者根据"百度百科"网站制作。

（四）提单

提单是船公司或船代在收到承运的货物时，或将承运的货物装船后，向托运人签发的货物收据。提单是海上运输合同的证明，也是物权的凭证。货物抵达目的港后，收货人或提单持有人有权凭提单向承运人提取货物。提单的格式很多，每个船公司都有自己的提单格式，内容基本相同：都有议定妥当的正面条款和固定的背面条款。

提单的正面一般包括承运人名称、托运人名称、收货人名称、船名、装运港、目的港、货物名称、唛头、件数、重量（体积）、运费、签发日期、签发地点及份数、承运人或代理人的签字等项目。按国际贸易惯例，卖方应提交已装船清洁提单。所谓"已装船提单"，是指承运人在货物装上指定船舶后所签发的提单。所谓"清洁提单"，是指货物在装船时表面状况良好，承运人没有批注货物受损或包装有缺陷的提单。

提单有正本与副本之分。所谓正本提单，是指承运人、船长或其代理人签名盖章并注明签发日期的提单，这种提单具有法律效力。正本提单一般一式 2—3 份，凭其中的 1 份提货后，其余的即作废。为防止他人冒领货物，进口商通常要求出口方提供船公司签发的全部正本提单，即所谓"全套提单"。与正本提单相对应的"副本提单"上通常有 copy 或 non-negotiable

的字样,缺少承运人、船长或其代理人的签字盖章,仅具有参考作用。

(五)　原产地证书

在国际贸易中,各国普遍实行进口贸易管制,对来自特定国家的特定商品实施差别关税或数量限制,为此,要求外国出口商提供货物的原产地证书。原产地证书是由出口国签发的证明货物原产地/制造地的证明文件。通常,原产地证书分为一般原产地证书、普惠制原产地证书、区域经济集团原产地证书。

一般原产地证书可以由国家海关总署签发,也可以由中国国际贸易促进会签发。申请此证时,出口商要向签证机构提供申请书一份、制作好的证书一份、商业发票一份。

普惠制原产地证书又称为 Form A,普惠制是发达国家(给惠国)给予发展中国家(受惠国)出口产品的一种普遍的、非歧视的、非互惠性的减免关税的优惠制度,是在最惠国税率基础上进一步减税或全部免税的优惠待遇。普惠制项下的出口产品关税比最惠国税率还要低约三分之一。可以说,普惠制是受惠国出口产品进入国际市场的"优惠卡",普惠制 Form A 产地证书是有价证券,是受惠国出口创汇的重要工具。目前给予中国普惠制待遇的有欧盟、日本、澳大利亚、新西兰、加拿大等三十多个国家,不同的国家对不同商品的优惠税率各不相同,出口商可以在进口国的国家贸易网站或海关官网查询。我国签发普惠制证书 Form A 的机构是国家海关总署及所属机构。

除了普惠制,我国还与部分国家签署了双边税率优惠协定。享受双边税率优惠需提供区域经济集团原产地证书,目前适用于我国的区域集团产地证书主要有《中国—东盟自由贸易区优惠原产地证明书(Form E)》《亚太贸易协定优惠原产地证明书(Form B)》《中国与巴基斯坦自由贸易区优惠原产地证明书(Form P)》《中国—智利自由贸易区优惠原产地证明书(Form F)》等。

如果我们出口的商品恰好属于税率优惠的范围,则出口商办理的原产地证书就可以降低国外进口商缴纳的关税,从而增强我方产品的吸引力,巩固与外方的商业联系。同理,外方出口商在本国办理的原产地证书也会降低中国进口商的关税支出。

外贸企业常用的结汇方式有两种:收妥结汇和出口押汇。收妥结汇,就是当出口商准备好了信用证规定的所有贸易单证后,在规定时间内递交议付行,在单证审查无误后,议付行再将贸易单证移交国外付款行索取货款,待收到货款后,按当日外汇牌价兑换成人民币,拨给出口商。出口押汇,是指议付行在审单无误后,按信用证条款买入出口商的全套单证,从票面金额中扣除从当日至估计收到票款之日的利息,按当日外汇牌价将余款折算为人民币,付给出口商。出口押汇实际上是银行对出口商提供的贷款,有利于出口企业的资金融通。

第六节　外汇核销与出口退税

一、外汇核销

出口收汇核销是指国家为了加强出口收汇管理,保证国家的外汇收入,防止外汇流失,指定外汇管理局对出口企业贸易项下的外汇收支情况进行监督检查的制度。出口商凭出口收汇核销单报关出口,收到外汇后到外汇管理局办理核销手续,然后再向税务局申请出口退税。外汇核销的流程如下:

（一）申领核销单

出口商到外汇管理局申领有顺序编号的出口收汇核销单,首次申领时需提交本单位进出口经营的批准文件。

（二）报关审核

出口报关时,海关将核对报关单和出口收汇核销单的内容是否一致,报关单上的核销单编号是否与所附的核销单一致,然后在核销单上盖验讫章。

（三）银行出具核销专用联

当货款汇至出口地外汇指定银行后,银行向出口商出具结汇水单①

---

① 结汇水单是出口商收到国外进口商支付的货款后,收汇银行把这笔款项按当天外汇牌价折算成人民币,把外汇收进去,把人民币支付给出口商时,开具的"银行凭证"。

时,将提供出口收汇核销专用联,上面有核销单编号,供出口企业办理核销用。

（四）外汇管理部门核销

出口商凭出口收汇核销专用联的结汇水单及其他单证,到外汇管理局办理核销,外汇管理局办理核销后,在核销单上加盖已核销章,并将其中的出口退税专用联退还给出口商。

二、出口退税

关于出口退税,我们已经在第四节"国际贸易中的价格核算"中略有述及。理论上,出口退税的完整过程见图1-6。

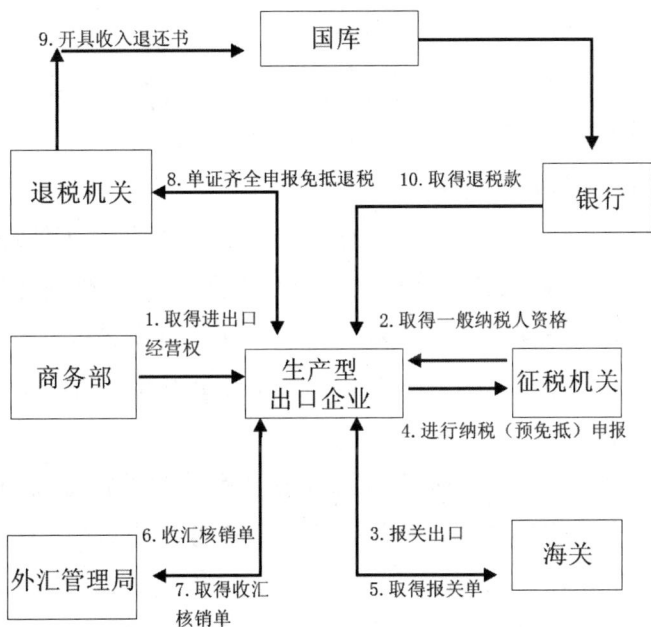

图1-6 出口退税流程

资料来源:笔者根据"福步外贸论坛"的内容制作。

随着"互联网+"的日渐普及,"无纸贸易"成为大趋势。在实务中,出口商办理退税的具体流程见图1-6:出口企业首先应登录中国出口退税咨询网(http://www.taxrefund.com.cn/),下载并安装"外贸企业出口退税申报系统 2.0.8.170701sp1 版"。首次办理出口退税时,点击桌面图标"外贸企业出口退税申报系统 9.0 版",输入用户名和密码,登入系统主菜单,然后根据本公司的情况进行必要的系统配置和参数设置。

(一) 申报明细数据的录入

进入申报系统后点击"基础数据采集——出口/进货数据明细录入",进入操作窗口,点击"增加"进入编辑窗口进行数据录入。完毕后,点击"保存"。在所有数据录入结束后,进行数据分解,数据分解后分别在出口录入和进货录入中进行"序号重排"和"审核认可"。

(二) 数据加工处理

首先是进货出口数量关联的检查:执行"数据加工处理/进货出口数量关联检查",此步必做,否则申报数据容易出错,并且退税申报明细表中的出口进货金额、退税率、应退税额等栏目数据无法生成。如果检查结果出现错误标志"E"或"W",则需对错误数据进行调整。其次,进行换汇成本关联检查。再次,进行预申报数据一致性检查。

(三) 预申报及预审

在关联检查结果未出现"E"的情况下,点击"数据加工处理"菜单下的"生成预申报数据",依提示生成一个文件夹,将该文件夹压缩命名为本单位的海关代码,在税务局网站上进行预审。待税务机关反馈预审的报审结果后,出口商根据反馈的预审结果调整申报数据,准备正式申报。

(四) 退税正式申报

执行"预审反馈处理—确认正式申报数据",将数据提交到"正式申报环节",生成申报数据存 U 盘并打印申报表,按照出口明细表顺序整理装订各种单证:增值税专用发票、收汇核销单、出口报关单、出口发票……然后携带申报表(主要包括:汇总表三份、进货明细表一份、出口明细表一份)、申报单证和电子申报数据(软盘或 U 盘)到申报大厅办理退(免)税申报。

至此,出口业务顺利结束。每单出口业务在完成后要及时做登记,包括电脑登记及书面登记,便于以后查询、统计,所有的文件必须留存一整套以备查用。

至于进口业务的操作方法基本与出口类似,只是工作流程上相反:出口是先发货再收款,进口是先付款后提货,在此就不再赘述了。

三、图书贸易的延伸——版权贸易

图书对外贸易有助于促进国家之间的文化交流,实现人类文明成果的共享,它既有普通商品贸易的特点,又有文化交流的性质,其影响是潜在的、深远的,越来越受到各国政府的重视。新中国成立后的相当长一段时间内,由于受到西方国家的封锁,我们建立了庞大的计划经济体系,力主"自力更生",基本上关起门来搞建设,对外贸易的规模不大,中外图书贸易的规模更是微不足道。改革开放以后,我国的图书外贸进入了稳步发展的轨道。20世纪90年代初,我们开始将出版物出口视为正式商品贸易,中国的图书贸易逐步与国际体制接轨,无论贸易额还是交易量,均呈现出快速发展的态势。据历年《中国出版年鉴》的统计,近几年我国的书报刊外贸情况见表1-14。

表1-14　2010—2016年我国书报刊进出口营业额 （单位:万美元）

种类 \ 年份 进出口	2010 出口	2010 进口	2011 出口	2011 进口	2012 出口	2012 进口	2013 出口	2013 进口	2014 出口	2014 进口	2015 出口	2015 进口	2016 出口	2016 进口
图书	3232	9402	3277	11667	4250	13708	5216	12055	5061	12588	5222	14499	5407	14422
期刊	424	13829	573	13906	556	14120	745	14620	544	14323	462	14323	444	14137
报纸	55	2778	55	2800	57	2294	51	1374	45	1561	43	1735	36	1493
合计	3711	26009	3905	28373	4863	30122	6012	28049	5650	28472	5727	30557	5887	30052
逆差	22298		24468		25259		22037		22822		24830		24165	

就我们自身而言,多数年份的实体图书贸易增长率低于普通商品的外贸增长率,尽管中国已成为全球贸易大国,外汇储备世界第一,但我们的图书出口表现疲软。与英、美、德等国相比,中国图书外贸的额度不高,且一直处于进口大于出口的逆差状态,表1-14显示,图书贸易逆差没有明显的改观,表现为一种略有波动的稳定状态。当然,不同种类的图书情

况迥异,哲学社会科学类图书的贸易逆差有逐渐缩小的态势,但科学技术类图书则存在巨大的逆差,且有不断扩大的趋势。

在传统的纸质图书交易中,借助于网络技术的发达,资金的流动可以瞬间完成,但货物的交接却脱离不了运输环节。由于纸质图书体积小、重量大,多通过海运交货,其间需要经过内陆运输、仓储、装船、理货、卸货、保险等环节,涉及船公司、场站、理货公司、海关、保险公司、物流公司等部门,耗时冗长,风险加大,也增加了交易成本。

1991年6月1日,新中国成立以来的第一部版权法——《中华人民共和国著作权法》正式实施,1992年我国正式加入《保护文学艺术作品伯尔尼公约》和《世界版权公约》,国务院还颁发了关于《实施国际著作权条约的规定》,这为我国对外版权贸易的发展奠定了基础。与纸质图书贸易不同的是,图书的版权贸易没有实物运输环节,交易时间缩短了,交易成本降低了。在版权输出贸易中,我们还可以利用外国出版商的发行网络就地推广图书,更易为外国读者所接受,因此版权贸易逐渐成为我国图书进出口的主要方式。图书版权贸易与纸质图书贸易的区别表现在以下方面:

贸易标的物不同。纸质图书贸易的标的物是有固定物质形态的图书,是有形财产,人们可以用具体的标准来衡量图书质量的高低,图书一旦售出,卖方就不能再对图书进行支配、使用、控制和处理。图书版权贸易的标的物是版权中的财产权,没有固定的物质形态,没有具体的标准可以衡量其质量。在版权贸易中,财产权利的使用权可以重复售出,版权所有人可以将版权的使用权出售给不同地区的人或同一地区的不同人,在贸易过程中,版权所有者始终拥有版权的所有权,出售的仅仅是其经济权利的使用权。

贸易的支付标准不同。在纸质图书贸易中,图书都有确定的价格,买方只需根据图书版权页中的定价付款即可。但在图书版权贸易中,版权经济权利的使用权没有固定的价格,其价格的确定以引进方的经济效益为依据,图书版权给引进方带来的经济效益越大,版权价格就越高。买方购买版权的金额是不确定的,需要双方谈判协商。

贸易过程的复杂程度不同。由于版权贸易标的物之特殊性,使得贸易过程会涉及版权的保护、版权价格的确定、支付方式、交易双方的权利和义务等问题,这些问题会贯穿版权贸易的全过程,使版权贸易变得复杂。在纸质图书贸易中,双方按规定的方式进行钱货交割后,双方的权利、义务就宣告结束。与纸质图书贸易相比,版权贸易的过程要复杂得多。例如,人民文学出版社购买《哈利·波特》的版权时,首先要进行前期磋商,以确定简体中文的版权价格、印数、纸张的开本、版税的支付等问题。贸易的过程中还要不断和作者的代理人沟通,向其通报该书在中国的出版情况。如果只是购买纸质图书,只需登录销售网站在线付费,几天后快递公司就会送书上门,交易即告完成。

贸易双方的当事人不同。纸质图书贸易中,买方通常是普通读者,卖方一般是出版社、批发商、书店。在图书版权贸易中,买方一般是其他国家或地区的出版社或版权代理人,卖方则是版权所有人,在实务中,版权所有人大多为图书出版社和版权代理人,有时也可能是作者。我们将在第二章详细探讨图书的版权贸易事务。

第七节　暂时进出境货物的监管制度

国际文化贸易通常表现为以资金收付为条件的文化产品/服务的跨境流动,但也存在着另一类不以资金收付为条件的流动。例如,北京国际图书博览会是全球引人注目的图书交易盛会,每年吸引大批外国著名书商、出版社前来参加,他们将各自的图书运到北京,展会结束后再将图书运回去。上海国际电影节每年6月在上海举行,自1993年正式创办以来,已成为全球电影从业人员沟通交流的舞台。2017年,第20届上海国际电影节共收到了106个国家和地区的报名影片2528部,外国客户将DVD样带和电影拷贝运到上海,电影节结束后再运出境。这里所涉及的参展图书或电影拷贝并非我国实际进口的货物,而是暂时进出境货物。所谓"暂时进出境监管制度",是指经海关批准,货物在规定范围内暂予免税进境或出境,在规定期限内原状复运出境或进境,并办结海关手续的监管规则。

我们之所以要对暂时进出境货物制定特殊监管措施,因它们的特殊性质使然。如果暂时进出境货物也按一般进口货物的程序报关,就得缴纳关税和其他税费,这样会大大阻碍国际文化交流,将暂时进出境货物和永久进出境货物混为一谈!而且暂时进出境货物的一进一出,导致海关统计上记为进口了一批货物又出口了一批货物,造成海关统计数字的失真。因此,大多数国家的海关对暂时进出境货物施以特殊的管理。

根据海关总署令第 212 号(《中华人民共和国海关暂时进出境货物管理办法》),属于暂时进出境的文化物品有:

- 在展览会、交易会、会议及类似活动中展示或者使用的货物;
- 文化、体育交流活动中使用的表演、比赛用品;
- 进行新闻报道或者摄制电影、电视节目使用的仪器、设备及用品;
- 货样;
- 海关批准的其他暂时进出境货物。

一、暂时进出境货物的特征

(一) 暂时免予缴纳税费和提交许可证

适用暂时进出境监管的货物在进出关境时,无须办理进出口税费缴纳手续。除另有规定外,免予提交进出口许可证件,但涉及公共道德、公共安全、公共卫生、知识产权保护等情况的暂时进出境货物,原则上应凭相关许可证进出境。假如某外国艺人以动物标本制作了一件美术作品,来北京美术馆参加国际造型艺术展,那么他在入境时,就应向海关提交作品的检验检疫证明。

(二) 在规定期限内原状复运出境或复运进境

暂时进出境货物经海关放行后,须用于海关核准的特点、目的,接受海关监管,并在出境或进境之日起 6 个月内,复运出境或复运进境。经发货人申请,海关可以延长复运出境或复运进境的期限,延期最多不超过 3 次,每次最长不超过 6 个月。暂时进出境货物在我国海关的监管期内,不得对其进行加工改装等改变原状的操作。

（三） 按货物实际使用情况办结海关手续

暂时进出境货物在海关办理复运出境或复运进境手续后,须凭相关材料向海关办理暂时进出境的销案手续,货物结关。确需实际进口的暂时进出境货物,收发货人应在复运进出境期限届满前 30 日内,向主管地海关申请,经主管地直属海关批准后,按规定办理进出口手续。

适用暂时进境监管的货物,一般需经过暂时进境核准、货物进境、复运出境、销案等步骤,办结相关手续后,才能完成全部监管过程。

适用暂时出境监管的货物,一般经过暂时出境核准、货物出境、复运进境、销案等步骤,办结相关手续后,才能完成全部监管过程。

目前,按照我国海关对暂时进出境货物的监管方式,暂时进出境货物可以分为使用 ATA 单证册报关的暂时进出境货物、不使用 ATA 单证册报关的展览品、其他暂时进出境货物。

二、使用 ATA 单证册报关的暂时进出境货物

暂时进口单证册简称"ATA 单证册",是指世界海关组织通过的《货物暂准进口公约》及其附约、《关于货物暂准进口的 ATA 单证册海关公约》的规定,用于替代缔约方海关暂时进出口货物的报关单和税费担保之国际性通关文件。

ATA 单证册制度为暂时进出口货物建立了国际统一的通关手续,使暂时进出境货物可以凭借 ATA 单证册,在各国海关享受免税进口和免予填写外国报关文件的便利。此外,持 ATA 单证册向海关申报进出境的展览品,不需再向海关提供担保金。自 1998 年 1 月起,我国开始实施 ATA 单证册制度,经国务院、海关总署授权,中国国际商会是我国 ATA 单证册的发证及担保机构,负责我国 ATA 单证册的签发和担保工作。

办理 ATA 单证册需提交的材料有:(1)ATA 单证册申请表;(2)货物总清单;(3)申请人身份证明材料的复印件。海关总署在北京设立了 ATA 核销中心,对进出境凭证进行核销、统计和追索。

与某些国家不同的是,我国 ATA 单证册的使用范围仅限定为展览会、交易会、会议及类似活动项下的货物,具体包括:(1)展览会、交易会、

会议及类似活动中展示的货物;(2)展览会、交易会、会议及类似活动中为展示境外产品所需用的货物,如境外展览者设置临时展台用的建筑材料及装饰品;为宣传示范境外展览品所需的广告品及展示物品,如录像带、影片、幻灯片及装置物品等;供国际会议使用的设备,如翻译用具、录音机、电影片等;(3)其他经海关批准用于展示的物品。

除了上述物品,我国海关不接受持 ATA 单证册的其他物品办理进口申报手续。例如,派拉蒙影片公司持美国签发的 ATA 单证册,携带摄影、录音器材赴国外拍摄影片的外景,可以在英、法、日等国境顺利通关,但在中国,只能填写普通报关单通关。

一份 ATA 单证册由若干页 ATA 单证组成,一般有 8 页:1 页绿色封面单证、1 页黄色出口单证、1 页白色进口单证、1 页白色复出口单证、2 页蓝色过境单证、1 页黄色复进口单证、1 页绿色封底。ATA 单证册项下的暂时进出境货物,由中国国际商会向海关总署提供总担保。

ATA 单证册的正常使用流程是:首先,我国境内的企事业单位向中国国际商会提出申请,填写《中国国际商会 ATA 单证册申请表》,并按国际商会的规定提供担保,经国际商会审核无误后签发 ATA 单证册。其次,持证人凭 ATA 单证册将货物在出境国办理暂时出境手续,货物抵达进口国时向进口国海关提交 ATA 单证册,办理暂时进境手续。再次,货物在完成特定使用目的后,凭 ATA 单证册从进境国复运出境,再运到原出境国。最后,持证人将使用过的、经各海关签注的 ATA 单证册交还给中国国际商会,予以注销,并取回当初缴纳的担保金,ATA 单证册的使用过程到此结束。

根据中国海关规定,所有进口 ATA 单证册均须由中国国际贸易促进委员会/中国国际商会进行电子备案,并向口岸海关发送电子数据后,单证册持证人或其代理人方可向中国海关进行申报。

三、不使用 ATA 单证册的展览品

有些时候,由于有关企业、个人没有为自己的进出境展览品办理ATA 单证册,这些展品就得以"展览品"的监管名义向我国海关报关。也

有些时候,我国的一些国际展会由国内的会展企业主办,则外国的参展商就不用另办 ATA 单证册了,只需直接将货物托运给中国的主办方,由主办方统一向海关办理进口报关手续,展览结束后的出口报关也由主办方负责。虽然没有 ATA 单证册,但在正确的报关方式下,只要不转为正式进出口,相关展品的暂时进出境依然享受免税、免一般许可证的待遇,只是展会的主办方需向海关缴纳担保金。为促进正常的国际经济文化交流,如果在海关指定场所或海关派专人监管的场所举办展会,经主管地直属海关批准,可以就参展的展览品免予向海关提交担保。

(一) 展览品的进境申报和查验

在境内举办的展览会,如果展会属于有关部门行政许可项目的,办展人应当向举办地海关提交批准文件、《货物暂时进/出境申请书》及其他材料。经核准后,由直属海关或经直属海关授权的隶属海关一次性给予该展会项下的暂时进出境展品作出行政许可。

如果展会不属于有关部门行政许可的项目,办展人应向主管地海关提交展会邀请函、展位确认书等文件,以及展品清单,办理备案手续。

报关申报时,暂时进出境货物收发货人(一般是展会主办单位)应填制海关进出口报关单,并向海关提交展品清单、《中华人民共和国海关货物暂时进出境申请批准决定书》、提货单、发票、装箱单。进境展品从非展出地海关进境的,应当办理转关运输手续,在海关监管下将展品转运至展会主办地海关,办理申报手续。

展会使用的印刷品、音像制品及其他需要审查的物品,须经海关审查才能展出或使用。凡对我国的政治、经济、道德有害的,或侵犯知识产权的印刷品与音像制品,不得展出,由海关没收、退回或责令整改后使用。

进境在我国多个城市巡回展出的,展示进境申请手续由首个主管地海关核准。展品转至下一个主管地海关后,由该主管地海关监管,凭首个主管地海关签章的许可文件和海关凭单,免予再次提出进境申请。

(二) 展览品的出境申报

出境参展的展会主办方一般是外国的会展公司,这类会展公司大多没有在中国海关登记注册。按照惯例,外国会展公司只负责展出国海关的通关事务。所以出境展品在中国海关的进出境申报由中国参展方自行办理。

在境外举办的展会如果属于有关部门行政许可项目的,参展人应向出境地海关提交批准文件(证明文件)、《货物暂时进/出境申请书》及其他材料。经核准后,由直属海关或经直属海关授权的隶属海关发放出境展品的行政许可。

出境展品复入境时,货物收发货人应填制海关进口报关单,并向海关提交国家主管部门批文、展品清单、报关单及其他文件。由于这种手续比使用 ATA 单证册较为烦琐,现实中我国的出境参展商多自办一份 ATA 单证册,以便于国内报关时使用。

(三) 复运出/进境

进境展览品和出境展览品在规定期限内,复运出境或复运进境后,海关会分别签发报关单证明联,凭以向主管海关办理核销结关手续。在规定期限内展品未能复运出/进境的,展会主办单位应向海关申请延期,在延长期内办理复运出/进境。

思考题

2018 年 8 月 22 日,美国的哈珀柯林斯出版集团来华参加"北京国际图书博览会(BIBF)",会上将展出哈珀柯林斯出版的最新图书,BIBF 由中国图书进出口(集团)总公司主办。请问,哈珀柯林斯出版集团能否既不用办 ATA 单证册,又不用填写(或委托报关企业填写)《中华人民共和国进出口货物报关单》?

第二章　版权的国际贸易

第一节　版权贸易的基础知识

一、基本概念

版权贸易是一种无形产品的贸易,其流程不同于一般的货物贸易流程,涉及一些专有名词和术语。本节先界定这些术语的含义,为后续内容的展开打下基础。

(一)什么是版权

本书的"版权"和"著作权"可视为同一个概念,都对应着同一个英文单词 Copyright,只是由于中西方司法语境的不同,在英美 Copyright 称为"版权",在中国 Copyright 称为"著作权"。所谓"著作权",是指作者依法对其创作的文学、艺术、科学作品所享有的人身权和财产权的总称,是创作者对其作品享有的专有权利。人身权包括发表权、署名权、修改权、保护作品完整权。财产权包括使用权和获得报酬权:使用权是指作者有权使用自己的作品和许可他人使用自己的作品;获得报酬权是指作者有权从使用他的作品的人那里获得报酬。

世界各国都通过立法,保护作者对作品所享有的权利。确认和保护作者对其作品享有某些特殊权利的法律就是版权(著作权)法。根据《版权法》,未经作者或其他版权人许可,又无任何法律依据,擅自对受版权保护的作品进行使用,或通过非法手段侵犯创作者权利的行为,就是"版权侵权"。

版权作为一种特殊的交易对象,具有下述独特的特点:

1. 版权的可转让性

一般认为,作品的人身权不可转让,因为作者的精神权利是不能成为交易对象的。至于作品的财产性权利,我国的版权法允许转让:创作者既可以利用自己的作品获取经济利益,也可以通过签订许可合同的方式,允许他人使用,从中获取经济利益,甚至可以将作品的使用权赠予他人。

2. 版权保护的时效性

版权法对作品财产权的保护是有期限的,超过了规定的期限,作品就进入了公有领域,人人可以使用,此举在于维持版权人利益与社会公众利益的平衡。我国的《著作权法》规定:一般作品的发表权、使用权与获得报酬权,其保护期为作者终生及其死亡后 50 年,截止于作者死亡后第 50 年的 12 月 31 日;对电影、电视、录像和摄影作品而言,其发表权、使用权与获得报酬权的保护期为 50 年,截止于作品首次发表后第 50 年的 12 月 31 日,但作品自创作完成 50 年内未发表的,不再受到保护。

3. 版权的可继承性

作品的署名权不能继承和转让。但创作人去世后,其作品的发表权、修改权、保持作品完整权等人身权利可由继承人代为行使。对自然人来说,其作品的财产权可以被法定继承人、遗嘱继承人、受遗赠人继承或受遗赠。对法人、其他组织的作品,财产权只能以非继承的方式进行转移。法人、其他组织如果发生变更、解散或终止,其作品的财产权由承受其权利、义务的其他法人或组织享有。

（二）什么是版权贸易

版权贸易是指针对某部文学、艺术或科学作品,版权所有人和版权使用人之间,就有偿转移作品版权中的一项或几项经济权利所进行的交易。交易的对象可以是图书、音像节目、影视节目、软件等,本书主要涉及图书的版权贸易事项。

1. 图书版权贸易的主体

版权贸易的当事人通常有三个:出版社、版权所有人、版权代理人,其关系见图 2-1。

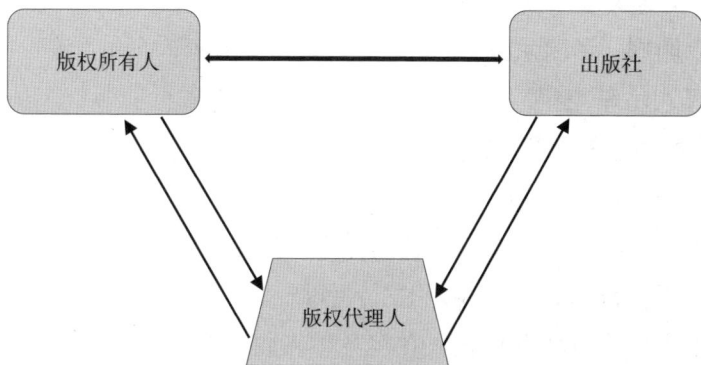

图 2-1 版权贸易关系图

中国大陆的出版社都是国有的,图书的出版业务由出版社垄断,因此出版社就成了图书版权贸易的唯一买方。

版权所有人通常是作者,也可能是作者之外,通过受让、继承、受赠取得全部或部分版权的人。在欧美,作者常常将其作品版权中的经济权利授权给出版社,由出版社代理行使版权事宜;在中国,出版社常常成为版权所有者。

所谓版权代理是指在版权交易中,代理人接受作者或其他版权人的委托,就版权转让、版权征收、保证金等问题与作品使用方商谈,并向使用人收取报酬,转交版权人的活动。代理人的代理活动必须以被代理人的授权为前提,必须以被代理人的名义活动,代理行为的法律效果直接归属于被代理人。当今图书版权贸易的发展越来越离不开版权代理,一些实力不大的中小出版社缺乏专门的版权贸易人才,通常依靠版权代理公司进行版权贸易业务,即使某些大型出版社也会与版权代理公司保持密切联系。

2.版权贸易的客体(对象)

版权贸易的客体是版权中的经济权利。最初,经济权利表现为作者授予出版社的复制权和发行权,随着信息传播方式的革命,信息的载体由文字扩展到声音、视频、互联网,版权贸易的客体逐渐由复制权、发行权扩展到翻译权、影视改编权、摄制权、信息网络传播权、图书俱乐部版权、平装书版权、书中形象使用权……

（1）复制权

即以印刷、复印、录音、录像等方式，将作品制作一份或多份的权利，未经版权人允许，他人不得对作品进行复制。作者行使版权多集中在复制权上，因为这是最广泛的作品传播手段。

（2）发行权

即以出售或赠予方式向公众提供作品的原件或复制件的权利。版权人有权选择发行的方式、范围及发行者，既可以自己独立行使发行权也可以授权他人代为行使发行权。在实务中，通常把复制权和发行权捆绑在一起，只复制不发行的授权无法实现赢利，只允许发行不允许复制的行为是"无源之水"。

（3）翻译权

即将作品从一种语言文字转换成另一种语言文字的权利。翻译权贸易就是引进版权的当事人向原出版社和作者获取翻译授权，并为此支付相应的版权费。翻译权是版权贸易中最为传统的使用方式，也是目前我国与欧美版权贸易中使用最多的方式。翻译作品大多是畅销书，如小说、教材、少儿读物、财经类和电子科技类图书。

（4）影视改编权

即将图书改编为电影、电视剧的权利。自20世纪80年代以后，影视改编权日渐引起人们的重视，某个作品的影视改编一旦获得市场认可，其收入会高得惊人，例如由小说《哈利·波特》改编成的电影给罗琳女士带来了巨额收入。

（5）摄制权

即以摄制电影或者类似摄制电影的方法，将作品固定在载体上的权利。版权人可以自己摄制，也可以授权他人摄制。该项权利与"影视改编权"是相互独立的，也就是说，先要从图书的作者那里取得"影视改编权"，将图书改编成电影剧本，再从图书作者那里取得"摄制权"，进行影视剧的拍摄。

（6）信息网络传播权

即以有线或无线方式向公众提供作品，使公众可以在选定的时间、地点获得作品的权利。随着互联网的日益普及,作品的网上传播越来越普遍,如果在网上传播受版权法保护的作品,必须取得权利人的许可,否则就得承担侵权责任。这个权利越来越为人们所关注,由于互联网越来越渗透进人们的日常生活,作品的传播也越来越受到网络的影响。

(7)图书俱乐部版权

欧美许多国家都有图书俱乐部,一些出版社也有自己的图书俱乐部,他们专门为俱乐部的会员提供价格优惠的图书,俱乐部版的图书比市场上的图书便宜 20% 左右。俱乐部版的图书虽然价格低,但因为会员众多,销售量大,仍可获得可观的收入。

(8)平装书版权

英美出版社首次出版图书时都是精装本,在精装本的销量即将出现下滑的时候,出版社会再推出平装本图书,力图再创造一个销售高潮,获得额外的收入。许多大出版社会将平装书的版权卖给其他出版社,或自己出版平装书。

(9)书中形象使用权

主要是指版权人将书中的人物、动物、景象等形象授权他人使用的权利。从实际情况来看,被使用的形象以动画作品居多,如米老鼠、唐老鸭、加菲猫……使用的领域有文具、服装、玩具、饮食、游戏等。书中形象使用权所带来的收入是很可观的,往往要超过翻译权等其他权利的收入。

二、版权贸易的主要形式

在版权贸易中,版权具有不同于有形商品的独特性质,使版权贸易的过程比纸质图书贸易复杂,耗时更长。图书版权贸易采取的形式主要有版权许可和版权转让,这两种业务都离不开版权合同的约束。

(一) 版权许可

版权许可是版权贸易中最基本、最重要的交易方式,它是版权人以某种条件许可他人以一定的方式,在一定的时间和地域范围内,商业性行使其权利的一种法律行为。版权许可又可分为独占许可、排他许可、非独占许可。

独占许可,是指在合同规定的时间、地域内,版权人给予引进方使用该版权的专有权利,包括版权人自己也不能在合同规定的范围内使用该版权,更不允许再将该版权授予第三人使用。版权人授予引进方独占许可时,引进方要给版权人更多的使用费。到目前为止,独占许可的使用相当普遍。需要强调的是,版权是一种复合权利,包括但不限于以上的几种,这些权利之间可以分开行使。例如,某一作品的翻译权可以单独许可一个国家的一家出版社,该作品的书中形象使用权可以单独许可该国的另一家出版社。

排他许可,是指版权人在授权引进方使用其版权时,自己仍然保留在同一地域使用该版权的权利,但不能将该版权授予第三方使用。

非独占许可,是指在合同规定的时间和地域范围内,版权人在授权某人使用其作品的同时,仍保留自己使用该作品和再授权第三人使用该作品的权利。采用这种贸易形式时,引进方获得的权限较小,当引进的作品很畅销时,引进方会面临多家出版社的竞争,获利就会减少。当然,引进方所花的费用也相对较低。

(二)版权转让

版权转让是指版权人将作品的部分或全部经济权利让予他人,将权利从一个民事主体合法地转移到另一个民事主体的行为。版权转让可分为临时转让和永久转让。临时转让是指版权人在一定的时间内,转让作品的部分或全部经济权利,超过这一时间后,权利自动回归版权人。永久转让即卖断,版权人将作品的经济权利永远让予他人,现实中所谓的转让通常是指永久转让。

(三)版权许可与版权转让的区别

1. 两者获得的权利内容不同

在版权转让期内,受让人不仅可以自己使用作品,也可以将获得的权利再让予他人或许可他人使用,原版权人不得再享有支配权;在版权许可使用中,在非独占许可情况下,使用者只能按约定的方式自己使用作品,无权再将使用权让予他人,许可方可以在相同的时间地域内将同一权利许可给第三人使用。即使在独占许可的情况下,未经原版权人同意,被许可人也无权许可第三人使用同一权利。

2.两者在价格上存在差异

版权转让时,受让人向版权人支付的费用是购买版权经济权利的价格,价格构成的基础是该版权未来收益的现值;版权许可使用中,使用人向版权人支付的是使用版权的费用,价格构成的基础是该版权的经济价值,被许可方的收益越高,许可价格就越高。一般情况下,版权转让的费用往往高于版权许可的费用。

3.两者在侵权处理上存在差异

版权转让后,受让人可以独立地以自己的版权对抗第三人,一旦发生侵权行为,受让人可以独自提起侵权之诉;版权许可使用中,一旦发生侵权行为,使用者无权独自提起诉讼,只能要求版权人提起诉讼,或者与版权人共同起诉,只有独占许可中的被许可人才可提起侵权之诉,而且诉因只限于侵害被许可权。

三、版权引进的业务流程

在图书版权贸易中,根据版权的流动方向,可以分为版权引进(购买)和版权输出(销售)。版权引进和版权输出存在着流程上的差别。其中,版权引进的业务流程如下:

(一) 进行市场调研,确定引进目标

市场调研是版权贸易离不开的环节,如果对目标版权了解不多,潜在市场的前景不甚明了,就草率地购进了版权,然后再殚精竭虑地为作品寻找市场,就可能处于十分被动的境地。市场调研要了解的问题包括有关学科、专业、领域的国内外现状和发展水平;读者的阅读倾向;同类图书的销售状况;潜在读者的数量预测;潜在的不利因素;等等,这些事项在第一章中已部分地涉及了。经过对国外版权信息的搜集和国内市场的调研,并结合引进方的需要,筛选出可以引进的作品。

（二）确定引进目标的版权所有人

确定了要引进的图书后，下一步就是要确定版权所有人。在图书版权贸易中，一部作品的权利人往往不止一个，除作者外，其他依法享有版权的公民、法人或其他组织也可能成为作品的权利人。因此，确认作品的权利人至关重要。对教育和学术图书来说，版权通常控制在出版社手中。对小说和畅销非小说来说，版权通常由作者保留，但有时作者也会将版权委托给出版社，或委托给版权代理公司。

（三）向版权人发出要约

在确定了版权人，并对其版权和商业信誉进行调查后，就可以对其发出引进版权的申请。申请函中应包括以下内容：首先，要询问对方书籍的版权是否可以授权，并索要样书，样书通常是免费的。其次，要明确地向对方表示自己想获得的版权类型。最后，如果是首次与对方联系，需要向对方详细介绍我方的情况，如果我方曾经和其他国外出版机构有过版权贸易，应将相关情况介绍一下。

（四）进行可行性分析

版权人在接到我方申请，并明确可以授权时，会给我方寄来样书，并规定一个图书版权的选择期限，通常为三个月。在这三个月中，我方要对引进该版权的市场前景进行充分的预测，以避免决策失误。

（五）进行谈判磋商

谈判的过程就是双方消除分歧、求同存异的过程。谈判中的一个重要事项是版权价格的确定，双方需要反复磋商才能达成一致。将双方的协议落实到纸面上，就成了合同。

（六）签订合同

在版权贸易中，双方当事人会根据不同的作品、不同的要求签订不同的合同，这些合同的条款肯定是千差万别的。

（七）履行合同

合同签字后，受让方应统筹安排，加强与版权人的协调，并按照合同的规定及时履约。版权引进的方式不同，合同履行的步骤也就不同。

四、版权输出的业务流程

（一）筛选可供输出的版权作品

出版机构首先要挑选出最适合进行版权输出的作品,并谋划作品的输出时机、输出方式、输出国家或地区。作品版权的输出应本着平等互利、协商一致的原则签订合同。

（二）寻找合适的买主

出版社在确定好版权作品后,就要通过各种途径寻找恰当的贸易伙伴。既可以参加国际书展,拓展销售渠道;也可以在国外建立代理机构,进行宣传推广,寻找潜在的客户,由于这种方式成本较高,大多数的版权输出是通过版权代理机构进行的。

（三）选择版权输出的方式

版权的输出应当选择风险小、费用低的方式,需要全面了解版权引进国的状况,包括引进国的版权保护制度如何、有无对版权许可的限制、能否通过版权输出取得合理报酬。

（四）进行市场前景的预测

为了吸引国外出版机构,需要对拟输出版权的作品进行市场调研和预测,并根据市场调研的结果写出建议书。建议书需以最具说服力的方式,详细介绍输出的作品能够带来哪些经济上、文化上的收益,该作品与其他同类作品相比有哪些优势。

（五）进行谈判

双方通过认真详细的谈判,分别对贸易过程中的每一个环节进行协商,对合同的条款逐一核实,最终达成共识,任何含糊不清的措辞都可能导致未来的纠纷。

（六）签订版权贸易合同

上述过程完成后,双方就可以签订正式的版权贸易合同,但合同的签订并不一定意味着正式生效,版权输出方为了保护自己的利益,常常规定合同生效的条件。一种是交付预付金,只有受让方支付了一定比例的预付金,合同才正式生效;还有一种是只有受让方在本国版权管理部门登记后,合同才正式生效。

第二节　版权引进的贸易实务

一、各国出版产业简介

与我国开展版权贸易的国家多为发达国家或地缘上邻近的国家,因此我们应对这些国家/地区的文化产业状况进行研究,以期"知己知彼,百战不殆",这也有助于我方在进行谈判时掌握谈资,拉近彼此的距离,促进谈判目标的达成。以下将简要介绍我国主要版权贸易伙伴的出版产业状况。

（一）美国

美国是当前世界出版业最发达的国家,共有出版社 55000 多家,其中商业图书出版社和软件出版社 42000 多家,出版书刊的协会 5000 多家,个体小型出版社 8000 多家。主要的大型出版社有西蒙·舒斯特出版公司、时代华纳公司、时代明镜出版公司、兰登书屋、不列颠百科全书公司、读者文摘出版公司、格林伍德出版公司、约翰·威利父子出版公司、D.C.希斯出版公司、哈·布·乔瓦诺维奇公司、矮脚鸡—双日—戴尔出版集团公司等等。主要的大学出版社有哈佛大学出版社、芝加哥大学出版社、普林斯顿大学出版社、纽约大学出版社、哥伦比亚大学出版社。美国主要的政府机构出版社有政府印刷局、全国技术情报局。这些出版社主要集中在纽约和芝加哥,其次是波士顿、旧金山、洛杉矶。在美国 500 家大企业中,可以看到时代华纳公司、时代明镜出版公司、麦格劳—希尔公司、哈·布·乔瓦诺维奇公司等公司的名字,它们也是世界上较有影响的出版单位。美国主要出版英文图书,各类专业图书都具有较高的水平。

与出版有关的行业组织有美国出版商协会(AAP)、美国书商协会(ABA)、全国大学书店协会(NACS)、美国大学出版社协会(AAUP)。其中,美国出版商协会(AAP)作为美国出版商信息交流的中心和平台,为出版社提供了全面的管理和企业间的合作规划,目前,AAP 有会员 2000

多家,代表全体成员处理行业立法、监管和贸易上的重要事项。这些事项涉及版权和邻接权、反盗版及执行战略、数字增长和相关的商业模式、教育和图书馆融资、税收及贸易政策的公平等问题。

美国的图书发行一般有直接销售和间接销售两种。直接销售就是出版社自己设立发行部门,直接向书店、图书俱乐部、图书馆、学校、企业批发图书,或向个人读者邮寄图书;间接销售是指出版社通过批发店、发行店、代理店等环节将图书批发给书店。美国的图书批发店和发行店共有近 3000 家,书店近 2 万家,图书俱乐部 140 多个。一般美国图书的批发折扣是 30%—50%,高科技图书和图书馆精装版图书是 25%—35%,大学教科书的批发折扣不高于 20%,中小学教科书不高于 25%。美国政府通常不干预出版社的出版活动,各家出版社独立自主地制订出版计划。美国新闻署是联邦政府的最高新闻与文化机构,其下设的文化中心、智能教育与文化事务部负责促进和发展美国出版业,对有助于美国图书出口的项目给予资助,并与美国出版商协会配合,积极参与国际性图书博览会。联邦政府对出版业不征税,各州对商业出版社征收 7%—10% 的营业税,对非营利性的出版机构免征营业税。

美国共有 230 多种图书奖,著名的有普利策奖、海明威基金会奖等。美国举办的图书博览会有美国书商协会年会与贸易展览会、美国图书馆协会年会。另有一些地区性图书展览。美国在 1909 年颁布了《版权法》,1955 年加入《世界版权公约》,1968 年采用国际标准书号,主要的国家图书目录有《在版书目》《全国联合书目》。美国主要向加拿大、英国、澳大利亚、日本、新加坡出口图书和期刊,主要从英国、荷兰、日本、德国引进图书和期刊。

(二) 英国

英国出版业历史悠久,在大众、教育、学术、专业书籍方面有庞大的国内市场。英语作为世界性语言,使英国出版业在国际上也拥有很大的市场。2004 年,英国约有 2275 家出版社,包括麦克米伦出版公司、哈珀柯林斯出版集团、企鹅图书公司、汤姆森出版集团、牛津大学出版社、剑桥大学出版社、昂温·海曼出版公司等,主要的政府出版机构是皇家文书局。

英国的出版社主要集中在伦敦,有 350 多家;其次是爱丁堡、格拉斯哥、牛津和剑桥。英国出版业的行业组织主要有英国与爱尔兰书商协会(1895 年成立)、出版商协会(1896 年成立)。

英国的图书发行渠道有三种:出版商—书商—读者;出版商—批发商—读者;出版商—读者。全国共有书店 12000 多家,其中 25% 以上为大型书店,著名的连锁书店有 W.H.史密斯书店、水石书店、迪龙连锁书店、奥塔卡连锁书店。自 20 世纪 90 年代以来,连锁书店在英国图书零售市场上所占的份额越来越大,网上书店的发展势头迅猛,成为出版业新的增长点,许多大型连锁书店也拥有自己的网址,有的甚至成为网上书店的供货商。

英国政府一般不干涉出版社的业务,各出版社可以自主地制订选题和出版计划。英国文化委员会是促进本国出版物发展、开拓海外市场的政府机构,通过制定政策、印发宣传品和资料扩大本国出版物的出版。英国政府对图书、期刊免征增值税,对音像制品征收 15% 的增值税,对进口的图书、期刊免税,对进口的音像制品征收 3%—5.4% 的进口税。

英国的主要图书奖有 40 多种,最主要的是布克·麦康内尔奖、詹姆斯·泰特·布莱克纪念奖、卫报小说奖、图书馆学会卡内基奖、图书馆学会凯特格林威奖等。英国所举办的主要图书博览会有伦敦国际图书博览会、伦敦图书印刷博览会。

英国在 1886 年就加入了《伯尔尼公约》,1956 年颁布新的版权法,1957 年加入《世界版权公约》,1967 年采用国际标准书号,主要的国家图书目录有《英国在版图书》《英国全国图书目录》。

英国的图书主要输往美国、澳大利亚、德国、加拿大、新西兰和南非,主要的图书进口地是美国、荷兰、意大利、法国。

(三)法国

法国的出版业繁荣于 1920—1928 年,第二次世界大战期间被德军占领,法国的出版业逐渐萧条,直到 20 世纪 50 年代才进入新的繁荣时期。目前法国有出版社 4000 多家,大型的出版社有阿歇特出版公司、加利马尔出版社、欧洲出版传播公司、马松出版公司、法兰西娱乐俱乐部、马卢瓦纳出版社、博尔达出版公司、罗贝尔·拉丰出版公司、法兰西大学出版社，主要的政府出版机构是法国文献局、国家科学研究中心出版社。法国出版的文学书和连环画在世界出版界声誉颇佳，主要出版法文版。最主要的行业组织有全国出版协会、书业联谊会。

法国的图书发行分为直接销售和间接销售两种。从事图书发行行业的人有代理商、发行商、批发商。代理商与发行商的区别在于：代理商起着图书供应代表的作用；发行商则全权负责出版社的批发业务，起着图书供应商的作用。法国的出版社通常不会受到政府的干涉，有制定选题和发行计划的自主权。法国"文化与传播部"下设的图书与读物局对全国的出版与阅读活动进行指导和资助。政府每年都为发展和促进出版业、发行业、图书馆事业拨出专项资金，交由图书与读物局使用。法国政府对图书征收 5.5%、音像制品征收 33.33% 的增值税；对出口的图书免征增值税；对进口图书和音像制品分别征收 3%、5.4% 或 7% 的进口税。

法国的图书奖分为传统奖、书商奖、公众奖三大类，大多数奖项在第四季度评比和颁发。主要的传统奖有法兰西学院小说大奖、法兰西学院文学大奖、处女座小说奖、十一月奖、美第奇奖、盟国奖。在法国举办的图书博览会有巴黎图书博览会、里昂图书节、波尔多图书博览会、昂古莱姆国际连环画博览会。

法国在 1887 年就加入了《伯尔尼公约》，1957 年颁布了版权法，1974年加入《世界版权公约》，主要的国家图书目录有《法国图书目录》《在版图书》《每月图书》。法国的图书主要输往比利时、瑞士、加拿大、阿尔及利亚、美国、意大利、西班牙、喀麦隆、科特迪瓦等法语国家/地区，主要的图书进口地是比利时、瑞士、美国、英国、德国。

（四）德国

德国的图书历史比较久远，在 15 世纪古登堡发明印刷机之后，德国一度成为图书业最发达的国家。1825 年德国成立了书商协会，1847 年出现了第一家图书批发商。第二次世界大战之后，当时的联邦德国重建了全国性书业机构——德国出版商与书商联合会，1955 年改称为"德国书业协会"。据统计，截至 1997 年 4 月 30 日，德国共有图书企业 23100 家，其中出版社 15340 家,图书发行企业 7760 家。代表性出版机构有贝塔斯曼出版集团、斯普林格出版公司、化学出版公司、德国工程师学会出版社、卡尔·汉泽尔出版社、辞书出版社等,主要集中在慕尼黑、柏林、汉堡、法兰克福、科隆、莱比锡等地。

德国的图书主要在本土、瑞士、奥地利等德语国家销售,英语国家及其他欧洲国家主要是购买德文图书的翻译权。近些年来,德国输往中国的图书不断增多。德国引进的图书版权数量很大,1996 年就引进了 9791 种,在这些引进版权中,英语书占 75%,其他依次为法语、西班牙语、意大利语等。

(五) 俄罗斯

俄罗斯的图书出版历史悠久,早在 19 世纪中叶,图书出版与印刷业就已初具规模。20 世纪初,俄罗斯有 3000 多家出版社,并且绝大部分是私营的。十月革命后,苏联开始对出版社进行整顿,使国家的官方出版社占有压倒性的优势。1963 年,苏联成立了国家出版委员会,1978 年改名为国家出版、印刷与图书发行委员会,是全国图书出版、印刷和发行业的最高领导机构。那时,苏联的图书业十分发达,从 20 世纪 50 年代到苏联解体,所出版的图书品种及数量均居世界首位。俄罗斯的著名出版社有科学出版社、教育出版社、文学文艺出版社、世界出版社、特拉出版中心等,主要集中在莫斯科和圣彼得堡等大城市。

苏联解体使俄罗斯的出版业出现了混乱和衰退,从 1997 年开始出版形势趋于好转。但由于居民收入低,图书购买力低下,导致资金回收期长,影响了图书的供给。在图书发行方面,俄罗斯的读者偏爱畅销书,尤其是外国译作或侦探、情感类读物,但对严肃性读物关注得不够。

俄罗斯的图书博览会主要有莫斯科国际图书博览会和俄罗斯国际图书博览会。俄罗斯国际图书股份有限公司是对外版权贸易机构,承办国内外的展览业务和国际版权贸易。

(六) 日本

日本是世界上最重要的图书市场之一。1993 年,欧洲监测局①公布

---

① 欧洲监测局是全球消费市场调查研究的权威机构。

的数据显示,日本的出版总量排名第二,仅次于美国。日本出版界的特点是强大的发行系统、相对便宜的价格、漫画书畅销。自 1950 年以来,日本出版态势总体上处于上升之中,每年出版的新书约为 6.3 万种,印刷总量 15 亿册。从 20 世纪 90 年代末以来,日本出版业逐渐走上了下坡路,1997—2006 年间的出版市场只有 2004 年出现了增长。

日本的出版社主要分为综合出版社、图书出版社、其他出版社。1995 年日本有 4487 家出版商,74%的出版商位于东京,总资产超过 1 亿日元的出版商有 169 家,年出书超过 50 种书籍的有 140 家。总体上看,日本的出版业两极分化,除了少数大型出版社以外,大多数规模不大,47%的出版社职工不到 5 人,97%的出版社职工 100 人以下,职工超过 500 人的出版社非常少,只有讲谈社、小学馆、集英社等几家大型出版社的员工在 1000 人左右。常见的出版社有讲谈社、学习研究社、小学馆、岩波书店、集英社、旺文社、新潮社、主妇之友社、文艺春秋社、中央公论社、平凡社、秋田书店、教育社、实业之日本社、情报中心出版社、钻石社等。主要的政府出版机构是大藏省印刷局。讲谈社和学习研究社是实力很强的综合性出版社;岩波书店以出版学术专著而著名,开创了当代日本严肃求实的文化潮流。日本出版的画册、百科全书印刷精美,在世界上享有盛誉。

日本图书行业的组织有日本古籍出版协会、日本出版贩卖协会、日本书店联合会、日本旧书店协会、日本古籍书店协会等。日本图书的主要发行渠道是出版社—批发店—书店,该渠道的营业额占全国营业总额的 70%。著名的批发机构有东京出版贩卖株式会社(东贩)、日本出版贩卖株式会社(日贩)、大阪屋、中央社、日教贩等。在日本,出版社通常以定价的 69%—74%批发给批发店,批发店再以书价的 77%—82%批发给书店。对于多卷集的百科全书、全集、词典等大型图书,读者可以在支付利息的条件下,用一两年的时间分期付款。

日本政府一般情况下不干预出版社的出版发行工作,但文部省规定,出版社不得随意编写教材,只能出版经文部省审定或编写的中小学教科书。在税收方面,国家允许出版商对于因退货造成的损失调整利润率,对存货造成的损失减税或免税。

日本主要的图书奖有芥川奖、直木奖、野间文艺奖、女流文学奖等,大型博览会有开始于 1990 年的东京国际图书博览会。日本的图书主要输往美国、澳大利亚、韩国、英国。主要的图书引进地包括美国、英国、德国、瑞士、荷兰、法国。

(七) 韩国

20 世纪 60 年代,韩国的出版业开始发展起来,1980 年韩国出版的图书达 20985 种。2004 年,韩国共有出版社 22498 家,包括金星出版社、启蒙出版社、泛友社、一朝阁、博英社、高丽书林、教育出版社、产业图书出版公司、晓星社等。这些出版社集中在首尔、大邱、釜山。主要的行业组织有韩国出版商协会、韩国出版基金会、全国书商联合会等。韩国出版商协会成立于 1947 年 3 月,主旨为"保障新闻自由,建立和发展有利于出版的状态,促进出版商之间的共同友谊"。截至 1991 年 3 月,协会成员有1031 家出版社,占所有图书印刷量的 90% 以上。

韩国的图书通过多种渠道发行,约有 35% 的图书通过"出版社—批发店—书店"销售,33% 通过"出版社—书商"渠道售出,其余则通过连锁店、分公司或销售员送货上门、邮寄等方式发行。缺乏一个有活力、高效的发行系统是韩国出版业发展的障碍。

韩国的全国性书目有《韩国出版年鉴》《韩国图书(英文版)》《韩国出版社名单》。《韩国出版年鉴》包含与出版有关的资料和数据,如出版图书的名单、期刊名单、中小学教科书、出版社统计表、书店和批发商名单。《韩国出版社名单》包含每年出版社成员的英文名单、版权机构、其他相关组织机构名单。

二、如何获取版权信息

版权引进贸易的第一步是确定引进什么书。(1)从大的方面而言,主要是对拟引进的图书内容进行考察:①可以看看该书能否契合国内读者的关注热点。近几年,国人对"南京大屠杀"的关注度一直很高,江苏人民出版社适时引进了《拉贝日记》,进一步增强了媒体的注意力,顺便也增加了江苏人民出版社的知名度。②看是否能够引领国内读者的关注。译林出版社对《廊桥遗梦》（纪念版）的引进重新引发了人们对家庭婚恋伦理的讨论。③看该书的内容有无创新。内容的创新可以是开拓一个全新的知识领域，可以是对传统知识某一方面的突破，也可以是从新的视角、用新方法组织旧的内容。（2）就小的方面而言，首先应考察原出版社的实力、信用、原书在当地的销售状况，以及书中的内容能否被国内读者接受和喜爱，能否丰富民众的精神文化生活；其次要考虑版权引进的成本，预测图书发行的数量及获利前景。

为了找到理想的目标，我方需广种薄收，尽可能多地接触海外图书的出版信息。在第一章第二节中，我们曾提及搜集纸质图书信息的多种途径：国际书展、图书经销网站、外国驻华使领馆、外文报刊、外文书目、出版名录……这些渠道同样适用于获取版权贸易信息。除此之外，版权代理公司也是一个重要的信息渠道。下面我们将探讨版权贸易的一些业务细节问题。

（一）如何参加国际书展

在第一章里，我们曾对重要的国际书展做过介绍。在国际图书展览会上，我们可以和世界各大出版商面对面洽谈，了解最新的出版信息，发现出版商机，推广我方的图书资源。目前，全球75%的版权贸易是通过法兰克福书展达成的。

书展固然是获取图书版权信息的最重要、最有效的途径，但参展需要昂贵的国外旅行、食宿、参展费及其他费用，且展期仅几天，如何有效利用、统筹安排这一宝贵的商机，就成了我方慎重考虑的事项了。因此，周密、充分的前期准备意义重大。

第一，应查阅历年的出版商、参展商名录，根据我方的业务需要选择与哪些展商交流，最好提前半年就与对方联系，表达我方的意愿，预约见面的时间、地点、见面人员。由于书展期间我方要接洽许多客户，提前预约可以使我方根据展台距离的远近，合理安排会见时段，避免集中会面造成手忙脚乱，也可避免会展期间临时约外方时对方早有安排。如果是初次与外方接触，还需通过各种手段和渠道预先了解对方的情况：对方长于哪些领域的出版？与我方有哪些互补之处？对方版权代表的个人情况……这样双方见面时就有了沟通的话题,可以迅速消除双方的陌生感。

第二,我方应准备一个文件夹,上面应详细记载会见的日程安排,包括何时何地会见何人,准备向对方询问什么问题,准备向对方推荐我方的什么图书。会谈时是需要交换名片的,除非双方已经熟悉。为方便起见,我方可预先将名片别在文件夹上,免得临时掏口袋翻找名片的尴尬。会谈过程中,重要的问题应随时记录,以备回国后进一步整理所有客户的信息,分门别类存档。书展期间整个场馆熙熙攘攘,川流不息,如果由于突发事件无法按时赴约,应提前电话告知对方,另寻佳机。书展结束后,我方如对外方的某一作品感兴趣,可再向对方发邮件细谈。即使没有感兴趣的图书,也要给外方发封邮件,表达对会见的满意及对未来进一步联系的期待,为可能发生的后续交易奠定基础。

(二)版权代理公司如何运作

与纸质图书贸易类似,版权贸易如同"隔山买牛",买卖双方身处不同的国家,彼此缺乏了解和信任,无法迅速地找到产品/买家,因此,图书版权贸易的发展离不开"版权代理"的撮合。所谓"版权代理",是指在版权交易活动中,代理人接受作者或其他著作权人的委托,代表其就版权转让、版税收取、保证金等问题与作品使用者商谈,并代为转交版权使用费的活动。对于那些规模小、实力弱的出版社或图书经销商来说,版权代理公司在版权信息、专业人才、经销网络方面具有优势,依靠版权代理公司的帮助可以大大拓展业务。即使对那些大型出版集团,版权代理的意义也越来越重大。随着专业分工越来越细,出版社更愿意集中社内的人力、物力、财力投入主营业务,而把版权的引进输出事项交给版权代理公司。

就法律视角而言,版权代理活动具有三个特点。首先,版权代理公司必须先接受作者或出版社的委托,然后才能就某一具体的版权业务开展代理活动,没有作者或出版社的明确授权,代理公司不得进行版权代理;其次,代理人必须以被代理人的名义进行活动,版权代理公司起着促成交易的纽带作用,其本身并不享有版权,也不是版权的实际使用者,因此在交易活动中只能以作者或出版社的名义进行活动;最后,代理行为的法律后果直接归属于被代理人。

版权代理的业务流程与纸质图书贸易迥然不同,下面将探讨之。

1. 版权代理的业务流程

(1)信息沟通

即向国内外出版商推荐作品(包括原版目录或原版样品),同国内外出版商联系,了解他们需要购买的版权和可以输出的版权。

(2)确定意向后

向版权输出方发函件或电子邮件,提出购买版权的要求,核查该版权是否可以提供,并要求对方提供样书。

(3)得到回复

一般有两种情况:一是版权已卖出,或暂不出售,版权代理人将书面通知购买版权的单位;二是将样书及样书认收单送至提出购买版权的单位,要求其确认样品,签字后将认收单寄回,并收取立项费。

(4)可行性论证

购买单位对该项版权的潜在经济效益作出调查研究,并向代理机构报告拟首次印刷的数量、零售价、整个授权期内的印刷量或销售量。

(5)版权代理人与版权拥有者商讨,争取较低的版税率

(6)征得版权买卖双方的一致同意并代为签署合同

(7)要求买方将购买版权的款项总额汇至代理人的银行账户

(8)在征得卖方同意的情况下,代理公司从版税中扣掉一定比例作为代理费

(9)后续工作

版权合同达成一致后,代理机构参与的后期工作包括监督检查买方生产的全过程,督促买方按时进行版税结算,督促检查合同期限和续签工作。

2. 海外版权代理机构简介

版权代理业务在欧美国家十分发达,英国就有 200 家版权代理公司,美国的版权贸易最活跃,有 600 多家版权代理公司。德国、荷兰、法国、日本等国家在版权代理方面发展迅速。版权代理公司的客户主要是小说/非小说类图书编辑、成人/儿童读物出版社、报纸杂志社、电影公司、电

视台等媒介组织。对来自国内市场上的收入,代理人抽取 10%—15%的佣金,对来自国外或非印刷品的收入,佣金为 17.5%—20%。

在众多的海外版权代理公司中,比较出名的有英国的 A.P.瓦特公司、阿尔伯特·克蒂斯·布朗公司,美国的国际创意管理公司(ICM),中国台湾地区的大苹果版权代理公司……下面我们就前述几个公司做简要介绍。

(1)A.P.瓦特公司

该公司是英国版权代理的鼻祖,成立于 1875 年,现代版权代理的所有活动都是从 A.P.瓦特公司开始的。1834 年,公司的创始人亚历山大·帕特森·瓦特出生于格拉斯哥,曾经做过审稿及广告业务。公司创立后,采用 10%的佣金收取标准,这与当时的广告代理提成费是一致的。A.P.瓦特公司率先确定了版权代理费用的支付程序:出版社先将稿酬支付给代理公司,在扣除应得的提成后,代理公司再将剩余款项支付给作者,此支付程序一直沿用至今。A.P.瓦特公司的客户包括一流的小说家、传记作家、历史学家及专业作家,代理的作品涵盖畅销书和热播的影视剧。2012 年 10 月,A.P.瓦特公司被"联合代理有限合伙公司"兼并,后者因此成为英国最大、最有名气的版权代理公司。

(2)阿尔伯特·克蒂斯·布朗公司

公司的创始人阿尔伯特·克蒂斯·布朗出生于美国,1888 年成为《纽约时报》驻伦敦的记者。由于结识了许多伦敦的报纸编辑及图书出版商,1905 年他创办了阿尔伯特·克蒂斯·布朗公司,替广大作者寻找出版机会。公司做的第一笔生意是销售约翰·奥利弗·霍布斯的作品《葡萄庄园》之报刊连载权。经过不断扩张,阿尔伯特·克蒂斯·布朗公司成为伦敦最大的版权代理人,也是目前欧洲最大的版权代理公司之一。

1914 年,阿尔伯特·克蒂斯·布朗在纽约开设了分公司,将触角伸向国外。随后又在巴黎、米兰、柏林、哥本哈根设立分公司。布朗坚信,文学作品的交流有助于增进各国相互了解。1967 年,阿尔伯特·克蒂斯·布朗(澳大利亚)公司成立,旨在为澳大利亚、新西兰及太平洋地区的作家服务,包括小说作家、非小说作家、儿童文学作家、插图画家、剧作家,努力将这些人的作品介绍给出版社、报刊社、电影制片人、剧团、电视台。经阿尔伯特·克蒂斯·布朗公司而成名的作家包括约翰·斯坦贝克、威廉·福克纳、伊丽莎白·鲍恩等。

公司提供的服务主要是：为客户的作品预估潜在市场及商业机会；代表客户签订最有利的合同条款；代理客户收取版税；监督客户的工作，保护他们的利益。

（3）国际创意管理公司（ICM）

ICM 是当今美国最大的版权代理公司，1975 年由"国际菲默斯·阿什里公司"和"创意管理公司"合并而成。ICM 广泛为演员、制片人、导演提供服务。公司在伦敦、纽约、华盛顿、洛杉矶均设有分部，代理的领域涵盖电影、电视、图书、音乐、现场表演、娱乐节目、新媒体。以出版为例，ICM 为畅销书作者、自助出版者、非畅销书作者、新闻记者担任代理人，他们之中不乏诺贝尔文学奖获得者、普利策奖获得者、英国国家图书奖①获得者。公司设在洛杉矶的分部专门为影视剧改编提供代理，在伦敦与阿尔伯特·克蒂斯·布朗公司合作，将英语国家的图书杂志翻译权授予广大非英语国家。

2005 年，为推进战略性增长，ICM 进行了股票融资。2006 年，ICM 并购了另一个版权代理人"布罗德·韦伯·谢尔文·西尔伯曼公司"，进行了管理层收购②，变成了一家合伙企业。

（4）大苹果版权代理公司

大苹果版权代理公司创建于 1987 年，在不断拓展业务的过程中，于 1989 年年底与全球最大的版权代理公司东京 Tuttle-Mori Agency 合作后，更名为 Big Apple Tuttle-Mori Agency，使得大苹果能在最短的时间内得到国际版权界最密切的支持。该公司能够较顺利地取得一些美国出版社图书的中文版权，在欧洲也有业务人员。1989 年年底，大苹果开始与大陆

---

① 英国国家图书奖开始于 1990 年，每年评选一次。获奖图书不仅要有足够的文字水平，公众影响力和销售量也是不可或缺的指标。通常由出版界选出至少 150 名代表投票决定谁能获奖。

② 管理层收购，是指公司的管理者或经营层利用自筹、借贷等方式，用所融资的资本购买本公司股份，从而改变企业的控制格局及资本结构的行为。

的出版社接触,《斯佳丽》就是与上海译文出版社于1990年合作的第一本翻译书。1992年,中国新的著作权法出台,国外作者翻译版权有了法律保护,大苹果代理业务也在多方面有了蓬勃发展。大苹果在2012年正式更改其英文名称为Big Apple Agency Inc.。同时,大苹果也进军东南亚,开始代理授权马来西亚、印度尼西亚、越南、泰国的版权贸易。至今为止,大苹果成功代理了诺贝尔文学奖获得者纳丁·戈迪默的《我儿子的故事》《陌生人的世界》《贵宾》等,维·苏·奈保尔的《河湾》《比斯瓦斯先生有其屋》《米格尔街》《黑暗地区:印度亲历》《印度:受伤的文明》《抵达之谜》等,J.M.柯慈的《屈辱》《等待野蛮人》《耶稣的童年》等中文版权,以及《斯佳丽》《马语者》《英国病人》《相约星期二》《谁动了我的奶酪》《亲历历史——希拉里回忆录》《万物简史》《魔戒》《兄弟连》《美德书》等版权事务,并与大陆的出版社保持着广泛密切的联系。

(5)台湾的博达著作权代理有限公司

博达著作权代理有限公司于1988年在中国台湾地区成立,是一家专业代理海外著作权的版权代理公司,所代理的客户以欧、美、日、德等外国出版社和作者为主,书籍种类涵盖幼儿绘本、青少年读物和成人读物。除了引介海外作品,博达也代理大陆和台湾地区繁简体图书的授权业务,早在两岸尚未开放交流的年代,博达就已将业务范围拓展至内地。20世纪90年代初,博达在北京市朝阳区北四环中路建立了分公司,为快速进军大陆版权市场奠定了基础。经过二十多年的努力,博达与大陆众多出版社和图书公司建立了良好的业务关系。博达为大陆引进的图书包括科普类的《时间简史》,社科类的《世界是平的》,心灵励志类的《秘密》,名人传记类的《乔布斯传》《滚雪球》,经济类的《牛奶可乐冰淇淋》,青少年读物类的《窗边的小豆豆》《暮光之城》《视觉大发现》《猜猜我有多爱你》以及《我的名字叫红》等。

3. 大陆的版权代理公司简介

中国大陆的版权代理起步较晚,到2002年年末,全国共有28家版权代理机构,其中23家代理图书,3家代理影视节目,2家代理音像制品。在23家图书代理公司中,较为活跃的有中华版权代理总公司、北京版权代理有限责任公司、上海版权代理公司。

（1）中华版权代理总公司

1988 年，经国家版权局批准，中华版权代理总公司开始以民间名义从事版权代理活动，这是大陆地区第一家综合性版权代理机构，成立之初主要处理大陆与港澳台之间的版权贸易事项，如收转稿酬、代理解决版权纠纷等。1998 年中国版权保护中心成立，新闻出版署将中华版权代理总公司划归该中心统一管理，公司的业务范围扩大至期刊、影视作品、电子出版物、动漫、游戏软件等领域。目前，该公司已与俄罗斯、美国、德国、法国、英国、日本、澳大利亚、乌克兰、巴西等国家，以及港澳台地区的出版社、版权代理公司建立了长期合作关系。公司拥有一批精通英、法、德、日、俄等语种、业务精湛的从业人员，形成了一套科学规范的运营模式，已签订版权合同 5000 多项，在国内外出版界信誉良好。

（2）北京版权代理有限责任公司

北京版权代理有限责任公司成立于 1998 年 8 月。公司与许多商业伙伴密切合作，将业务范围拓展至图书、音乐、广播、电影、电视、音像、网络出版等领域，国内的合作者包括北京版权保护协会、北京人民广播电台、北京电视台、大苹果版权代理公司美国办事处。北京版权代理有限责任公司已与欧、美、日、韩、中国台湾等国家和地区建立了良好的版权合作关系，所代理的图书语种涵盖英、法、俄、德、日、韩语，客户达 500 多家。公司的版权输出偏重中国台湾地区，一年内输出的图书有二百多种。

（3）上海版权代理公司

上海版权代理公司是华东地区第一家专门从事涉外版权贸易中介服务的机构。经国家版权局批准，1993 年 8 月上海版权代理公司成立，是自负盈亏的独立法人单位，主要经营版权的转让或许可使用、代收代转版权使用费等中介业务，公司还在德国设立了办事处，与欧洲、美国、日本等百余家国外出版社保持良好的合作关系。目前，上海版权代理公司已成为美国企鹅公司下属企业 Viking、Dutton、Plume、Signet、ROX/ONYX 的中文版权独家代理人，成功地进行了海明威全部作品的全球中文版权代理活动，国内有近五十家出版社成为上海版权代理公司的特惠客户。1996年年底，受中国著作权使用报酬收转中心的委托，开始承担上海市报刊转载、摘编报酬的收转工作,并于2000年成立了"中国著作权使用报酬收转中心上海办事处"。

学会利用中外版权代理机构,是开展好版权贸易的一个重要因素,这对于大多数无力经常参加国际书展的出版社而言尤为重要。但是,目前大陆的版权代理业普遍不景气,发展缓慢,表现为经营范围狭窄,版权资源匮乏,市场份额小。代理公司的主要收入来自收取的佣金,通常是版费的10%,还要扣除相关的邮寄通信费、企业所得税、日常行政开销,最后所剩无几。即使在最好的情况下,一家图书版权代理公司的年收益也就在40万—50万元之间,勉强维持正常运转,很难有大的发展。另外,大陆的不少版权代理公司没有足够的版权资源,往往是在接受国内出版社寻找国外版权的委托后,再找国外出版社或代理机构寻求版权许可,形成"两头代理、两头收费"的模式;而涉外版权代理机构则手握雄厚的版权资源,实行"一头代理"模式,市场化程度较高。

三、与版权所有者谈判

(一)联系版权人

在图书版权贸易中,一部作品的权利人往往不止一个,除作者外,其他依法享有版权的公民、法人或组织也可能成为作品的权利人。因此,确认真正的权利人至关重要。在实际业务中常见的情形有以下几种。

1. 作者就是作品的权利人

根据《世界版权公约》的规定,图书的版权页上应标明版权人姓名、出版者、印刷者的名称和首次印刷时间。根据这些信息就可以确定图书的权利人,比如在英文版图书《国际影视贸易》的版权页上,开宗明义地宣示了版权信息:"本书的版权归属于华盛顿特区的公共政策研究机构——美国企业研究所。除了新闻、批判文章、评论文章的短暂引用之外,未经企业研究所的书面同意,他人不能以任何方式使用或复制本书的任何部分。"

2. 作者与出版社或版权代理人签订了作品使用协议

作者将图书的某些版权在一定的期限内授予出版社或版权代理人,在此期间的真正权利人是出版社或版权代理人。对教育类和学术性图书来说,作者很少把翻译权委托给代理商,一般授权给出版社;对于小说或畅销非小说,作者通常将版权委托给版权代理公司行使,也有的委托给出版社。

不少欧美出版社和版权代理人因手中的版权资源众多,业务繁忙,会将手中的作品再委托给海外的版权代理机构,该代理机构即成为副代理,有权在自己的区域范围内与有意引进版权的出版商接洽商谈。北京版权代理有限责任公司、上海版权代理公司、中国图书进出口公司版权部、万达版权代理公司都有这方面的业务。当我们寻找版权人时,不要忽视了身边的渠道,也许要引进的图书版权就掌握在国内或港澳台的版权代理公司手中。

3. 合作作品的版权

属于合作作品的图书,其版权的权利人不止一个,所以单方面无权单独转让或许可合作作品的版权,必须取得全部作者的书面许可。

引进演绎作品时,除了取得该作品版权人的许可,还必须取得原作品版权人的许可。

根据《世界版权公约》的规定,成员国作者的作品需要在图书的版权页上标明如下事项:版权人姓名、出版社、印刷厂、首次印刷的时间,这些信息有助于我们确定图书的权利人。但是在图书的版权贸易中,非创作者是版权权利人的现象很普遍,因此,寻找版权人是版权引进业务中首先要解决的问题,事关后续进展的顺利与否。下面的这个案例告诉我们版权确权未做好的不利后果。

1994 年 1 月,美国沃尔特·迪斯尼公司(Walt Disney Co.)向北京市第一中级人民法院提起诉讼,指控北京少年儿童出版社等数家单位在其出版的作品中,侵犯了沃尔特·迪斯尼公司拥有的卡通形象版权,要求中方停止侵权,在报纸上赔礼道歉,并赔偿经济损失 177 万元。法院经审理查明,1987 年 8 月,沃尔特·迪斯尼公司与麦克斯威尔公司(Maxwell Co.)订立了协议,约定"沃尔特·迪斯尼公司仅授予麦克斯威尔公司出版汉语出版物的非独占性权利,只能在中国出售以迪斯尼乐园角色为题材的故事书,被许可方不得以任何行为,或通过法律程序对授予的权利进行转让",协议的有效期为 1987 年 10 月 1 日至 1990 年 9 月 30 日。1990 年 3 月 21 日,在距上述协议终止日期不足半年时,麦克斯威尔公司隐瞒了上述版权事实,经由大世界出版有限公司介绍,与北京少年儿童出版社签订了《转让简体本合同》,约定"麦克斯威尔公司经迪斯尼公司授权,拥有迪斯尼儿童读物的中文专有出版权,并有权代理该读物的版权贸易业务,麦克斯威尔公司将迪斯尼公司的授权转让给北京少年儿童出版社"。大世界出版有限公司负责向北京少年儿童出版社提供经过外方确认的迪斯尼丛书版权合同。北京少年儿童出版社在未看到迪斯尼公司给上述两家公司授权文件的情况下,就订立了合同,结果既侵犯了别人的版权,自己也成了受害者!

确定了版权拥有者后,就可尝试给对方写信,表达自己的合作意向。第一封信应询问该书的版权是否可以授予,并索要一本样书,出版社一般会免费提供。信中要明确说明欲获得哪些版权的授权:翻译权、原语言影印权、附加中文资料的双语版……如果第一次与对方打交道,还需自我介绍一下:本社何时成立、每年出多少种书、出版领域、曾经获得该国哪些出版社的版权许可、所申请的版权是中文简体还是繁体……向外方发送的信最好是纸质的,而非电子邮件,电子邮件显得不那么严肃庄重,而且邮箱里时常收到垃圾邮件,如果对方不认识你的话可能不会看。纸质信件应按照外方的格式,选择印有本公司名称地址的正式公文纸,最后的签名要亲手写而不是打印,以示尊重对方。

如果出版社控制着版权,且权利仍可授予,海外出版社大多会以快递方式寄出一本样书,并明确该权利的选择期限(通常为 3 个月)。在此期间,引进方要组织资深的编辑、销售、图书策划人员进行选题论证,预测译本的市场销售前景。版权拥有者在接到我方的咨询后,通常会要求我方提供更详细的信息,包括拟引进的图书之首印数、估计定价和预计出版日期。要回答这些问题,我方需要厘清一系列问题:外部版权资料的清理费、印刷软片的费用、版权引进的成本、版税及支付方式等。

(二) 外部版权资料的清理

外部资源的版权问题是相对版权贸易对象而言的,所指的不是将要引进的图书,而是这本书中所包含的资料的版权问题。如果图书中包含已经发表作品的引文,或书中有许多插图,那么合同是否允许这些资料的再次使用? 一般情况下,原出版社须对自己作品中使用的资料获得许可,并支付使用费。被请求的许可或许已受到外界著作权所有者的限制,所以需要再次搞清楚:这些插图的版权是否需要再次得到许可? 只有经过与外方核实后,我们才可以允许中文翻译版图书继续使用这些图片。

例如,一家出版英国中学历史教材的英国出版社,很可能已经获得了授权,可以使用大英博物馆或商业图片代理公司的图片,当其他国家的出版社引进翻译版权时,一定要得到大英博物馆或商业图片代理公司的再次许可。如果这套中学历史教材在中国大陆出版简体本,我们就要问英方出版社:贵社是否已经得到了这些插图作者的许可,您的报价是否全面? 是否已经包含了贵社因为此次中文翻译而向对方支付的费用? 如果当初英方出版社获得的授权仅限英联邦国家,那么它就无权再许可中国的出版社使用这些资料。

针对上述问题通常有两种处理方式。一种是由外方出版社代表我方与插图的版权人商谈,并支付费用,随后一并计入给我方的报价中。另一种方式是外方出版社向我方提供版权持有人的名单和地址,由我方直接与版权所有者联系,并支付费用,取得授权。一般而言,第一种方式最理想,只要是有诚意的外国出版社,大都愿意帮我方处理,我们要注意的是:不能对外部资源的版权不予理睬。

(三) 印刷软片的费用

有些图书版权的引进需要外方提供相应的软片或其他生产材料,例如一本插图很多的书,或以原语言影印的词典。对含有彩色插图的图书或印有照片的医学书,外方提供的印刷软片必不可少,可以保证图书的质量不降低。对于只有黑白线条图画的书来说,印刷软片不是必需的,但如果要求译本的高质量制作,含黑白照片的软片仍然需要。因此在谈判的最初阶段就应与卖方达成协议:软片的价格是多少? 以什么方式提供? 如果软片无法提供,或价格高得离谱,可能就做不成交易了。

大多数西方出版社不愿意将自己的原版软片借给被许可方,以免运

输途中丢失或被对方损坏。他们采取的软片提供方式有三种:

1. 少数出借原装软片并收取一定租金,在运输阶段和被许可方占有阶段,给软片买保险。

2. 多数出版社宁愿为被许可方生产软片副本。

3. 对于特别贵重的软片,出版社通常要求被许可方全额或部分预付款,然后再定制。

(四) 版权引进成本的计算

此处所说的版权引进成本不但包括购买版权的费用,还包括购买之后生产、销售图书的费用。版权贸易的谈判不能毫无根据地"漫天要价",要价太高我方无利可图,自然不会成交,太低则卖家赚不到钱,买卖也不会成交。正式谈判之前,我们需要先概算出生产、销售图书的费用,据此估计图书的定价,再预测一个可能的销售量,然后才能大体上找到一个既能保证我方的赢利,又尽可能接近对方底线的版税率区间,作为我方谈判的基准。简言之,版权引进方的报价至少应包括首次印刷册数、图书定价、版税率、预付款四方面。其中,首次印刷册数依历史经验估计,图书定价建立在生产销售费用的基础上,有了首次印刷册数和图书定价的数据,则版税率、预付款也就估算出来了。所以,版权贸易的谈判本质是数据的计算,当然,语言沟通的技巧也很重要。

引进版权的图书出版成本包括预付款、翻译费、编辑费、内文出片费、封面设计出片费、制版费、印刷装订费、仓储发货费、市场销售费、行政杂费、税费。在中国大陆,这些成本加在一起,通常占图书码洋的30%—40%,能控制在30%以下最为理想,超过40%则注定要亏本。

计算成本时可以采用"倒推"的方法。首先算出书中的字数并确定图书开本,然后根据字数和开本计算出所需印张。假设某书的字数是300千字,用纸规格为670毫米×970毫米,上述规格的纸张裁成16开,每个页码大约1100字。这样算下来,页码应该在272,印张是17,如果将目录、前言也加上,印张可能达到17以上。

1. 有了印张数,我们就可以进一步计算翻译费、编辑费、设计出片费。

2. 如果再确定了纸张要求、印刷工艺和装订工艺,就能算出印刷费。

3.再结合印数、仓储发货费,就能比较准确地知道该书的直接总成本。

4.将总成本除以印数就得出每本书的成本。

5.结合发行折扣和利润,可算出该书的成本销售价,剩下的价格空间就由我方利润与外方版税共同瓜分。

6.计算版税在销售收入中所占的比例,即得到了版税率。

至于预付款应付多少,是首印的全部版税还是一部分版税? 如果是部分版税,应占多大比例? 这要取决于版权引进方对市场的预期及价值的认可。当然,报价时还须考虑其他因素,如出版期限、作者样书、合同有效期。如果是向海外销售版权,一般不需要这些烦琐的计算,但若书中有很多图片,且图片的价值远远大于文字,这些图片的价值就得计算出来。

(五) 版税的计算与缴纳

版税是作品使用者向版权所有人支付的报酬,实际上就是版权的价格,相应地,版税率指版权所有人从作品使用者收入中提取的比率,常用百分比表示。版税率的高低取决于图书的性质、作者的名气、对市场需求的预期。版税率直接关系到买卖双方的经济收入,是版权贸易谈判的核心点。版税的计算方法有两种。

1.按售出后未退回的图书册数计算版税

按该方法计算版税的公式是:版税＝册数×图书零售价×版税率。这是欧美国家常用的计算方式。欧美国家的图书发行体制健全、市场发育完善、出版社运作规范,出版社能及时准确地将图书销售情况报告给作者,包括由于退货而做的调整。不少欧美出版社有自己的仓库,有计算机化的库存控制系统,可以定期进行版税结算,通常根据实际销售数量,每年/每半年计算应缴的版税。那些销售量不高的学术书可以一年结算一次,畅销书可能一年结算两次。实际业务中,欧美的出版社倾向于约定一个结算截止日期,版税应当在结算截止日期后的几个月内支付。

目前习惯上的版税率在5%—15%之间,版税率可以是一个固定值,也可以从一个约定的销售数量起逐渐升高,比如,销售5000册以内时,版税率为6%;5001—10000册时,版税率为7%,10001—50000册时为8%。具体的比例由双方商定。通常情况下,学术作品的版税率较低,商业性作品的版税率则高一些,某些畅销小说的版税率可能高于12%。采用浮动税率的好处是,若图书销售状况不佳,可以支付较少的版税,对引进方有利;若图书销量大,则授权方获利多。

在欧美国家,出版社向作者支付的版税一般分为预付版税(预付款)和出版后的定期结算两部分。预付版税多在签订合同或交稿时支付,其数量多在200—3000美元之间,特别畅销的图书可达上万美元。预付版税是买方信守合同的表示,具有押金的性质,如果被许可方没有履行合同,预付版税将不再退还,作为对版权人的补偿。如果缺少最起码的预付版税,出版社将拒绝进行版权许可。预付版税可以分几次支付,在英国多为两次或三次:与作者签订合同时支付一部分,作者交稿时支付一部分,图书出版时支付剩下的部分。版权使用人在定期结算时,应先以预付版税抵付。

出版社付给作者的版税并不是作者的实际收入,几乎所有国家都对作者的版税征收个人所得税。作者若从国外取得版税,不仅要向本国政府纳税,还要向版税汇出国纳税,如果版税的汇出国和接收国没有避免双重征税的协定,版权贸易的当事人就得两次纳税。版权贸易都是跨地区贸易,存在着信息的不对称,我们难以知晓对方国家的所得税征收情况,当我们对外出售版权时,最好在合同中明确规定:我方得到的版税应当是外方缴纳所得税后的金额。否则,对方可能要求我们支付版税汇出地的所得税。

2. 按印刷册数计算版税

按该方法计算版税的公式是:版税 = 图书印数×图书零售价×版税率。海外出版社在向中国输入版权时常采用此种算法。中国由于图书发行体制不健全,许多出版社运作不规范,还不习惯按时向作者汇报印数、支付版税,作者也可能对出版社的发行数量存有异议。因此在计算版税时,我国更喜欢以印刷数量代替销售数量。

四、签订版权引进的合同

一旦我们确定了选题,也完成了成本收益的大概估算,就可以联系版权人接洽,进行版权贸易的谈判。谈判的主要内容包括版税、出版时间、双方的义务、地域限制、违约责任、争端解决方法、合同的变更与终止等。

在一系列重大事项上达成一致后,双方就需要签订合同,以书面形式记录合意事项,督促双方按约定行事。与对方的谈判应建立在我方预先估算的基础上,不能低于我方的保本底线,否则就没必要谈了。当然在追求我方利益最大化的过程中,对方也会极力维护自己的利益,所以最终的结果可能是双方的适当妥协。

由于版权贸易具有高度的异质性,每一次交易的情况都不完全一样,所以不能盲目照搬。在双方签订合同时,一定要认真仔细、字斟句酌,语言力求表达准确,条款尽量严谨细致,切忌笼统粗略、指代不明,埋下争议的祸根,尤其要对违约的各种情况尽可能预见到,违约赔偿的条款必须十分清晰、具体,任何人都不应该有别的解释,一旦将来双方诉诸法律,违约处置条款就是法官判决赔偿的依据。总之,要让合同涵盖交易过程中可能出现的一切事项。尽管不同情况下的版权合同不完全相同,但基本条款大体一致,概言之,以下各种要素不可或缺。

（一）授权内容

1.许可方和被许可方的合法单位/个人名称和授权日期

2.版权转让形式:翻译出版、影印出版、联合出版

3.出版形式:出版载体是纸质书、电子书、音像、精装本、平装本等

4.出版语言:外文图书的中文翻译版权涉及中文简体版还是繁体版

5.出版首印数

6.出版区域:大陆、港澳台、全球华人区

7.许可范围:如果以图书形式出版,是否排除中文俱乐部版权及报刊连载权

（二）版税支付的标准和方法

版税的计算方法有两种。欧美国家的图书市场比较规范,图书交易的自动化程度高,法制较完善,因此常以年度销售额为基数,逐年缴纳版税。我国图书销售的自动化不如欧美,作者难以及时准确地掌握年度图书销售情况,难以按年收取版税,故倾向于按图书的印刷册数与定价之乘积,一次性向出版社收取版税。至于版税率则由作者与出版社协商,一般在5%—15%之间。

（三）翻译权归属

确定翻译权转让后的翻译者，同时，外方会对译稿做监督检查。

（四）图书印制质量

（五）版权声明

要求在翻译本的封面、书脊、护封和扉页上醒目地印上作者的姓名，并在扉页背面注明："原书版权详细信息"及声明"此 XX（书名）的翻译版由 XX（外国出版社名称）许可出版"。

（六）出版信息

主要指翻译版（或影印版）的出版信息，包括提供的样书册数、出版日期、定价及最迟出版期限。一般来说，如果被许可方未能按时出版图书，可提前与许可方商量延期。

（七）销售结算报告

出版者应仔细核算并汇报准确的销售数字，便于版税的结算。一般图书按年结算，畅销图书按半年结算。版税在结算日期后的几个月内支付。

（八）版权登记

这是中国特色的版权贸易事项，版权的被许可方必须到中国国家版权局登记许可合同，该项业务是免费的，但至少需要 7 个工作日。版权登记使引进版权的中方能够对市场上的同一选题的任何未授权版本提起诉讼。版权登记有效降低了版权市场混乱的负面影响。

（九）授权方的责任

主要内容是："版权所有者应向出版者保证有权利和能力签订本合同，不侵害任何现存版权，或违背任何现存协议，作品的内容不会引起任何刑事或民事纠纷，否则，因此给出版者造成的损失、伤害或开支，版权所有者应给予赔偿。"

（十）重印许可

翻译本脱销或绝版时，被许可方必须重新向许可方申请重印，重新商讨版税及出版事宜。

（十一）汇款要求

双方必须对付款的货币形式、外汇汇率、付款途径、汇款单位详细地址进行逐一说明。

（十二）违约责任及解决纠纷的法院地／仲裁地

此条规定合同的法律效力，由于各国版权法存在较大差异，各国法院或仲裁庭可能对同一案件作出不同裁决，因此，在合同中规定有利于己方的法院地或仲裁地，就显得尤为重要。我们在与外方签订版权许可合同时，应尽量争取由中国法院或中国国际经济与贸易仲裁委员会处理合同纠纷，如果不行，也得争取由对华友好的第三国法院／仲裁庭解决纠纷。

下面是一个引进翻译版权许可合同的样本，针对购买了翻译版权但未限定印数、基于预付款和版税的情形：

本合同于 XX 年 X 月 X 日由 XXX（中国出版社名称、地址）（以下简称出版社）与 XXX（外国出版社名称、地址）（以下简称版权所有者）双方签订。

版权所有者享有 XXX（作者姓名）（以下简称作者）所著 XX（书名）第 X 版的版权（以下简称作品），现双方达成协议如下：

1. 根据本协议，版权所有者授予出版社以自己的名义，以图书形式（简／精装）翻译、制作、出版该作品中文（简体）版（以下简称翻译本）的专有权，限在中华人民共和国大陆发行，不包括香港、澳门、台湾地区。未经版权所有者的书面同意，出版社不能复制版权所有者对该作品的封面设计，也不能使用版权所有者的标识、商标或版权页。本协议授予的权利不及于该作品的其他后续版本。

如果许可不局限于某非小说选题的特定版本的翻译，可供选择的表述是：本合同自签订之日起有效期为 X 年，期满后按约定的付款条件，双方可共同协商延期。

2. 出版社要按照本合同第 18 条的规定向版权所有者支付下列款项，即：

（1）合同签订之时，支付给版权所有者的预付金 XX 美元。

如果在该协议履行期间，出版社有任何过错，这笔预付款不予退还。

（2）出版社根据中国图书定价对所有销售图书支付版税：

①销售数量在 X_1 千册以内时，版税为 Y_1%；

②销售数量在 X_2 千册至 X_3 千册时，版税为 Y_2%；

③销售超过 X_3 千册时，版税为 Y_3%。

（3）对于出版社以低成本价或低于成本价销售的库存翻译本，无须支付版税；但是在该翻译本首次出版后的两年内不得廉价销售此类库存书。

3. 至版权所有者收到第 2 条所列款项时，本协议生效。

4. 出版社将负责安排一位合格的翻译者，保证准确无误翻译该作品，并将译者的名字和资历报告给版权所有者。未得到版权所有者的书面同意之前，不得对作品进行省略、修改或增加。版权所有者保留要求出版社提交译稿样本的权利，在其同意后，出版社方可出版。

5. 如需要，翻译本的出版应取得原作品中第三方控制的版权资料的使用许可，并应当为这些许可或权利支付费用。直到版权所有者收到出版社的书面确认——出版社获得了许可，版权所有者才会向出版社提供生产资料，用于复制该作品中包含的插图。

可供选择的表述：

如需要，版权所有者负责取得原作品中第三方控制的版权资料的使用许可。对于获得这些许可而支付的费用，由版权所有者再向出版社收取额外的行政管理费，具体事宜由双方另行协商。直到版权所有者获得许可，他才会向出版社提供生产资料用于复制该作品中包含的插图。

6. 出版社应确保翻译本的印刷、纸张和装帧质量，尽可能达到最高标准。

7. 出版社所有翻译本的封面、书脊、护封和扉页上都必须醒目地印上作者的姓名，并在扉页背面注明："原书版权详细信息"及声明："此 XX（书名）的翻译版由 XX（外国出版社名称）许可出版"。出版社也将对翻译文本进行版权声明。

8. 翻译版出版后,出版社应向版权所有者提供 X 本免费样书,并说明翻译版的实际出版日期和定价。

9.(1)如果出版社未能在 XX 日前出版该翻译本,该合同中的所有授权将由版权所有者收回,而不影响出版社向版权所有者支付的或应付的任何款项。

(2)当翻译本已绝版或市场上已脱销,出版社在接到版权所有者再印的书面通知后,6 个月内仍未再版,版权所有者将有权终止合同,该合同中的所有授权将由版权所有者收回,而不影响出版社向版权所有者支付的或应付的任何款项。

10. 未事先征得版权所有者的书面同意,出版社不能处分该翻译本的任何附属权利。

11. 每年 XX 日前,出版社对翻译本的销售结算一次/两次,并自结算截止之日起 3 个月内付清按合同应支付的款项。结算报告包括:

(1)本会计年度初期若有库存,其具体册数;

(2)本会计年度内印刷的册数;

(3)本会计年度内销售的册数;

(4)本会计年度内免费赠送的样书的册数;

(5)本会计年度末的库存册数。

销售结算与版税要按照本合同第 18 条支付。如果本合同规定的任何款项逾期 3 个月未付,本合同许可的所有权利立刻丧失,所有转让的权利自动收归版权所有者,无须另行通知。

12. 未事先通知版权所有者并征得其书面同意,出版社不得自行重印该翻译本。

13. 版权所有者应向出版社保证:其有权利和能力签订本合同。根据中国法律,该作品绝不会侵害任何现存版权,或违背任何现存协议;该作品不含任何引起民事/刑事纠纷并造成损失之内容,如果因此给出版社造成损失、伤害或开支,版权所有者应给予赔偿。

14. 未得到版权所有者书面同意之前,出版社不得将所获得的版权许可转让或惠及他人,也不能以出版社以外的任何名义出版该翻译本。

15. 除本合同中明确授予出版社的权利外,该作品的其他所有权利由版权所有者保留。

16. 出版社应将翻译本的详细情况向中国国家版权局登记,以得到正式批准,在中华人民共和国范围内依相应法规,尽一切努力保护翻译本的版权。出版社还同意对侵犯该翻译本版权的任何个人或组织提起诉讼,费用自理。

17. 如果出版社宣布破产,或不遵守本合同的任何规定,且在接到版权所有者书面通知(用挂号信寄到本合同第一段所写地址)后的 1 个月内仍不纠正,本合同即自动失效,授予出版社的版权许可将收归版权所有者,而不影响出版社向版权所有者支付的或应付的任何款项。

18. 本合同规定的应付给版权所有者的款项都应按付款当天的汇率,以美元/英镑(或日元、欧元)支付,不得以兑换或代办费为由扣除。付款以支票或银行汇票支付,寄至 XXX(外国出版社财务部门的名称和地址),或直接通过银行转账,汇至版权所有者的账号 XXX(外国出版社所用银行的名称与地址)。如果出版社依法应交税,他们应声明并提供相应的扣税凭证。

19. 本合同受中华人民共和国法律约束,双方因本合同而发生的任何纠纷或分歧,将提交中国国际经济与贸易仲裁委员会,该委员会的裁决是最终决定,双方必须遵守。但本合同任何条款不限制版权所有者采取必要措施,包括提起诉讼,以防止该翻译本在本合同第 1 条所限定的市场范围外发行。

20. (1)如果版权所有者全部或部分业务被收购,其可以不经出版社的同意转让本合同。

(2)本合同包含了双方充分而完全的共识和理解,取代了之前就本合同有关事宜达成的所有的口头的、书面的协议与承诺,除经双方书面协商,不得改变。

(3)只有出版社在本合同制定之日起 X 星期内签字,本合同才被视为具有法律效力。

出版社代表签字

版权所有者签字

第三节 版权贸易中的平行进口问题

平行进口是一个与知识产权相关的国际贸易问题,本质上反映了知识产权贸易与实体货物贸易之间的冲突,以及知识产权保护与国际贸易自由化之间的矛盾。目前中国的版权贸易中,平行进口案件并不多。随着我国版权贸易的快速发展,平行进口问题将越来越难以避免。

一、知识产权中的"权利穷竭"理论

"权利穷竭"是指在销售活动中,如果所售商品/服务中附带着某种形式的知识产权,则产权所有人只能正常行使一次权利。也就是说,一旦知识产权人将拥有权利的商品合法地投放到市场上,就丧失了对该商品进一步控制的权利,商品的合法受让人可以对其受让的知识产权产品自由占有、使用和处分,无须征得知识产权人的同意即可在市场上转售该商品,其转售不构成侵权。

"权利穷竭"理论最早由德国学者约瑟夫·科勒于 19 世纪末提出,当时,商品流通的规模和范围仅限于一国境内,尚不存在不同国家之间"权利穷竭"的冲突。随着国际贸易自由化的推进和经济全球化的日益深入,不同国家之间在"权利穷竭"上的冲突日益凸显。目前,世界上有三种"权利穷竭"原则:一国范围内的穷竭、特定区域内(如欧盟)的穷竭、世界范围内的穷竭。

二、什么是平行进口

平行进口又称灰色市场,是指某个国家的某种知识产权已经获得了法律保护,并且该知识产权的被许可人已经在该国市场进行了产品销售。与此同时,由于国家间存在价格差异,在逐利动机的驱使下,第三方进口了境外合法生产的同类产品进行转卖。

根据平行进口的定义,版权产品的平行进口是指某部作品在某个国家已经获得法律保护,并且由被许可人在该国出版、发行,但由于不同国

家间的价格差异带来的获利机会,驱使平行进口商从他国购买该作品投放到本国市场,造成了作品被许可人与平行进口商之间的利益冲突。平行进口争端主要集中在进口国,是关于平行进口是否合法,知识产权的被许可人是否有权禁止平行进口的问题。

平行进口现象不但可以发生在版权领域,也可以发生在专利权、商标权领域。在知识产权贸易中,专利权和商标权的平行进口问题最为常见。所谓"专利权的平行进口"是指,进口国的某项产品已经得到本国专利法的保护,但平行进口商在利益的驱使下,从权利人所在国或别的国家购得该产品,并将它投入进口国市场的行为。所谓"商标权的平行进口"是指,某个商标已经在进口国获得法律保护,平行进口商把在外国购买的同一商标的商品运到进口国销售。实际上,商标平行进口的商品都是真品。

例如,一家中国公司在美国指定了一个批发商,该批发商在美国就有关产品的商标进行了注册。如果中国公司把该商标的所有权转让给了美国的这家批发商,就不能再通过其他美国商人向美国出口有关产品了,因为这样就产生了"平行进口"。同样,如果一家美国商标所有人向我国的某个公司独家许可了商标使用权(仅限中国大陆),当我方的产品进入美国后也会出现"平行进口"问题,图2-2是四种发生在美国的"平行进口"情形。

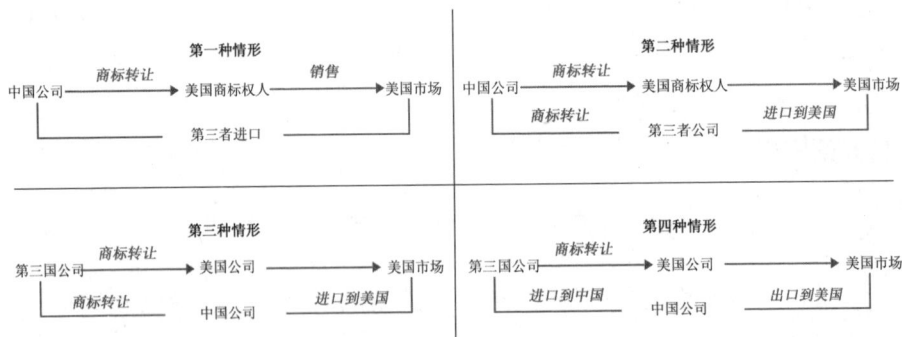

图2-2　平行进口的表现形式

资料来源:笔者根据徐建华的《版权贸易新论》自己制作。

平行进口的主要特征是:①发生在国际贸易中;②平行进口商品涉及的知识产权在进口国受法律保护;③平行进口的商品本身具有合法性,即它是由权利人投放于出口地市场的"真品",而不是假冒伪劣商品;④平行进口商的进口行为没有得到本国知识产权人的授权或许可,与国内授权销售渠道流通的产品相比,这种非授权销售渠道的平行进口产品价格较低。

要想更深入地理解"平行进口"的概念,就需要搞清楚几个关键术语:平行、真品、灰色。

所谓"平行"是指"销售渠道"的平行,亦即"授权销售渠道"与"非授权销售渠道"共存。知识产权的权利人或其授权的经销商在进口国销售知识产权产品时,所售产品既可以是在进口国生产的,也可以是知识产权人或其授权的经销商从外国进口的,这种销售途径属于"授权销售渠道";平行进口商从国外向国内进口并销售的途径是"非授权销售渠道"。任何一种情形的平行进口必定存在"销售渠道"的平行,无论是知识产权的平行还是进口渠道的平行,无论返销还是单向进口,最终都必须在进口国形成一个与权利人授权的销售渠道并行存在的非授权销售渠道,两个渠道之间形成了竞争关系。没有平行的销售渠道就不会产生平行进口。

所谓"真品"是指由权利人自己或经其同意,在其他国家投入市场的产品,该产品与授权销售渠道流通的产品一样,都属于同一个知识产权的权利人之产品。

所谓"灰色"是指法律没有明确禁止但又没有明确允许的状态,游走于"非法"和"合法"之间。从相关商品属于合法制造和销售的角度看,并无"灰色"可言,"灰色"仅仅与其通往进口国的经销渠道有关。"平行进口"并不是在所有的法律体系中都是"灰色"的,有的法律明确允许一些具体的平行进口行为。

三、平行进口对各方的影响

平行进口商的出现,打破了由传统的权利人及其被许可人控制的垄断局面,造成了无形财产贸易与有形财产贸易的冲突。这种局面的出现,给权利人、被许可人、消费者乃至进口国宏观经济都带来了不小的影响。

（一）对权利人的影响

平行进口对权利人的影响喜忧参半。一方面,平行进口商打破了权利人在不同市场上的区别定价策略,权利人难以获取超额利润,但也使得同一商品在不同市场上的价格更为合理;另一方面,平行进口商的行为增加了权利人产品的销售量,特别是对于那些无须售后服务的商品,平行进口商的行为只会使权利人获利更多,而不会影响权利人的商业形象。

不可否认的是,平行进口行为也可能损害权利人的利益。首先,平行进口行为破坏了权利人的全球经营策略,权利人不得不针对平行进口而改变在不同市场上的营销策略,导致公司难以实现预期利润。其次,对于那些需要提供完善售后服务的产品来说,平行进口商销售完产品后,往往不提供这些服务,消费者并不会考虑谁是授权的销售商,谁是平行进口商,而会把所有的问题都归罪于权利人,从而影响权利人的商业声誉,也影响在这个市场上的产品销售。再次,平行进口造成权利人生产的产品"自相残杀",带来整体利益上的损失。最后,平行进口商的行为严重影响了授权经销商的销售状况,可能导致授权经销商退出经营,使权利人丧失在该市场上的固定销售渠道。

（二）对被许可人的影响

平行进口对被许可人的影响可谓"百害而无一利"。被许可人将大量的人力、物力、财力用于产品的生产、宣传和销售上,但由于平行进口商通过未授权的销售渠道,获取了更具价格优势的产品,导致消费者选择购买平行进口商品,而不是购买被许可人的产品。

（三）对消费者的影响

平行进口会为消费者带来不少好处。第一,消费者能够以更低的价格购买产品。平行进口商的低价策略会促使得到授权的经销商降价销售,而这又会导致平行进口商进一步降价,消费者得到实惠。第二,消费者购买商品的渠道增加了,可以随时随地购买,不用像"只此一家、别无分店"那样无可选择。

当然,平行进口也可能给消费者带来不便。第一,对那些需要售后服务的商品,平行进口商通常不会提供售后服务。如果消费者在日后的使用中出现了问题,往往求助无门。第二,通过平行进口的商品,其说明书是针对别国消费者的,往往存在文字上的障碍,这也会给购买者带来使用上的不便。

(四) 对平行进口国的影响

有利之处是:平行进口打破了权利人及被许可人对当地市场的垄断,促进了市场竞争,完善了市场结构,拉动了经济发展;平行进口带来的低价位刺激了本国消费,拉动了国内需求,带动了经济发展;缩小了国内外价格差,增加了本国的社会福利;促使得到授权的销售商改进技术,降低成本,提高服务水平,也促使权利人将未投放到本国市场的产品尽快投放到本国,增加了本国的社会福利。

不利之处是:平行进口增加了本国的进口额,导致本国的外汇储备外流;平行进口商给那些得到授权的经销商带来了强烈冲击,导致这些经销商的利润降低,危及其生存,减少了进口国的财政税收收入。

(五) 对平行进口的出口国的影响

平行进口对出口国的影响比较小,即使有影响也是利大于弊。平行进口能够增加出口国的出口额,带来外汇收入,输出了本国的过剩产品。总起来看,平行进口对出口国的好处比较多,大多数出口国不限制平行进口行为。

四、各国处理平行进口的原则

平行进口问题直接关乎各国的经济利益,但各国对平行进口问题的态度——无论支持还是反对,存在明显差异,这种差异来自他们对"权利穷竭"理论的适用范围存在不同理解:"权利穷竭"理论仅仅限于一国之内还是涵盖全球?

如果认为"权利穷竭"理论仅限于一国之内,则权利取得的方式、权利保护的范围、保护时间的长短都依该国法律而定,同一知识产权人依各国法律分别在各国取得的权利,仅在该国范围内使用及生效,在每个国家取得的知识产权都独立于其他国家。未征得知识产权人的许可,平行进口构成对知识产权人的侵犯,因而在制度设计中,更强调保护知识产权人的利益。

如果认为"权利穷竭"理论在世界范围内有效,则一旦知识产权人或其允许的受许可人合法地将产品投入市场,权利人就丧失了对该产品进一步控制的权利,无权再干涉平行进口商在他国的销售行为。也就是说,权利一经行使就在全世界范围内耗尽,而不仅仅在首次销售地的法域内耗尽。因此,平行进口是合法的贸易行为,相应的制度设计更强调文化产品的自由贸易原则。

迄今为止,尚未有任何国际公约对平行进口问题作出统一规定,而是由各国根据自己的经济利益与政治制度自行其是,每个国家的判断标准都不一样。同样的平行进口情形在一个国家可能是合法的,到了另一个国家就可能被认定为非法。

(一) 欧美国家

从美国、欧盟等国家的实践来看,它们对待平行进口的原则大体上可分为两类:一般性地禁止、有例外地允许和一般性地允许、有例外地禁止。

1. 一般性地禁止、有例外地允许

美国是世界上最大的知识产权国,为了维护本国的知识产权优势,更加强调"权利穷竭"的"国内用尽"原则,在平行进口问题上一贯采取禁止的态度。

在专利权方面,美国不允许平行进口。凡进口到美国的、涉及美国专利的商品,必须取得该专利持有人的许可,不论该美国专利是否同时在外国被授予专利权。凡是有效的美国专利持有人,都有权请求美国海关禁止进口侵犯其专利权的商品,即使该商品在外国的生产和销售是合法的。

在商标权方面,美国的规定仍然是保护本国的利益,美国的商标权人可以依据其享有的注册商标,阻止国外制造的真品进口到美国。只有在不影响本国商标权人的权益、不造成商品来源混淆的情况下,才允许平行进口:当美国商标权人与国外制造商具有某种关联关系时,例如双方存在母子公司关系、双方受同一公司控股等,平行进口带有美国注册商标的商品才不受到关税法禁止。但如果平行进口的真品与美国国内同一品牌的商品存在实质性差异,即使存在关联关系也不允许平行进口。

在版权方面,美国版权法对版权制品的平行进口进行了区分:(1)根据外国版权法在外国合法制造的作品不得销售到美国,例如,美国作家丹·布朗授权兰登书屋(Random House)出版他的长篇小说《达·芬奇密码》之美国版本,后又授权英国的环球出版社(Transworld Publishers)出版了该作品的英国版本。如果有人要进口《达·芬奇密码》的英国版本到美国,必须首先取得兰登书屋的许可,否则就违反了美国《版权法》第602条(a)款的规定。[①] (2)根据美国《版权法》在美国合法制造,出口国外后又返销到美国,则根据美国《版权法》第109条(a)款规定的权利用尽原则,此种行为不构成侵权。

另外,澳大利亚《版权法》基本上禁止平行进口版权产品,但下列产品除外:(1)音乐录音制品;(2)软件制品;(3)全球发行的30天内仍未在澳大利亚发行,且本地发行商也不能提供的图书。加拿大《版权法》的规定与澳大利亚相似。

2. 一般性地允许、有例外地禁止

从总体上来讲,欧盟支持权利的国际用尽原则,而不是像美国那样将"权利穷竭"限于一国之内。根据《罗马公约》第30条和第36条,欧盟内部应该保证商品的自由流通,因此,一件受知识产权法保护的商品在权利人投放到欧盟市场后,权利人即丧失了对该商品的控制权,无论商品在欧盟市场内怎样转卖,权利人皆无权干涉。

在专利权和商标权方面,欧盟各国支持平行进口,但在版权方面,个别国家有特殊规定。在法国、比利时等国,经权利人许可投放到市场的复制品,权利人一直有权控制到"最终使用者"这一层,权利永远不会"用尽"。英国的《版权法》第22条第2款规定,欧盟成员国之间的作品可以

---

① 该款的内容是:"未经版权所有人授权,将在国外获得的作品之复制件进口至美国,侵犯了第106条所授予的销售复制件的独占权利,对此,可以依据第501条起诉。"

平行进口,但非成员国的作品则不得平行进口。

事实上,各国对待平行进口的态度是动态变化的,会随经济形势的发展变化而调整,对部分版权产品允许平行进口,而另外种类的版权产品禁止平行进口,体现出一定的灵活性,那些绝对允许或绝对禁止的国家越来越少。

(二) 中国应对平行进口问题的策略

我国现行知识产权法对"平行进口"问题未作出明确的规定。仅在《实施国际著作权条约的规定》中提到,"外国作品的著作权人有权禁止进口其作品的下列复制品:一是侵权复制品,二是来自对作品不予保护的国家的复制品"。可见,禁止的仅仅是外国版权人作品的非法复制品及未经授权的作品的进口,而那些来源合法或经过合法授权的复制品不在禁止之列。

《版权法》的根本宗旨是以保护为手段,维系版权人和社会公众利益的平衡,推动社会进步和智力创新。鉴于我国的技术发展水平不高,知识产权竞争力较弱,在当今知识经济时代,为充分、合理地利用世界知识产权成果,促进本国经济繁荣,应制定较为宽松的政策,最大限度地发挥平行进口的作用。在后续的《著作权法》修订中,有必要规定复制权、发行权等权利的耗尽原则:经版权人许可合法投入市场的作品,权利人无权阻止购买者对作品的进一步分销、转销或转让,从而以立法的形式为版权领域的平行进口提供支持。

延伸阅读2-1 (平行进口案例) 荷兰"时代生活书店"诉澳大利亚"洲际快速发行公司"

时代生活书店是美国时代图书公司设在荷兰的一家子公司,它与美国时代图书公司签订了版权许可协议,取得了一套烹饪图书在世界各国(美国、加拿大除外)的独占复制发行权。通过美国时代图书公司在美国的合法发行人,澳大利亚"洲际快速发行公司"购买了上述烹饪书,并在美国销售,不久又进口到澳大利亚,以低于荷兰时代生活书店的价格销售。于是,时代生活书店向澳大利亚法院提起侵权诉讼。

在审理中被告辩称:它所购买的图书是版权人在美国印刷发行的,在美国销售该书是合法的,进口到澳大利亚销售也是合法的。法院根据澳大利亚《版权法》的规定,认为被告未经版权人许可,在澳大利亚销售该烹饪图书,应视为侵权。由于本案原告未取得在美国的独占复制发行权,根据版权穷竭原则,被告在美国购买、销售该书是合法的。但原告已取得该书在澳大利亚的独占复制发行权,在美国的权利穷竭并不导致在其他国家的版权穷竭。因此,被告未经独占发行人时代生活书店(原告)的许可,擅自在澳大利亚销售该书,构成了对独占发行人权利的侵犯。

延伸阅读2-2 台湾地区简体字版图书的平行进口问题

据新闻出版总署的统计信息显示,2009年我国图书版权的输出量达到3103种,其中向台湾地区输出682种,台湾成为大陆重要的版权出口地。近几年,台湾出现了很多直接经营简体字版图书的书店,大量书商选择直接从大陆进口简体版图书,这样就产生了明显的平行进口问题,给大陆的版权输出带来了冲击。

1. 台湾地区平行进口问题产生的原因

平行进口问题源于价格差,即直接进口图书比购买版权后再编辑、出版更有利可图,原因有三个:(1)大陆图书的生产成本较低,致使大陆图书的定价远远低于台湾;(2)尽管书价较低,大陆简体版图书的选题和质量却很有竞争力;(3)版权引进会产生额外的营销成本,把简体版改为繁体版出版会增加编辑成本。因此,直接进口大陆的简体书更能获利。

2. 台湾地区平行进口问题产生的影响

台湾地区的平行进口和简体字版书店对大陆出版社来说喜忧参半:一方面会冲击版权的输出,影响版权转让费的收入;另一方面由于销售量增加,利润也增加,尤其是台湾书商从大陆进口的图书一般不会退货,对大陆出版社来说,实际利润不会受太大的负面影响。

对于台湾的进口商来说,版权的平行进口带来了很大的副作用。直接进口并出售的简体书价格更低,可以迅速占领本地市场,获取较高的利润,加剧了版权进口商和平行进口商之间的竞争,从长远来看不利于台湾地区图书市场的发展。当然,这种平行进口对台湾地区的读者有利。读者能够以较低的价格购买到所需图书,随着简体字版书店的扩张,读者可以有更多买书渠道。

然而,简体书平行进口带来的冲突不容忽视,2007 年,因平行进口引发的版权纠纷集中爆发,版权官司此起彼伏。目前,台湾地区已经出台了预防平行进口问题的相关法律。根据台湾的进口条例,只要一本图书的版权被台湾业者购买,他人就不得直接进口该书的纸质版,即使有书商抢在版权被购买前就进口了图书,则售完之后不得再进口。

3. 启示

台湾地区的平行进口问题对大陆出版业的启示是:(1)对平行进口问题的观念必须转变,传统的思想认为我国是一个图书低价位国家,不会出现平行进口问题。但随着人民币的持续升值,出版成本不断提高,低书价绝不会一成不变,平行进口问题迟早会浮现,必须提早防范;(2)建立并完善相关法律、法规,针对平行进口问题提早开展立法工作,保护国内的出版机构和图书市场;(3)对各大出版社来说,应加强自身的内部管理,重视市场信息的搜集整理,协调不同市场间的售价,解决价格问题。

延伸阅读2-3 《哈利·波特》版权引进始末①

《哈利·波特》是罗琳女士撰写的畅销全球的作品,由英国布鲁姆斯伯里出版公司出版发行,根据小说改编的同名电影成为好莱坞的大片,受到全世界千千万万青少年的追捧,可谓出版史上商业化运作最成功的案例。《哈利·波特》在欧美的走红引起了中国各个出版社的极大关注,面对辉煌的商业前景,各个出版社都想出版《哈利·波特》的中文版,并为此展开了激烈的竞争,最终由人民文学出版社拔得头筹,于 2000 年 6 月

---

① 杨贵山等编著:《海外版权贸易指南》,中国水利水电出版社 2005 年版,第 147—161 页。

成功出版了中文简体版《哈利·波特》。人民文学出版社争得先机的"秘密"何在？

1. 信息采集——善于发现千里马

人民文学出版社一直以出版文学作品见长，其中外国文学的选题多为古典名著，这成了人民文学出版社的亮点，为出版社带来了很好的社会效益和经济效益，但也忽视了现代作品的引进，对有关现代文学作品的版权信息不够重视。1999 年，人民文学出版社对业务进行大调整，开始重视现代作品的引进。1999 年 10 月的法兰克福书展上，《哈利·波特》不俗的表现受到中国出版社的关注，《中国图书商报》进行了连篇累牍的报道。当预感到这部系列小说的销售潜力后，人民文学出版社少儿编辑室的王瑞琴产生了引进《哈利·波特》的想法，并得到了全社的支持，开始了版权引进的联系工作。

2. 联系版权代理——按照国际惯例迈出版权贸易第一步

在西方，畅销书的作者一般不会将版权转让给出版社，而是选择版权公司代为处理。人民文学出版社在这一点上绕了弯路。当出版社向英国的布鲁姆斯伯里出版社发出了一封信后，很久没有回音。直到 2000 年 2 月，收到该社传真回复：《哈利·波特》版权在克里斯托弗·利特尔版权代理公司，人民文学出版社可以与利特尔先生联系，并在信中附上了该公司的电子邮箱和传真号码。

人民文学出版社遂与版权代理公司取得了联系，对方要求进一步了解人民文学出版社的情况，要求获得出版社的历史、出版状况、人员结构，特别是外国文学的出版情况，包括印刷发行数量等详细的资料作为参考。《哈利·波特》的版权之争就好比拍卖场上的竞相报价，当时与人民文学出版社一同竞争的还有中国少年儿童出版社、江苏少儿出版社、人民邮电出版社、译林出版社、光明日报出版社等 6 家单位，竞争十分激烈。人民文学出版社在文学领域具有绝对的竞争优势，于是，出版社向英方发去了长达几十页的传真，包括建社 45 周年时的一份详细中英文介绍和厚厚的图书征订单，概述了 50 年来出版社在中外文学图书出版方面的辉煌业绩，其中着重突出了该社曾出版过的外国儿童文学作品。此后，英方代理及作者罗琳开始在参与竞争的几家出版社间进行详细的比较和调查。

3. 版税谈判——实力、信心和诚意的胜利

版权洽谈，靠的不仅仅是一张伶牙俐齿的嘴，它是凭着实力、信心和诚意说话的。

（1）作品翻译权的转让

2000年6月1日，对方终于有了消息。在电话中，利特尔先生很欣赏人民文学出版社的悠久历史和庞大组织，并展开了第一次版税报价的交涉。人民文学出版社对英方提出的10万到50万册的发行量进行了大胆的预测：可超过50万册！6月9日收到了英方的传真，要求人民文学出版社迅速报出预付金额，以人民币计价。报价的难度在于，出版社应充分估计到汇率的变化趋势、国内定价、读者的购买力。报价高了会增加成本支出，减少利润；报价低了可能导致谈判失败。人民文学出版社最终报出了相对合理的价位，获得了英方的认可。报价的洽谈是一场拉锯战，双赢是最好的解决方案。人民文学出版社的观点是，必须坚持自己的原则，不可盲目竞争，掉入商场恶性交易的旋涡。当然，寻找机会作适当的让步是解决矛盾和僵局的好办法。英方仍希望人民文学出版社能够提高版税金额，并且以众多竞争对手作威胁。人民文学出版社还之以维持原价的答复，但告诉对方有信心将每种书发行到100万册。100万册等于给了英方一颗定心丸，对方不再坚持，双方很快达成了共识。

2000年7月28日，人民文学出版社终于收到了对方代理人寄来的合同，社长于8月1日在合同上签字。8月25日，人民文学出版社接到由罗琳签字的合同，授权人民文学出版社出版发行"哈利·波特"系列书的中文简体版，艰苦的版权谈判终于告一段落。

（2）"哈利·波特"形象权及相关产品的版权转让

在《哈利·波特》成为世界超级畅销书后，美国时代华纳公司投入巨资买下了"哈利·波特"的形象权及相关产品的版权，并将小说改编成电影，制作了诸如卡通电视片、图画书、玩具等相关产品。当依照国际惯例，人民文学出版社顺理成章地获得"哈利·波特"系列图书的第四部——

《哈利·波特与火焰杯》的中文简体版权时,也开始筹划购买"哈利·波特"形象权及相关产品版权的国际谈判。2001年5月底,王瑞琴代表人民文学出版社飞往美国。美国人的谈判方式直截了当,开门见山便询问中方的营销计划并要求报价,包括预付金额和宣传费用在总码洋中所占的比例。因为发达国家的出版业非常重视营销策划,往往需要在授权意向书中明确体现。这不是我国出版业的合同习惯。经过估算,王女士在数目那栏中填写了一个10%,冷静地算起来,这个数字还是客观的。其实,如果每一部书拿出发行码洋的5%—6%作宣传,销售情况就会大不一样。

4.翻译——质量与速度齐头并进

时间就是金钱,这是最适合畅销书的出版理念。曾经有一个著名的日本企业家说:"一个新产品投放市场,提前1天会增加0.3%的销售量,提前5天会增加1.6%的销售量,提前10天会增加2.5%的销售量。""哈利·波特"在全球所掀起的销售狂潮,以及中国媒体宣传报道的迫不及待,已经使得中文版的"哈利·波特"按捺不住成功的期待。值得庆幸的是,人民文学出版社的职业化素质在此得到了充分的展现。依照版权贸易的国际惯例,从贸易谈判到正式协议签订,至少需要两个月的时间。当6月得到报价洽谈资格,最早到8月才能签订授权出版合同,而寄希望在剩下的两个月内完成从翻译、审读、校对到设计、装帧、印刷等所有流程,赶在国庆前夕出版的计划简直是天方夜谭。因此,人民文学出版社决定:在6月初约请三部书的译者动手翻译作品,未雨绸缪,几万元的稿费权当是风险投资。整个9月,译者、责任编辑、终审者、校对者、装帧设计者、出版部门开始实行倒计时工作制,9月底要把书发运到各大城市书店。

时隔3年,人民文学出版社几乎是以同样的方式炮制了高质量的"哈利·波特"第五部《哈利·波特与凤凰社》,其出版时间比预期提前了10天。这几乎是最快的速度了。

5.销售策略——为千里马摇旗呐喊

(1)传媒营销

"哈利·波特"的市场营销技巧是"眼球经济"的全方位演示。传统媒体、网络、工业产品都成了"哈利·波特"的忠实代言人。

①传统媒体的介入

人民文学出版社采用了一种多角度、多方位、多层次的媒介宣传体系:A."欲擒故纵"法。当授权意向初步确认以后,人民文学出版社对外仍一致守口如瓶,媒体的捕风捉影吊足了读者的胃口;然后在8月底正式召开新闻发布会,接受BBC、路透社、《洛杉矶时报》和《华尔街日报》等众多国外记者的采访,向媒体介绍了"哈利·波特"前三部的版权购买情况,以及翻译、出版和营销计划。此后的一两个月内,对媒体进行地毯式狂轰滥炸,几乎每个主流媒体的每个档期均会出现有关"哈利·波特"的内容,包括新闻、专访、片段选载、书评等各类形式报道。B.全国同步发行。"哈利·波特"的首发式策划了一个"全国同时销售"方案,时间定在10月6日上午10点整。这就使"哈利·波特"的首发成为一个新闻事件。为了确保"全国同时销售"方案的实施,在储运工作的安排上也着实费了一番心思,由远而近,梯次发运,同时到站。C.首发式百般创意。"哈利·波特"前三部的王府井书店首发式上请来了儿童艺术剧院的一名演员扮演中国版"哈利·波特",结果仅仅两个小时就创下了售出1500册的记录。《哈利·波特与火焰杯》的北京西单图书大厦首发式上搭建了"霍格沃茨魔法学校"的场景,两位杂技演员扮作哈利·波特穿梭其中,让孩子们身临其境;邀请在京20余家媒体召开新闻发布会;向儿童发售印有哈利·波特的精美礼品、笔筒和文化衫;1小时内创下2500册的销售额。D.五大媒体梯次宣传。人民文学出版社继续它的媒体攻势计划,制订了针对用户层面的梯次宣传计划,其中包括图书上的宣传、晚报上的宣传、青少年报上的宣传、理论性媒体的宣传。据统计,首发后的10天内,全国电视、广播、报纸、刊物上有关"哈利·波特"的新闻、报道、评论、文论、连载、选载、连播等高达100余篇(次),形成了一个强大的宣传攻势。

②网络媒体的介入

"哈利·波特"是人民文学出版社第一次与网络媒体的图书推广合作,一方面与网站签订网上购书协议,方便读者网上预订;另一方面与博库网签订独家宣传协议,建立了"哈利·波特"主页,进行图书宣传,并进行长期的信息跟踪。

③工业产品的介入

工业产品的介入是出版社为配合图书的宣传而采取的营销策略,它象征着中国的图书已经正式涉足了多元化的发展体系。随着人民文学出版社对时代华纳的书中形象使用权转让谈判的成功,工业产品成了"哈利·波特"出版项目的一个重要组成部分。比如,提供巨型彩喷广告,四种对开招贴、贺年卡,印制摘选书中两章精彩片段的宣传册,制作和哈利·波特形象有关的"火焰杯",哈利·波特形象的魔笔,以及哈利·波特形象的记事贴。这些宣传品都是围绕着为"哈利·波特"精心设计的三条广告词而设计的:"哈利·波特——跳出书包的小魔法师""哈利·波特——我们身边的小骑士""哈利·波特——世界儿童的好朋友"。

(2)深度营销

①制造文化影响

如果传媒营销使得"哈利·波特"被最为广泛地认识的话,那么深度营销的展开则最大限度地培养、引领了稳定、忠实的读者群体,为此后"哈利·波特"项目的进一步开发打下坚实的基础。

人民文学出版社逐步在北京、上海、南京等大城市召开"哈利·波特"作品研讨会,邀请国内知名的文学评论家,老、中、青三代作家,少儿文学专家,外国文学专家,教育家,中学特级教师,网络专家,出版专家,对"哈利·波特"进行了全方位、多层次的深入探讨,同时邀请小读者在报纸上发表阅读感受;即使是电视的文化传播形式也得到了充分利用。人民文学出版社制作的"哈利·波特"专题节目在影响深远的《东方时空》中获得首播,影响遍及全国各地。研讨会的效果十分明显,"哈利·波特"获得了一致好评,消除了城市大众对过度传媒营销的逆反心理,吸引了更多读者的购买欲望。

②建立店社合作销售联盟

在发行通路运作上,人民文学出版社显露出惊人的理性思维,认识到对经销商的管理和服务将在很大程度上影响图书在分销环节的表现。于是人民文学出版社提出了一个"店社合作策划"计划。要求出席订货会的每一个经销商、每一家书店必须拿出一个完整的书面促销策划方案。"店社合作策划"充分带动了经销商的积极性,与人民文学出版社在北京共同制订了周密的营销计划,其中包括奖励方案、媒体运作策略、广告支持等内容。在"哈利·波特5"的营销策划中,北京图书大厦甚至投资几十万元为该书在地铁站、繁华商业区、报纸等媒体上进行宣传,结果首发时造成了该图书大厦有史以来最大的首发轰动效应,当日即销售近万册。

6. 项目运作——多元化开发模式,为图书注入长久生命力

主打产品的热销令衍生产品备受关注,衍生产品可以帮助主打产品获得全方位的市场占有率。在市场经济环境下,任何一种行业都需要新的创意、新的产品来延伸自己的发展空间,越来越多的行业界限被打破,许多行业走向合作共荣之路。人民文学出版社对《哈利·波特》进行了多元立体开发,将相关产品衍生到不同版本的图书、服装、玩具、游戏、影视、文具等,以满足不同层次读者的需求。在获得了"哈利·波特"的书中形象使用权之后,人民文学出版社大大拓展了"哈利·波特"的赢利空间。

(1)衍生产品的开发讲究市场的反复论证

项目中计划产品的开发需要事前作详细的市场调查,反复论证。比如三套"哈利·波特"邮资明信片的策划,是人民文学出版社与北京邮政管理局有关部门进行商讨后,由对方在北京地区进行了市场调查后才确定合作。调查结果表明,在北京地区看过"哈利·波特"的读者有25万人左右,10—13岁的读者对"哈利·波特"明信片表示出兴趣,多数人认为"哈利·波特"明信片与众不同。有了对市场的了解,双方确定共同投资,一方负责策划出版一方负责发行销售,工作很顺利地展开了。最终,出版社策划了三套30张明信片,分三个主题,分别是"精彩场景""扫帚上的小巫师"和"神奇魔法",画面生动、色彩鲜明,极具感染力,印制也异常精美,并选择新年到来之际开始发行。

(2)影视与图书互动

拥有庞大的遍布全球市场资源的影视产业,是推广图书《哈利·波

特》的难得机缘。"哈利·波特"系列图书在中国初次发行的时候,人民文学出版社投入了巨大的热情,义务提供给中影公司各种资料,尽力说服《哈利·波特与魔法石》电影在国内的上映。影片上映之前,人民文学出版社又与中影公司联合制作海报,附加"同名书籍由人民文学出版社出版"等标志,以及"哈利·波特"形象产品,形成了图书与电影的双赢互动,取得了非常好的营销效果,图书销售达到 500 多万册。

电影《哈利·波特与密室》的上映,对于"哈利·波特"系列图书,尤其是图书《哈利·波特与密室》,无疑又带来了一次非常好的销售时机。人民文学出版社策划部主任孙顺林说,对于《哈利·波特与密室》电影的上映,他们也看好其所带来的商机。为充分利用这一销售机会,人民文学出版社在 2002 年年底推出了与《哈利·波特与密室》故事情节相配套的形象贴画书,分别是《皮皮鬼的恶作剧》《密室里的怪蛇》《里德尔的日记》;在宣传方面,人民文学出版社准备在书店张贴海报,利用寒暑假、春节档期搞一些营销活动。

（3）多种配套产品辅助出版

多种版本的图书、贴画书、海报书、玩具、文具的辅助开发丰富了"哈利·波特"的销售市场。比如,人民文学出版社出版了哈利·波特在魔法学校的课本《神奇动物在哪里》和《神奇的魁地奇球》,两本书的封面上印有霍格沃茨魔法学校图书馆的图章及哈利·波特的签名。人民文学出版社还推出了三本形象生动的黑白和彩色对照填色书——《神奇历险》《神奇动物》《神奇魔法》,以及可挂可贴的大开本海报书——《哈利·波特海报 1》《哈利·波特海报 2》。其他的产品还有贺年卡、"火焰杯""魔笔",以及带有哈利·波特形象的时贴。

在欧美地区,图书与其衍生产品的互助开发是少儿图书领域惯用的策略,在这方面取得成功的品牌有迪斯尼、蓝猫。如今的"蓝猫"已经建立起了全美最大的儿童玩具连锁产业,"蓝猫"系列书的生产已经被排挤到次要地位。与"蓝猫"相比,"哈利·波特"的衍生产品目前仅作为购书的附赠品,衍生品制作得比较简单。当然,这并不是说"哈利·波特"应当走上"蓝猫"的道路。

7. 打击盗版——拔掉致命的毒刺

"哈利·波特"潜在的巨大经济效益使人民文学出版社加紧了对盗版的防治。人民文学出版社从技术和营销手段等细节着手,对盗版进行了多方治理,形成了相当成熟的防盗机制。

(1)技术手段防止盗版

这是当前出版社常用的方法,所谓"魔高一尺,道高一丈"。从水印到特种纸、特殊开本,人民文学出版社在"哈利·波特"身上安装了多种防盗技术:国际流行的异形16开本;封面选用进口200克铜版纸特制压纹覆膜;书名采用烫电化铝并压凸工艺;书内环封使用专用的防伪水印纸;正文纸采用专门定制的蓝绿色书写纸;每册书内夹有一片设计精美、异形裁切的哈利·波特形象书签。其材料、形式之精美,成本之高难以被盗版者模仿。

(2)加大营销、发行力度

通过控制发行渠道,推出营销新举措,协调正版代理商、包销商,有效打击盗版。"哈利·波特"的反盗版举措有:①书店独家代理,在各地分选出一家书店作为包销商,销售额与其利润挂钩,充分调动其反盗版的积极性,也方便出版社及时了解图书销售的方向,方便查出盗版。②图书"换购",从2003年9月21日至10月7日,人民文学出版社在全国32个省会城市分别指定一家书店开展"换购"活动。凡是在2003年9月21日前,因上当购买了各种名为《哈利·波特与凤凰令》非法出版物的读者,均可凭自己手中的非法出版物到相应书店换购人民文学出版社正版的《哈利·波特与凤凰令》,价格从优。③举报重奖,对收缴上来的各种非法出版物,在北京予以公开销毁。对积极提供举报线索者,一经查实即予重奖。

思考题

随着互联网的日益渗透和普及,文化贸易越来越呈现出由实体的印刷品、光盘向无形的版权贸易倾斜。请问,未来的图书版权贸易会取代纸质图书贸易吗?为什么?

第三章　我国的版权贸易概况

我国开展版权贸易始自 20 世纪 80 年代初，至今已有三十多年了。1991 年 6 月，我国正式颁布实施《中华人民共和国著作权法》，紧接着相继加入了《伯尔尼公约》《世界版权公约》，国务院还颁布了《实施国际著作权公约的规定》，从此，我国的版权贸易进入了一个全新发展阶段。通过版权贸易引进或输出的作品在数量、品种、质量方面都有较大提高，丰富了我国出版物市场。

目前，我们可以较为确切地掌握版权贸易情况的时间是 1996 年，该年 2 月，国家版权局首次公布了 1995 年我国图书版权贸易的有关数据，此后每年都进行版权贸易的年度统计，但由于起步较晚，起点不高，与我国巨额的普通商品贸易额相比，版权贸易额实在微不足道，也与我国的大国身份不符。以下几个问题可以帮助我们了解中国版权贸易的概况。

第一节　我国版权贸易的逆差问题

一个国家在一定时期内（通常为 1 年），商品进口金额大于出口金额的差被称为"贸易逆差"。版权贸易的逆差意味着文化交流的不对称，导致在一定程度上对国外文化的依赖，影响一个国家在国际关系中的话语权。目前，美国的图书出口额占世界图书总出口额的 21.8%，居全球首位；德国居第二位；英国居第三位。这些国家版权产品的大量输出，使他们的观念获得了世界范围内的认同。与发达国家相比，我们的版权贸易额不大，与英、美等国存在相当大的差距！

(单位：册、盒、张、件、部、集)

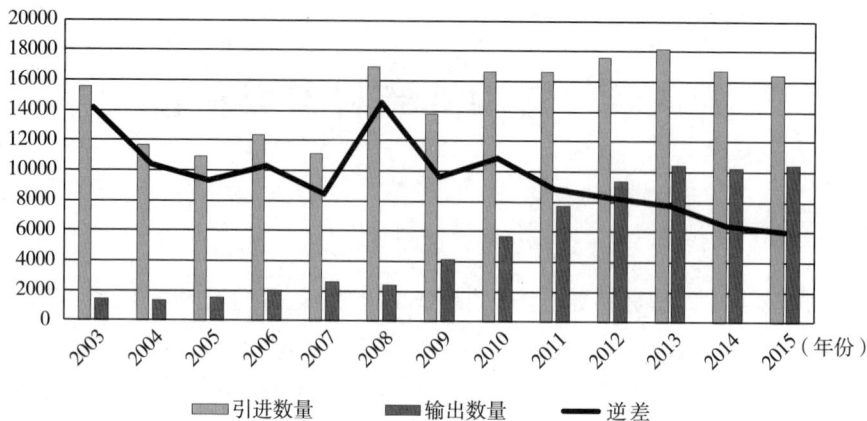

图 3-1　2003—2015 年中国的版权贸易概况

注：笔者根据 2010—2016 年《中国知识产权年鉴》制作。

图 3-1 表明，从 2003 年到 2015 年，中国的版权输出量总计达 69620 种，版权引进量仅有缓慢增长，引进量与输出量的比例由 2003 年的 8.2∶1，缩小到 2015 年的 1.57∶1，得益于版权输出量的大幅增长，我们的版权贸易逆差得到了极大改观，版权贸易取得了显著成效。

第二节　我国版权贸易的引进

根据国家版权局的统计，以 2008 年北京奥运会为契机，近十年来我国大陆地区的版权引进呈现缓慢增长趋势(见图 3-2)。

从表 3-1 来看，我们引进的版权产品有两大来源地：首先是美、英、德、法等少数发达国家，他们一直是中国最主要的版权进口地，2015 年中国从前述四个国家进口了 9867 项版权产品，占全年进口总量的 2/3！就历年的数据来看，我们从美国、法国和德国引进的版权数量基本稳定，略有起伏；从英国的引进则稳中有升。四个国家中，美国始终高居版权引进的榜首，其地位无人能撼动！显示出极强的版权贸易竞争力。

（单位：项）

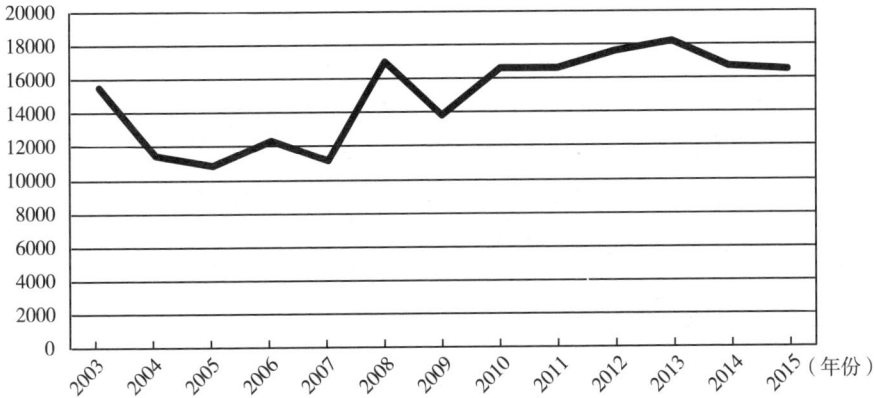

图 3-2　2003—2015 年我国版权引进的数量

注：笔者根据 2010—2016 年《中国知识产权年鉴》制作。

表 3-1　2010—2015 年中国版权引进数量的地区分布

（单位：册、盒、张、件、部、集）

国家/地区	年份	合计	图书	录音制品	录像制品	电子出版物	软件	电影	电视节目	其他
美国	2010	5284	4549	22	284	9	40	95	285	0
	2011	5182	4553	38	289	2	47	11	241	1
	2012	5606	4944	128	444	13	34	0	42	1
	2013	6210	5489	109	474	17	36	0	83	2
	2014	5451	4840	41	404	25	19	6	116	0
	2015	5251	4840	34	68	120	13	157	19	0
英国	2010	2429	1770	26	35	3	10	0	585	0
	2011	2595	2256	13	90	9	15	0	212	0
	2012	2739	2581	42	34	3	4	0	73	2
	2013	2689	2521	38	60	4	9	0	66	0
	2014	2841	2655	2	37	27	5	0	115	0
	2015	2802	2677	7	17	55	5	1	40	0

续表

国家/地区	年份	合计	图书	录音制品	录像制品	电子出版物	软件	电影	电视节目	其他
德国	2010	739	726	2	1	2	8	0	0	0
	2011	895	881	0	0	0	14	0	0	0
	2012	941	874	38	1	10	16	0	2	0
	2013	763	707	29	1	1	18	0	7	0
	2014	841	807	18	0	7	6	0	2	1
	2015	815	783	9	1	15	6	0	1	0
法国	2010	737	595	0	13	0	4	0	125	0
	2011	720	706	2	1	0	1	0	10	0
	2012	846	835	3	1	1	4	0	2	0
	2013	787	772	3	0	0	4	0	8	0
	2014	779	754	0	0	6	6	1	10	2
	2015	999	959	2	0	30	3	0	5	0
新加坡	2010	335	319	0	1	0	0	0	15	0
	2011	265	200	0	0	3	2	0	60	0
	2012	293	265	2	0	0	0	0	26	0
	2013	330	310	2	0	0	1	0	17	0
	2014	213	211	0	0	1	0	0	1	0
	2015	242	240	0	0	0	0	0	2	0
日本	2010	1766	1620	53	4	3	23	1	62	0
	2011	2161	1982	21	10	3	14	0	130	1
	2012	2079	2006	23	7	25	15	0	1	2
	2013	1905	1852	27	0	2	18	0	4	2
	2014	1783	1736	11	7	20	2	0	7	0
	2015	1771	1724	13	0	31	1	0	2	0

续表

国家/地区	年份	合计	图书	录音制品	录像制品	电子出版物	软件	电影	电视节目	其他
韩国	2010	1027	916	2	1	20	23	0	65	0
	2011	1098	1047	2	9	25	8	6	1	0
	2012	1232	1209	6	0	10	3	0	4	0
	2013	1519	1472	13	2	19	2	0	11	0
	2014	1216	1160	12	3	11	1	0	29	0
	2015	883	826	2	1	6	0	0	48	0
中国香港	2010	877	424	127	4	1	156	142	23	0
	2011	658	345	141	3	3	114	20	32	0
	2012	590	413	85	5	1	62	0	24	0
	2013	509	354	55	0	13	36	0	51	0
	2014	229	181	37	0	2	0	1	8	0
	2015	333	159	13	0	5	0	154	2	0
中国台湾	2010	1747	1460	172	1	7	4	1	102	0
	2011	1497	1295	52	9	135	5	0	0	1
	2012	1558	1424	108	8	15	3	0	0	0
	2013	1215	1100	83	1	7	2	0	22	0
	2014	1270	1171	81	0	6	1	0	11	0
	2015	1117	1052	43	1	7	0	10	3	0

资料来源:笔者根据 2011—2016 年《中国知识产权年鉴》制作。

另一版权来源地是日本、中国台湾、韩国、中国香港、新加坡等周边深受中华文化影响的"儒家文化圈"。他们拥有与我们相似的文化情感,易于找到文化交流的契合点。例如,韩国在中国热播的家庭伦理电视剧大多表现敬老爱幼的思想,十分迎合中国观众的口味。韩国的爱情剧演绎的是男女主人公忠贞不渝的爱情,与我国崇尚的"海枯石烂心不变"异曲同工。同样的道理,关于中医、汉语、传统文化的图书在韩国很受欢迎。2015 年,大陆从台港等地区和日韩新进口了 5346 项版权产品,占当年版权进口总数的 32.47%! 需要指出的是,近几年来中国大陆从前述地区进口的版权数量一直处于下降之中,其中日本降幅较缓,中国台湾和香港地区则急剧下降:台湾地区由 2010 年的 1747 项降为 2015 年的 1117 项,香港地区由 2010 年的 877 项下降为 2015 年的 333 项。

从国内版权贸易商的地域分布看,非常不均衡。东部地区凭借强大的经济实力和天然的地域优势,对外版权贸易一向比较活跃,北京引进和输出的版权总数连续多年位居榜首,上海、江苏、浙江等发达省份的版权贸易也排在全国的前列,而中西部地区一直比较落后。2007 年,北京市引进了 6613 项版权产品,占全国引进总量的 59.57%,而甘肃、青海、贵州各自仅引进了 1 项版权产品!

从引进的内容来看,图书始终占据最大的比重。图书的题材以财经、科技、电子类为主,这种状况符合我国经济社会发展的需要。在图书版权引进的实践中,涌现了一批富有专业特色、实力较强的出版社,他们注重版权贸易工作的长远规划,使版权贸易成规模、上档次、增效益、出品牌。在计算机图书版权引进中,产生了所谓的"四强":电子工业出版社、机械工业出版社、人民邮电出版社、清华大学出版社。文艺书版权的引进中也有"四大天王":译林出版社、上海译文出版社、作家出版社、漓江出版社。擅长外语书引进的出版社有:外语教学与研究出版社、上海外语教育出版社、外文出版社、商务印书馆。

第三节　我国版权贸易输出中存在的问题

版权输出与引进是版权贸易中的主要业务,基本程序大体相同。根据国家版权局的统计数据,2003 年至 2015 年,我国的版权输出量一直处于稳步增长态势:2003 年,我国输出了 811 项版权,2010 年达到 5691 项,2015 年达到 10471 项。展望未来,我们对成为世界版权出口大国充满信心,但也不能忽视版权输出中存在的一些问题。

一、版权输出地过于集中

我国的版权输出地主要集中在中国台湾地区、韩国、中国香港地区、新加坡、日本。其中,输往中国台湾地区的版权数量几乎与日本、韩国、中国香港地区、新加坡相当,显示出台湾地区与大陆有极为密切的文化关系,以及台湾地区对大陆版权贸易的重要性。香港地区尽管与大陆更近,经济更发达,但过于狭小的市场限制了其版权进口的规模。韩国无论在经济发展水平上还是人口总量上均逊于日本,这些年来,中国大陆输往韩国的版权数量一直大于输出到日本的版权数量,其原因大概有两个:一是中韩之间无太大的领土纠纷,两国的政治关系良好,而中日之间因历史问题和钓鱼岛问题,政治上一直处于角力状态;二是日本自明治维新后"脱亚入欧",文化上更加"西化",而韩国一直秉承着浓厚的儒家文化传统,与中国的文化亲和力更大。

我国的另一个版权输出地是美国、英国、德国、法国等少数发达国家,这表明我们开始向西方主流文化圈拓展,当然,这一进程注定是漫长而艰难的,这几年我国综合国力的提升主要得益于经济、科技、军事实力的增强,但软实力方面仍然薄弱,在全球化日益深入的今天,我们对南美、非洲、东欧等地文化市场的拓展远远不够,即使输往欧美发达国家的版权作品,也多流向海外华人和汉学家。单一的版权输出无法充分发挥中华文化对世界的影响力。

二、版权输出的品种单一

我们输出的全部版权种类中,图书占了最大的比重。其次是电视节目和电子出版物。从国家版权局的统计数据看,我国输往美国、英国、德国、法国的电视节目数量较大,今后可以考虑把"电视节目"作为提高版权贸易实力的着力点。就图书而言,我们的输出集中在旅游、历史、地理、医药、文学、汉语、武术等少数领域。在文艺作品中,既有外国读者熟知的先秦哲人,也有李白、杜甫等诗人,还有一些现当代作家,如徐志摩、鲁迅、茅盾、金庸、王蒙、余华、莫言等。

三、版权贸易的收益不高

以图书为例,图书版权贸易的前期投入较大,运转周期较长,但最终的收益却很低,严重影响了出版社对版权贸易的积极性。由于贸易中的海关关税及其他税费,不少图书版权的收益是象征性的。自2003年全国新闻出版局会议正式把中国出版"走出去"战略作为我国出版业发展的五大战略之一后,一系列重大工程相继推出,如"中国图书对外推广计划""经典中国国际出版工程""中国出版物国际营销渠道拓展工程"……这对我国版权输出的增长起到了重要作用,版权输出的数量和种类都在增长。相比较而言,电视节目输出的收入高、利润率高。

表3-2   2010—2015年中国版权输出数量的地区分布

(单位:册、盒、张、件、部、集)

国家/地区	年份	合计	图书	录音制品	录像制品	电子出版物	软件	电影	电视节目	其他
美国	2010	1146	244	0	5	139	0	0	758	0
	2011	1076	766	11	0	21	0	0	278	1
	2012	1259	1021	5	23	18	0	0	192	0
	2013	1266	753	0	1	183	0	0	329	0
	2014	1216	734	53	66	139	5	0	219	0
	2015	1185	887	0	0	168	0	0	124	6
英国	2010	178	176	0	0	0	0	0	2	0
	2011	433	422	1	0	5	5	0	0	0
	2012	606	606	0	0	0	0	0	0	0
	2013	731	574	0	0	78	20	0	59	0
	2014	507	410	0	0	38	0	0	59	0
	2015	708	546	0	0	36	0	0	60	66

国家/地区	年份	合计	图书	录音制品	录像制品	电子出版物	软件	电影	电视节目	其他
德国	2010	120	89	14	0	0	0	0	0	17
	2011	146	127	2	0	0	0	0	0	17
	2012	354	352	0	0	0	0	0	1	1
	2013	452	328	21	0	44	0	0	59	0
	2014	408	304	0	0	46	0	0	58	0
	2015	467	380	0	0	27	0	0	60	0
法国	2010	121	120	0	0	0	0	0	1	0
	2011	129	126	1	0	2	0	0	0	0
	2012	130	130	0	0	0	0	0	0	0
	2013	243	184	0	0	0	0	0	59	0
	2014	371	313	0	0	0	0	0	58	0
	2015	199	138	0	0	0	1	0	60	0
新加坡	2010	375	260	0	0	0	0	0	115	0
	2011	221	131	0	0	42	0	0	48	0
	2012	292	173	2	0	16	0	0	101	0
	2013	532	171	0	0	169	0	0	192	0
	2014	416	248	12	0	36	0	0	120	0
	2015	555	262	63	0	87	0	0	123	20
日本	2010	214	207	0	0	0	0	0	6	1
	2011	187	25	0	0	0	0	0	0	1
	2012	405	401	3	0	0	0	0	1	0
	2013	388	292	24	2	69	0	0	1	0
	2014	388	346	0	0	27	0	0	15	0
	2015	313	285	11	0	16	0	0	1	0

续表

国家/地区	年份	合计	图书	录音制品	录像制品	电子出版物	软件	电影	电视节目	其他
韩国	2010	360	343	14	0	3	0	0	0	0
	2011	507	446	51	2	8	0	0	0	0
	2012	310	282	24	0	4	0	0	0	0
	2013	695	656	34	2	3	0	0	0	0
	2014	642	623	6	0	11	0	0	2	0
	2015	654	619	25	0	8	0	0	2	0
中国香港	2010	534	341	0	0	35	0	0	158	0
	2011	448	366	1	0	2	0	0	79	0
	2012	511	440	2	1	2	0	0	66	0
	2013	1051	402	192	183	1	0	0	273	0
	2014	437	277	34	0	1	0	0	125	0
	2015	499	311	0	0	60	1	0	127	0
中国台湾	2010	1359	1236	0	0	10	0	0	148	1
	2011	1656	1644	1	0	0	0	0	10	1
	2012	1796	1781	0	0	12	0	0	3	0
	2013	1899	1714	0	0	53	0	0	132	0
	2014	2412	2284	9	0	54	0	0	65	0
	2015	1857	1643	0	0	144	0	0	70	0

资料来源:笔者根据 2011—2016 年《中国知识产权年鉴》制作。

第四节　网络版权贸易

随着计算机和信息网络技术的大量引入,版权产业焕发出了新的生机,一种全新概念的版权贸易方式——"网络版权贸易"正在悄然兴起,并将逐步占据版权贸易的主导地位。它使信息发布、信息收集、版权洽谈、协议签订、合同执行等业务全都在网上完成,版权贸易的过程变得简单、快捷、高效。早在 1999 年,美国一批颇具网络经营能力并深谙出版业务的专家就组建了"国际版权在线"公司,开通了版权贸易网站"国际版权在线(www.rightscenter.com)",它的诞生是网络技术与出版信息、版权贸易相融合的产物,打破了传统的版权贸易模式,反映了当代国际版权贸易的新趋势。

"国际版权在线"不是普通的商业性营销宣传网站,也不同于一般的版权代理机构,而是为出版商、经纪人、版权代理机构、作者等相关人士提供一个网络平台,以便于他们的信息发布、产品展示、版权交易。加入"国际版权在线"的人只要完成注册,就可将本人版权作品的部分信息、联系方式等内容刊载在网页上,供浏览者挑选。有意购买者可在线与版权人取得联系,洽谈引进事项,待达成协议后,购买者可直接从"国际版权在线"阅读、打印、下载。

"国际版权在线"这种颠覆性的贸易方式一经产生就引起了版权界的重视。1999 年 5 月"国际版权在线"公司首次参加法兰克福书展便一炮打响,兰登书屋、西蒙·舒斯特等国际出版巨头们对"国际版权在线"产生了浓厚的兴趣。我国已有近二百家出版社和代理机构在"国际版权在线"注册,借助此网站开展对外合作。

一、网络版权贸易的特点

网络版权贸易开辟了网络时代版权贸易的新模式,具有巨大的发展潜力和商业实用价值,其特色体现在以下三个方面。

(一) 交易的多样化

在网络版权贸易中,无形商品就是我们通常所说的数字产品。数字产品以比特流的形式存在,既包括传统作品的数字化,也包括直接以数字形式存在的数字作品,并且适合网络传输和交易。此外还有影视作品、数据库服务(可让读者按需查询或进行特殊运算及统计)。网络出版是一种多媒体传播,网络出版物声、像、图、文并茂,读者可以通过视、听、读全方位感知,其效果优于传统出版的文本方式。网络出版物还能以超文本的方式与其他资料建立链接,读者阅读时可直接点击书中的"注解""引文""人名地名",以获取更多更详尽的资料。

（二）交易的电子化

在虚拟交易的平台上,电子中介作为一种工具被引入生产、交换和消费中,产生了"商品—电子中介—货币"的交换模式。在新的交易模式中,人与电子通信方式相结合,依靠计算机网络,以通信技术为基础,以交易双方为主体,以银行支付和结算为手段,以客户数据库为依托。与一般传统交易方式的不同之处在于,交易主体只要用计算机连接到网站,通过信用卡与网上银行进行实时采购、下载,并完成交易过程,享受方便快速的消费服务。电子交易的实时性使数字出版物的销售更加便捷。

（三）交易的全球化

网络载体遍布全球,不受时空、国界和天气的限制。第一,传统的版权贸易一般限制在一定的发行范围之内,而网络是一个没有时间和地域限制的虚拟世界,网络经济从本质上讲是一种全球化经济,网络发行的范围可以跨越地域的限制。出版内容一旦上网便可快速传播到每一个角落,使出版物在第一时间向全世界公开,促进了不同民族间文化的交流。第二,网络经济可以 24 小时不间断运行,交易活动更不受时间限制。交易双方还可以利用多媒体及软件编程,在网上构筑销售数字产品的"虚拟展厅",以生动逼真的多媒体技术,全方位描述和展示其作品,使消费者在万里之遥感受到身临其境的效果,提高交易的效率。

二、网络版权贸易的优势

网络版权贸易借助网络技术手段,降低了生产成本,提高了生产效率。网络技术突破了传统版权贸易的发展瓶颈,拓宽了赢利空间,其优势可归纳为三个方面。

（一）授权成本最小化

传统的版权交易限于权利人与使用者的一对一模式,效率低,交易成本大,无法适应数字化发展提出的要求。

2004 年 9 月 10 日,网络小说《最后一根稻草》在北京首发,该书吸引人们注意的不是其内容,而是该书使用的全新版权授予方式——在书中直接登录授权要约。根据授权要约的内容,任何人只需保证作品的署名权和作品完整权,并将传播此书带来的收入的5%作为授权费用,交由中华版权代理总公司转给本人,即可合法地对此作品进行数字化复制、传播、发行。

授权要约巧妙地利用"要约"这样一种特殊的合同形式,既满足双方通过协议的方式自愿形成授权关系,又能免除一对一洽谈的交易成本,提高授权效率,实现质的飞跃:(1)授权要约为著作权人提供了最方便的机会来表达其意愿,为此支付的成本也是最小的,用其他的方式表达意愿都会花费额外的成本;(2)授权要约让使用者可以轻易找到著作权人,只要看到作品就能看到要约,无须为此支付成本,使交易前的准备成本趋于零;(3)授权要约明确提出了版权交易的条款,版权使用者只需符合授权要约确定的条款,就可直接使用,免去了洽谈的交易成本,甚至不用与版权人接洽,整个交易过程只是把相应的版权使用费汇给指定的代理机构或版权人;(4)授权要约能保证发出要约者一定是版权人,免除了验证权利人身份的成本。授权要约对交易过程的简化和交易成本的下降具有标本兼治的作用,使版权人的授权成本最小化。

（二）零复制成本

在知识产品的生产过程中,作为主要资源的知识与信息具有零消耗的特点。正如美国未来学家阿尔温·托夫勒指出的那样,"土地、劳动、原材料,或许还有资本,可以看作是有限资源,而知识实际上是不可穷尽的","新信息技术把产品多样化的成本推向零,并且降低了曾经是至关重要的规模经济的重要性"。传统出版物的计量单位是"本",制作成本高;数字出版物的计量单位是"下载次数",一份数字出版物在"量"上的增加是随消费者的下载而同步实施的,不会随使用次数的增加而变化,也不产生有形磨损:第 N 次复制件仍与原件一模一样,从而实现了零成本复制。

（三）无纸化贸易

传统的版权贸易存在着实体货物的交换,需要强大的物流配送体系作后盾。数字版权交易的内容已不是一个物理实体,而是由版权、专利权、商标权等多种知识产权构成的知识实体,其存在状态是无形的,这就使国际版权贸易从单一的纸质形式转向无纸化贸易。在整个交易过程中,只有信息流而没有物流,也就没有了仓储费用,大大节约了交易成本,网络版权贸易从根本上突破了物流瓶颈。

(四)版权效益最大化

《最后一根稻草》的作者钟洪奇这样分析作者的权益:"就作者创作书籍来说,大体有两个方面的目标,其一是经济目标,是自身的利益;其二是社会意义,能有更多的人来看我的作品,形成更广泛的社会影响力,发挥其社会价值。"二者的主要分歧在于经济目标的实现上。权利人通过将版权的行使委托给专业代理机构的方式,可以更好地维护自己的权益,打击侵权行为。版权代理机构充当了权利人与使用者之间的桥梁,有助于作品的推广,在实现作品社会价值的同时,也使作者获得了更多的经济收入。

三、网络版权贸易面临的问题

(一)人才匮乏

搞好版权贸易需要优秀的专门人才:既精通业务,了解涉外谈判技巧,又具备较高的外语水平和较强的计算机水平,只有复合型人才才能胜任。国内出版界及版权代理机构普遍缺乏高素质人才,制约了中国版权贸易的拓展。

(二)买卖双方信息的不对称

网上虽然可以浏览相关的版权贸易网站,了解很多图书的作者、封面、内容提要等信息,但无法直接观看图书的印刷质量、装帧质量、用纸情况。版权推广人往往只将精彩的片段放到网上宣传,购买人仅凭浏览无法掌握全貌。在实际交易中,经常出现实物与宣传相差甚远的现象。

(三)网上交易必然涉及网络安全问题

有人担心允许浏览方阅读、打印、下载版权内容,可能助长盗版行为。版权贸易网站有责任保护版权人的正当利益免受侵害。如果版权贸易网站上存储了大量享有权利的内容,一旦遭到黑客攻击,会给权利人造成难以估量的损失,所以网络安全性不容忽视。

（四）　相关的软件和硬件配套设施未完善

版权贸易网站的目标是向全世界传播版权作品,网站必须建立并完善一套庞大的版权信息数据库系统,以备购买人检索查询。与之配套的是,网站还得配置功能强大的硬件设备,这些软硬件设备可能需要复杂的技术支持、可观的资金投入、高素质的运营工程师,有些贸易商可能达不到这些要求。

（五）　网络版权缺乏有效的保护手段

目前网上普遍存在着未经授权,大量非法复制、上传他人的作品,或以私服、外挂等方式从事网络游戏经营的现象,严重侵害了权利人的利益,扰乱了正常的网络经营秩序,妨碍了版权产业的可持续发展。网络侵权行为模糊了地域性,带来了司法管辖上的困难。侵权的成本极低,人数众多,维权的代价太大。目前的法律体系欠缺应对网络维权的制度设计,法律的制定滞后于版权贸易的实践。可以说,目前的版权贸易面对的最大挑战是如何保护版权的问题!

思考题

法国商标权人 x_1 将带有鳄鱼图案和"LACOSTE"文字商标的衬衫在日本生产,销售权转让给日本的 x_2 公司,日本的 y_1 公司从美国贸易公司 y_2 进口了带有鳄鱼图案和"LACOSTE"文字商标的运动衫在日本销售,日本的 x_2 公司起诉 y_1 公司侵犯其注册商标专用权。试问该案应如何处理?

第四章　有中国特色的文化贸易行政管理

对外贸易行政管理是国家机关凭借行政权力,采取发布命令、规定制度程序等形式,自上而下地调控经济贸易活动,具有强制性、直接性的特点。随着我国社会主义市场经济体制的日益完善,对国民经济的宏观管理应以经济手段和法律手段为主,但也要辅以必要的行政手段。在我国,基于中国特色社会主义的国情,不少文化产品和服务被视为具有党和政府的"喉舌"功能。为保证"喉舌"功能的正确行使,我们强化了对文化贸易的行政管理,比如,文化贸易的经营主体限制在国有企事业单位,经营项目的事先审批与事后检查……这些措施广泛分布在《出版管理条例》《电影管理条例》《音像制品进口管理办法》《进口影片管理办法》《境外电视节目引进、播出管理规定》《文物进出境审核管理办法》《中华人民共和国海关进出境印刷品及音像制品监管办法》等行政法规之中,履行监管的机构包括国家广播电视总局、文化和旅游部、中华人民共和国海关总署、中宣部、国务院网信办等部委。

第一节　出版物进口的经营管理

我国的出版物进口管理由国家广播电视总局、中宣部行使。整个管理可大体上分为进口专营、内容审查、进口备案、参展审批等制度。事实上,这也是其他文化贸易项目的管理制度。

一、书报刊的进口专营制度

《出版管理条例》第四十一条规定,出版物进口业务由依照本条例设立的出版物进口经营单位经营。《出版管理条例》第四十七条规定,发行进口出版物的,必须从依法设立的出版物进口经营单位进货。

"出版物进口经营单位"是指依照《出版管理条例》设立的、从事出版物进口业务的单位。根据规定,外国、港澳台报刊的进口及国内征订工作,主要由中国图书进出口总公司经办,教育系统的征订工作可由中国教育图书进出口公司经办。未经中宣部和国家广播电视总局批准,任何部门和单位均不得承办外国和港澳台地区报刊的进口工作。来华的宾客、各大宾馆和中国友谊商店的进口报刊代销业务,统一由中国图书进出口总公司经办。外国和港澳台地区报刊的出版单位,原则上不得在大陆设置办事机构,如确有需要,须经国家广播电视总局会同有关部门批准,已经批准的办事机构必须严格按核准的范围活动,一律不得进口、经销外国和港澳台地区报刊。

目前,我国经批准的出版物进出口公司共有四十余家,其中经国务院出版行政主管部门指定的有:中国图书进出口(集团)总公司、中国国际图书贸易集团有限公司、中国出版对外贸易总公司、中国教育图书进出口有限公司、上海外文图书有限公司、北京中科进出口有限责任公司等。

二、音像制品成品的进口专营制度

音像制品是指载有内容的录音带、录像带、唱片、激光唱盘、激光视盘等。音像制品成品的进口,是指由国家指定的音像制品成品进口经营单位以经营为目的,从境外直接购买音像制品到境内销售,或以版权贸易方式进口境外音像节目用于出版发行活动。

我国音像制品成品的进口主要集中在音乐领域,以古典音乐和轻音乐为主,配以少量的流行音乐,其载体主要是 CD 和少量的 VCD、DVD。音像制品成品进口的政策性很强,不得平行进口经版权贸易方式引进的音像节目的成品,不得进口含有禁止内容的音像制品。文化和旅游部是国务院音像制成品进口的主管部门,擅自从事音像制品成品进口的业务,无论进口节目有无内容问题或版权问题,均为违法行为,要受到法律的惩处,达到一定违法经营额的,按走私罪论处。

进口音像制品成品,由经营单位向文化和旅游部提出申请,并报送以下文件和材料:(1)进口录音或录像制品报审表;(2)进口协议草案或订单;(3)节目样片、中外文歌词;(4)内容审查所需的其他材料。

长期以来,我国音像制品成品进口由中国图书进出口(集团)总公司独家承担,从几十年的实践来看,中国图书进出口(集团)总公司根据市场的需求,不断引进高质量的优秀作品,建立了完善的销售网络,使"中图"成为高档音像制品引进领域的著名品牌。

申请进口音像制品成品以及进口用于出版的音像制品,进口单位初审后,填写《进口录音制品报审表》或《进口录像制品报审表》,按有关规定提交申请材料,报文化和旅游部审查。审查通过的,由文化和旅游部发给批准文件。进口单位持文化和旅游部签发的《音像制品(成品)进口批准单》(见表4-1)到海关办理音像制品成品或者母带(母盘)的进口手续。以下为《音像制品(成品)进口批准单》的样本:

表4-1　音像制品(成品)进口批准单　　编号:YXCPJ-2018-0001
(1)

进口单位	名　称		
	联系方式		
原产国家/地区		入境口岸	
境外版权提供单位			
节目品种数量(种)			
进口数量(盘)			
申请进口用途及理由			
注:具体节目名称、载体及数量等见次页			
审批机关意见:		审批机关签章 公章 年　　月　　日	

续表

进口单位	名　称	
	联系方式	

音像制品(成品)进口批准单使用说明:1.音像制品(成品)进口批准单一式三联,格式内容相同,第一联由进口人留存,第二联由海关留存,第三联由签发单位留存;2.音像制品(成品)进口批准单仅限一次报关使用,加盖骑缝章有效,每份审核单仅限填写一个入境口岸,多填无效;3.音像制品(成品)进口批准单自签发之日起公历年度内有效,即截至签发年度12月31日止。

(2)

载体形式		商品名称		商品编号	
节目名称	语　种	出品时间	出版公司	数　量	金　额
合　计					

注:笔者根据国家海关总署网站制作。

三、进口出版物的内容审查制度

根据《出版管理条例》第四十五条的规定,出版物进口经营单位负责对其进口的出版物进行内容审查。省级以上人民政府出版行政主管部门可以对出版物进口经营单位进口的出版物直接进行内容审查。出版物进口经营单位无法判断其进口的出版物是否含有本条例第二十五条、第二十六条禁止内容的,可以请求省级以上人民政府出版行政主管部门进行内容审查,并支付费用。

四、出版物进口的备案制度

《出版管理条例》第四十六条规定,出版物进口经营单位应当在进口出版物前将拟进口的出版物目录报省级以上人民政府出版行政主管部门备案;省级以上人民政府出版行政主管部门发现有禁止进口的或者暂缓进口的出版物的,应当及时通知出版物进口经营单位并通报海关。对通报禁止进口或者暂缓进口的出版物,出版物进口经营单位不得进口,海关不得放行。

五、举办境外出版物展览的审批制度

《出版管理条例》第四十八条规定,出版物进口经营单位在境内举办境外出版物展览,必须报经国务院出版行政主管部门批准。未经批准,任何单位和个人不得举办境外出版物展览。依照前款规定展览的境外出版物需要销售的,应当按照国家有关规定办理相关手续。

六、订户订购进口出版物的管理

为了满足国内单位和个人、在华外国机构、外商投资企业外籍人士、港澳台人士对进口出版物的阅读需求,加强对进口出版物的管理,2011年3月17日,新闻出版总署制定了《订户订购进口出版物管理办法》,此文件中的"订户"是指通过出版物进口经营单位购进出版物的国内单位与个人、在华外国机构、外商投资企业外籍人士、港澳台人士。"订购"是指为满足本单位或本人的阅读需求,向出版物进口经营单位预订进口的

出版物。

国家对进口出版物的发行实行分类管理,对进口的报纸、期刊和限定发行范围的进口图书、电子出版物实行订户订购、分类供应的发行方式。进口的报纸、期刊分为"限定发行范围"和"非限定发行范围"两类,"限定发行范围"的种类由新闻出版总署制定,有权订购限定发行范围的国内订户由新闻出版总署确定,这类出版物必须由新闻出版总署指定的进口经营单位进口。在华外国机构、外商投资企业外籍人士、港澳台人士订购报刊的,应当持单位订购申请书或本人身份证明,到新闻出版总署指定的经营单位办理订购手续。经营单位负责对订户进行审核,并将审核后的名单及订购单报送新闻出版总署批准,依批准后的订户名单展开订阅活动。

国家对"非限定发行范围"的境外书报刊实行市场销售的发行方式,国内订户在订购此类出版物时,直接到进口经营单位办理。

第二节　电影片的进出口

进口用于公映的电影片时,需要办理两次手续:第一次是临时进口,第二次才是正式进口。

一、临时进口手续

(一) 申请

对中央级进口经营单位,应首先向中央宣传部申请电影拷贝的暂时进境批准文件,取得《进口广播电影电视节目带(片)提取单》;对地方进口单位,应当向当地省委宣传部申领《进口广播电影电视节目带(片)提取单》。申请时应提交的文件有:申请报告、提取货物凭证、进口协议、其他相关材料。

(二) 海关验放

海关凭中央宣传部统一印制的《进口广播电影电视节目带(片)提取单》及其他有关单证办理报关验放手续。《进口广播电影电视节目带(片)提取单》一式两联,进口单位凭第一联向海关办理进口报关,第二联由签发部门留存。提取单为一批一证,不得多次使用,证面内容不得修改,进口证明必须在证面注明的口岸使用,不得转让。

(三) 审查

进入口岸的原电影拷贝需送中央宣传部的"电影审查委员会"审查,并提出修改、删剪意见。送审时需要提交的材料有:

1. 原拷贝;

2. 审查申请书内容包括:(1)电影片名称、语种、片种;(2)出品厂家名称、国别或地区;(3)编剧、导演、主要演员、摄影等主创人员的名单;(4)电影片内容简介。

原拷贝的审查通过后,即可进行翻译、剪辑、配音等编辑工作,译制拷贝完成后,须再次报送电影审查委员会审查。审查合格的,发给《电影片公映许可证》和进口批准文件。

进口的电影中不得含有以下内容:

1. 危害国家的统一、主权和领土完整的;

2. 危害国家安全、荣誉和利益的;

3. 煽动民族分裂,破坏民族团结的;

4. 泄露国家秘密的;

5. 宣扬不正当性关系,严重违反道德准则,或内容淫秽,具有强烈感官刺激,诱人堕落的;

6. 宣扬封建迷信,蛊惑人心,扰乱社会公共秩序的;

7. 渲染凶杀暴力,唆使人们蔑视法律尊严,诱发犯罪,破坏社会治安秩序的;

8. 侮辱、诽谤他人的;

9. 有国家规定禁止的其他内容的。

另外,如果进口影片中含有以下内容,则需删剪、修改,并经电影审查委员会审核:

1. 夹杂有淫秽庸俗内容,不符合道德规范和观众欣赏习惯的;

2. 夹杂有凶杀暴力内容的;

3. 夹杂有宣扬封建迷信内容的;

4.有可能引起国际、民族、宗教纠纷情节的;

5.夹杂有破坏生态环境,肆意捕杀珍稀野生动物的画面和情节的;

6.有其他应当删剪、修改内容的。

二、正式进口手续

电影进口经营单位持进口批准文件,到海关办理正式进口手续,补交进口关税和进口环节增值税。如果进口的是非商业性影片,则免税;按照非商业性进口的影片如果又获准在全国发行,需到海关办理补税手续。

进口供科学研究、教学参考的专题片,进口单位应当报经中央宣传部审查批准,持批准文件到海关办理进口手续,并于进口之日起 30 日内向中央宣传部备案。但是,不得以科学研究、教学的名义进口故事片。

中国电影资料馆进口电影资料片,可以直接到海关办理进口手续。中国电影资料馆应当将其进口的电影资料片按季度向中央宣传部备案。

三、举办或参加电影节(展)

(一) 参加海外电影节(展)的政策和要求

国家鼓励电影制片单位参加海外的电影节(展),参展影片须取得《电影片公映许可证》,并事先报中央宣传部备案,其具体要求如下:

最迟应在电影节(展)开始前一个月,向中央宣传部备案。合拍影片须由国内外出品单位联合,于电影节(展)开始前一个月向中央宣传部备案。未获得《电影片公映许可证》的影片不得参加海外电影节(展)。未经批准擅自参展的,由中央宣传部责令停止违法活动,没收违法参展的电影片和违法所得;违法所得 2 万元以上的,并处违法所得 5 倍以上 10 倍以下的罚款;没有违法所得或者违法所得不足 2 万元的,并处 2 万元以上10 万元以下的罚款。

备案的文件中应包括:参展电影的中英文名称;是参展还是参赛;电影节(展)的中英文名称及时间地点。备案文件需由影片出品单位负责人签发并加盖单位公章,附上《电影片公映许可证》、海外主办单位的邀请函及中文译文、出品单位的联系人和联系方式。制片单位如需中央宣传部向海关出具影片拷贝的临时出入关函,需要在备案文件中说明,并注明影片拷贝出入关的时间及关口名称。中央宣传部如对参展有异议,需在收到参展文件的十天内通知申请人。

参展完毕后的十天内,出品单位需将影片参展、参赛情况报告中央宣传部。

(二) 在境内举办中外电影节(展)

在境内举办中外电影节(展)、国际电影节的,应当报中央宣传部批准。前来参加的境外电影片经批准后,举办者应当持批准文件,到海关办理临时进口手续。

第三节 关于境外电视节目引进、播出的规定

2004 年 9 月 23 日,原国家广播电影电视总局颁布了第 42 号令《境外电视节目引进、播出管理规定》,对国内广电机构引进境外电视节目进行管理,其内容如下:

第一条 为规范引进、播出境外电视节目的管理,促进中外广播电视交流,满足人民群众精神文化生活的需要,根据《广播电视管理条例》,制定本规定。

第二条 本规定适用于境外电视节目的引进、播出活动。境外电视节目是指供电视台播出的境外电影、电视剧(电视动画片)(以下称境外影视剧)及教育、科学、文化等其他各类电视节目(以下称其他境外电视节目)。

不引进时事性新闻节目。

第三条 国家广播电影电视总局(以下称广电总局)负责境外影视剧引进和以卫星传送方式引进境外其他电视节目的审批工作。

省级广播电视行政部门受广电总局委托,负责本辖区内境外影视剧引进的初审工作和其他境外电视节目引进的审批和播出监管工作。

地(市)级广播电视行政部门负责本辖区内播出境外电视节目的监管工作。

第四条　未经广电总局和受其委托的广播电视行政部门审批的境外电视节目,不得引进、播出。

第五条　引进境外影视剧和以卫星传送方式引进其他境外电视节目,由广电总局指定的单位申报。

第六条　广电总局对引进境外影视剧的总量、题材和产地等进行调控和规划。

第七条　引进境外影视剧和以卫星传送方式引进其他境外电视节目,应符合广电总局的总体规划和本规定第十五条的要求。

第八条　引进境外影视剧和以卫星传送方式引进其他境外电视节目,由引进单位向省级广播电视行政部门提出申请。

第九条　申请引进境外影视剧,应提交下列材料:

(一)《引进境外影视剧申请表》(申请表由广电总局统一制定,省级广播电视行政部门凭样本印制使用);

(二)引进合同(中外文);

(三)版权证明(中外文);

(四)具备完整的图像、声音、时码的大1/2录像带一套;

(五)每集不少于300字的剧情梗概;

(六)与样带字幕一致的片头、片尾中外文字幕。

第十条　申请以卫星传送方式引进其他境外电视节目,应提交下列材料:

(一)《引进其他境外电视节目申请表》(申请表由广电总局统一制定,省级广播电视行政部门凭样本印制使用);

(二)引进合同(中外文);

(三)版权证明。

第十一条　引进境外影视剧和以卫星传送方式引进其他境外电视节目的,省级广播电视行政部门正式受理申请后,应在行政许可法规定的期限内作出详细、明确的初审意见,报广电总局审查批准。

广电总局正式受理申请后,在行政许可法规定的期限内作出同意或不同意引进的行政许可决定。其中,引进境外影视剧的审查需要另行组织专家评审,评审时间为三十日。同意引进的,发给《电视剧(电视动画片)发行许可证》或同意以卫星传送方式引进其他境外电视节目的批复;不同意引进的,应当书面通知引进单位并说明理由。

第十二条 同意以卫星传送方式引进其他境外电视节目的,引进单位凭广电总局批复办理《接收卫星传送的电视节目许可证》等相关手续。

第十三条 地(市)级电视台、省级电视台申请引进其他境外电视节目,报省级广播电视行政部门审查批准;题材涉及重大、敏感内容的,由省级广播电视行政部门报广电总局审批。

第十四条 引进其他境外电视节目,应提交下列申请材料:

(一)《引进其他境外电视节目申请表》(申请表由广电总局统一制定,地(市)级以上广播电视行政部门凭样本印制使用);

(二)引进单位对节目内容的审查意见;

(三)引进合同(中外文);

(四)版权证明。

省级广播电视行政部门正式受理申请后,应在行政许可法规定的期限内作出行政许可决定。同意引进的,发给相关的批准文件;不同意引进的,应当书面通知送审单位并说明理由。

第十五条 引进境外电视节目应严格把握导向和格调,确保内容健康、制作精良。

境外电视节目中不得载有以下内容:

(一)反对中国宪法确定的基本原则的;

(二)危害中国国家统一、主权和领土完整的;

(三)泄露中国国家秘密、危害中国国家安全或者损害中国荣誉和利益的;

(四)煽动中国民族仇恨、民族歧视,破坏中国民族团结,或者侵害中国民族风俗、习惯的;

（五）宣扬邪教、迷信的；

（六）扰乱中国社会秩序，破坏中国社会稳定的；

（七）宣扬淫秽、赌博、暴力或者教唆犯罪的；

（八）侮辱或者诽谤他人，侵害他人合法权益的；

（九）危害中国社会公德或者中国民族优秀文化传统的；

（十）其他违反中国法律、法规、规章规定的内容。

第十六条　省级广播电视行政部门应于每季度第一周将上季度本辖区引进其他境外电视节目的情况报广电总局备案。

第十七条　经批准引进的其他境外电视节目，应当重新包装、编辑，不得直接作为栏目在固定时段播出。节目中不得出现境外频道台标或相关文字的画面，不得出现宣传境外媒体频道的广告等类似内容。

第十八条　电视台播出境外影视剧，应在片头标明发行许可证编号。各电视频道每天播出的境外影视剧，不得超过该频道当天影视剧总播出时间的百分之二十五；每天播出的其他境外电视节目，不得超过该频道当天总播出时间的百分之十五。

未经广电总局批准，不得在黄金时段（19：00—22：00）播出境外影视剧。

第十九条　违反本规定的，依据《广播电视管理条例》予以处罚。构成犯罪的，依法追究刑事责任。

第二十条　本规定自 2004 年 10 月 23 日起施行。广播电影电视部《关于引进、播出境外电视节目的管理规定》（广播电影电视部令第 10 号）同时废止。

当前，我国在核心文化产品和服务贸易上处于逆差状态，但在具体的贸易项目上又有不同特点。在第二章中我们看到，中外版权贸易逆差一直处于减少的进程中，进出口额的差距逐渐缩小（见图 4-1），2015 年，我国版权引进总量与输出总量的比例为 1.57：1。但是在影视产品方面，持续的逆差未见缓解的迹象。单就 2015 年而言，我国电视节目进出口的地理分布见表 4-2。

（单位：亿元）

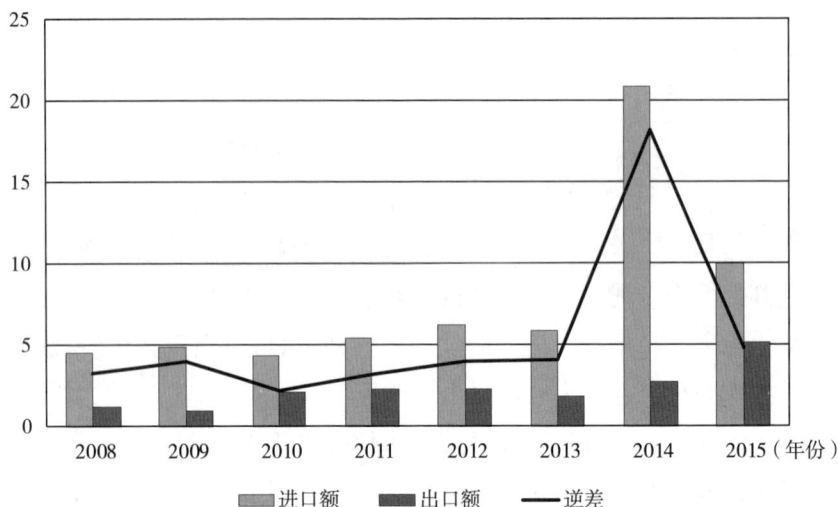

图 4-1　我国历年电视节目贸易逆差

注：笔者根据 2011—2016 年《中国知识产权年鉴》制作。

表 4-2　我国电视节目进出口的地理分布

指　　标	合计	欧洲	美国	日本	韩国	中国香港	中国台湾
电视节目进口总额(万元)	99398	9641	21659	38955	11676	9613	2494
电视剧	29466	1361	12276	628	11227	2228	636
动画电视	44472	864	1620	38084	164	2019	1192
纪录片	7488	2266	1894	106	68	2268	64
电视节目进口量(时)	31109	6447	5918	14063	1038	1166	445
电视剧(部/集)	126/2340	23/278	9/104	16/184	26/592	28/532	15/418
动画电视(时)	12690	1495	1765	8431	296	133	45
纪录片(时)	3722	1186	1624	56	16	508	33
电视节目出口总额(万元)	51332	4860	3924	1978	2990	9318	8418
电视剧	37705	3461	2066	1966	1217	7149	6405
动画电视	10059	1293	959	—	1763	1682	1446
纪录片	901	106	332	11	10	160	72
电视节目出口量(时)	25352	594	5761	219	784	3428	2872
电视剧(部/集)	381/15902	17/373	31/1189	8/250	20/923	44/1638	68/2603
动画电视(时)	3091	141	121	—	20	222	246
纪录片(时)	1233	148	262	5	19	309	187

注：笔者根据 2011—2016 年《中国知识产权年鉴》制作。

第四节　关于文物出口的规定

文物是表征一个国家历史文化的载体,起着传承文明、凝心聚力、培养民族自豪感的作用。就此而言,文物的地位远超普通商品,不少珍贵文物"只此一家,别无分店",其价值不可估量。为了贯彻党和政府的保护文物方针,防止重要文物流出国外,我国对历史文物的出境严加管理。其基本原则是:一般文物限制出境(按博物馆分类鉴定标准,严格限制三级以上的文物出境),珍贵文物禁止出境。

一、禁止出口的文物清单

根据 2007 年国家文物局公布的《文物出境审核标准》(见表 4-3),下列几类文物不得运出境外:

(1)凡在 1949 年以前(含 1949 年)生产、制作的具有一定历史、艺术、科学价值的文物,原则上禁止出境。其中,1911 年以前(含 1911 年)生产、制作的文物一律禁止出境。

(2)少数民族文物以 1966 年为主要标准线。凡在 1966 年以前(含 1966 年)生产、制作的有代表性的少数民族文物禁止出境。

(3)现存我国境内的外国文物、图书,与我国的文物、图书一样,分类执行本标准。

(4)凡有损国家、民族利益,或者有可能引起不良社会影响的文物,不论年限,一律禁止出境。

(5)未列入本标准范围之内的文物,如经文物进出境审核机构审核,确有重大历史、艺术、科学价值的,应禁止出境。

表 4-3　文物出境审核标准

审核类别		禁　限
1. 化石		
	古猿化石、古人类化石以及与人类活动有关的第四纪古脊椎动物化石	一律禁止出境

续表

审核类别		禁　限
2. 建筑物的实物资料		
2.1 建筑模型、图样	建筑的木制模型、纸制烫样、平面立面图、内部装修画样及工程作法等	1911 年以前的禁止出境
	具有重要历史、艺术、科学价值的	1949 年以前的禁止出境
2.2 建筑物装修、构件	包括园林建筑构件	1911 年以前的禁止出境
	具有重要历史、艺术、科学价值的	1949 年以前的禁止出境
3. 绘画、书法		
3.1 中国画及书法		1911 年以前的禁止出境 1911 年后参照名单执行
	肖像、影像、画像、风俗画、战功图、纪事图、行乐图等	1949 年以前的禁止出境（属于本人或其亲属的肖像、影像、画像等不在此限）
3.2 油画、水彩画、水粉画	包括素描（含速写）、漫画、版画的原作和原版等	1949 年以前的禁止出境 1949 年后参照名单执行
	具有重大历史、艺术价值，产生广泛社会影响的	一律禁止出境
3.3 壁画	宫殿、庙宇、石窟、墓葬中的壁画等	1949 年以前的禁止出境
	近现代著名壁画的原稿、设计方案及图稿	一律禁止出境
4. 碑帖、拓片		
	碑碣、墓志、造像题记、摩崖等拓片及套帖	1949 年以前的禁止出境
	古器物拓片，包括铭文、纹饰及全形拓片	1949 年以前的禁止出境
	新发现的重要的或原作已毁损的石刻等拓片	一律禁止出境
5. 雕塑		
	人像、佛像、动植物造型及摆件等	1911 年以前的禁止出境
	名家作品	参照名单执行
	具有重大历史、艺术价值，产生广泛社会影响的	一律禁止出境
6. 铭刻		
6.1 甲骨	包括残破、无字或后刻文字及花纹的甲骨和卜骨	一律禁止出境

续表

审核类别		禁　限
6.2 玺印	名家制印	参照名单执行
	历代官印,包括玺、印、戳记等	一律禁止出境
	各类军政机构、党派、群众团体使用过的,以及其他有特殊意义的印章、关防、印信等;著名人物使用过的有代表性的个人印章	1949 年以前的禁止出境
6.3 封泥		一律禁止出境
6.4 符契	包括符节、铁券、铅券、腰牌等	1911 年以前的禁止出境
6.5 勋章、奖章、纪念章		1911 年以前的禁止出境
	反映重大历史事件,有特殊意义的;颁发给著名人物的;有重要艺术价值的	1949 年以前的禁止出境属于本人或其亲属的不在此限
6.6 碑刻	历代石经、刻石、碑刻、经幢、墓志等	1949 年以前的禁止出境
6.7 版片	书版、图版、画版、印刷版等	1949 年以前的禁止出境
7. 图书文献		
7.1 竹简、木简	包括无字的	一律禁止出境
7.2 书札		1911 年以前的禁止出境
	名人书札	1949 年以前的禁止出境属于本人或其亲属的一般来往函件不在此限
7.3 手稿		1911 年以前的禁止出境
	涉及重大历史事件的或著名人物撰写的重要文件、电报、信函、题词、代表性著作的手稿等	一律禁止出境属于本人的信函、题词、代表性著作的手稿等不在此限
7.4 书籍		1911 年以前的禁止出境
	存量不多的木板书及石印、铅印的完整的大部丛书,如图书集成、四部丛刊、丛书集成、万有文库	1949 年以前的禁止出境
	有重要历史、学术价值的报刊、教材、图册等	1949 年以前的禁止出境
	有重大影响的出版物的原始版本或最早版本	1949 年以前的禁止出境
	有领袖人物重要批注手迹的	一律禁止出境
	地方志、家谱、族谱	1949 年以前的禁止出境

续表

审核类别		禁　限
7.5 图籍	各种方式印刷和绘制的天文图、舆地图、水道图、水利图、道里图、边防图、战功图、盐场图、行政区划图等	1949 年以前的禁止出境
	非公开发售的各种地图等	一律禁止出境
7.6 文献档案		1911 年以前的禁止出境
	有重要历史价值的	一律禁止出境
	重大事件或历次群众性运动中散发、张贴的传单、标语、漫画等	一律禁止出境
	重要战役的战报及相关宣传品等	一律禁止出境
8. 钱币		
8.1 古钱币	各种实物货币、金属称量货币、压胜钱、金银钱等	1911 年以前的禁止出境
8.2 古钞	宝钞、银票、钱票、私钞等	1911 年以前的禁止出境
8.3 近现代机制币	金、银、铜、镍等金属币和纪念币	1949 年以前的禁止出境
8.4 近现代钞票	具有重要历史、艺术、科学价值的	1949 年以前的禁止出境
8.5 钱范	古代各种钱范和近代各种硬币的模具	一律禁止出境
8.6 钞版	各时期各种材质的钞版	一律禁止出境
8.7 钱币设计图稿	包括样钱、雕母、母钱等	一律禁止出境
9. 舆服		
9.1 车船舆轿	包括零部件	1911 年以前的禁止出境
9.2 车具、马具	包括零部件	1911 年以前的禁止出境
9.3 鞋帽		1911 年以前的禁止出境
9.4 服装		1911 年以前的禁止出境
9.5 首饰		1911 年以前的禁止出境
9.6 佩饰		1911 年以前的禁止出境
10. 器具		
10.1 生产工具		1911 年以前的禁止出境
	反映近现代生产力发展的代表性实物,如工业设备、仪器等	1949 年以前的禁止出境

续表

审核类别		禁　限
10.2 兵器		1911 年以前的禁止出境
	中国自制的各种枪炮	1949 年以前的禁止出境
	名人使用过的或有记年记事铭文的	一律禁止出境
10.3 乐器	包括舞乐用具	1911 年以前的禁止出境
	已故著名艺人使用过的	一律禁止出境
10.4 仪仗		1911 年以前的禁止出境
10.5 度量衡	包括附件	1911 年以前的禁止出境
10.6 法器	包括乐器、幡、旗等	1911 年以前的禁止出境
10.7 明器	各种材质所制的专为殉葬用的俑及器物	1911 年以前的禁止出境
10.8 仪器	包括日晷、罗盘、天文钟、天文仪、算筹等有关天文历算的仪器和科学实验仪器及其部件	1949 年以前的禁止出境
10.9 家具	各种材质的家具及其部件	1911 年以前的禁止出境
	黄花梨、紫檀、乌木、鸡翅木、铁梨木家具	1949 年以前的禁止出境
10.10 金属器	青铜器	1911 年以前的禁止出境
	金、银、铜、铁、锡、铅等制品	1911 年以前的禁止出境
10.11 陶瓷器	包括具有历史、艺术、科学价值的残片	1911 年以前的禁止出境
	官窑器、民窑堂名款器,有纪年、纪事或作为历史事件标志性的器物及残件	1949 年以前的禁止出境
	名家制品	参照名单执行
10.12 漆器		1911 年以前的禁止出境
	名家、名作坊或有名人款识的制品	参照名单执行
10.13 织绣品	各种织物、刺绣及其制成品和残片,包括附属于手卷、画轴、册页上的包首、隔水等所用织绣品	1911 年以前的禁止出境
	地毯、挂毯等	1911 年以前的禁止出境
	成匹的各种绸、缎、绫、罗、纱、绢、锦、棉、麻、呢、绒等织物	1949 年以前的禁止出境
	织绣、印染等名家制品	参照名单执行
	缂丝、缂毛(包括残片)	1949 年以前的禁止出境
10.14 钟表		1911 年以前的禁止出境

审核类别		禁 限
10.15 烟壶		1911 年以前的禁止出境
	名家制品	参照名单执行
10.16 扇子	包括扇骨、扇面	1911 年以前的禁止出境
	名家制品	参照名单执行
11.民俗用品		
11.1 民间艺术作品	年画、神马、剪纸、泥人等各类民间艺术作品	1911 年以前的禁止出境
	具有重要艺术价值的	1949 年以前的禁止出境
11.2 生活及文娱用品	灯具、锁具、餐具、茶具、棋牌、玩具等	1911 年以前的禁止出境
	稀有的具有地方特色的代表性实物和民间文化用品	1949 年以前的禁止出境
12. 文具		
12.1 纸	素纸,包括信笺及手卷、册页所附的素纸	1911 年以前的禁止出境
	腊笺、金花笺、印花笺、暗花笺等	1949 年以前的禁止出境
12.2 砚		1911 年以前的禁止出境
	名家制砚或名人用砚	1949 年以前的禁止出境
12.3 笔	包括笔杆	1911 年以前的禁止出境
12.4 墨	包括墨模	1949 年以前的禁止出境
12.5 其他文具	各种材质的笔筒、笔架、镇纸、臂格、墨床、墨盒等	1911 年以前的禁止出境
	名家制品或名人用品	1949 年以前的禁止出境
13.戏剧曲艺用品		
	戏衣、皮影、木偶以及各种与戏剧曲艺有关的道具	1911 年以前的禁止出境
	唱片	1949 年以前的禁止出境
14.工艺美术品		
14.1 玉石器	包括翡翠、玛瑙、水晶、孔雀石、碧玺、绿松石、青金石等各种玉石及琥珀、雄精、珊瑚等制品	1911 年以前的禁止出境
	材质珍稀,工艺水平高,有一定历史价值和其他特殊意义的	1949 年以前的禁止出境
14.2 玻璃器		1911 年以前的禁止出境

续表

审核类别		禁 限
14.3 珐琅器	掐丝珐琅、画珐琅等	1911 年以前的禁止出境
14.4 木雕		1911 年以前的禁止出境
14.5 牙角器	象牙、犀角制品	一律禁止出境
	车渠、玳瑁等其他骨、角制品	1911 年以前的禁止出境
14.6 藤竹器	各种藤竹制品、草编制品等	1911 年以前的禁止出境
14.7 火画	包括通草画、纸织画等	1911 年以前的禁止出境
14.8 玻璃油画	肖像画、风俗画	1949 年以前的禁止出境属于本人或其亲属的肖像画不在此限
	一般故事画、寿意画等	1911 年以前的禁止出境
14.9 铁画		1949 年以前的禁止出境
15. 邮票、邮品		
		1911 年以前的禁止出境
	珍贵的邮票、实寄封、明信片、邮简等	1949 年以前的禁止出境
	邮票及未发行邮票的设计原图、印样	一律禁止出境
	邮票的印版	一律禁止出境
16. 少数民族文物		
16.1 民族服饰	包括各种材质的佩饰	1966 年以前的禁止出境
16.2 生产工具	能够反映民族传统生产方式的工具	1966 年以前的禁止出境
16.3 民俗生活用品	反映民族传统生活方式、具有民族工艺特点的	1966 年以前的禁止出境
16.4 建筑物实物资料	具有代表性的民族建筑构件	1966 年以前的禁止出境
16.5 民族工艺品	木雕、木刻、骨雕、漆器、陶器、银器、面具、唐卡、刺绣、织物、乐器等	1966 年以前的禁止出境
16.6 宗教祭祀或礼仪活动用品	少数民族宗教祭祀及其他民族礼仪活动的用品	1966 年以前的禁止出境
16.7 文献、书画、碑帖、石刻	包括以少数民族语言文字记录的、有关本民族的文献档案,文艺作品的刻本、抄本、绘画、家谱、书札、碑帖、石刻等	1966 年以前的禁止出境
16.8 名人遗物	与重要历史事件、活动相关的	一律禁止出境

注:笔者根据李德成的《文化传媒业政策法规精解》制作。

二、文物出口的手续

（一）文物鉴定

运送、邮寄、携带文物出境前,应当首先报送文物进出境审核机构接受审核。审核机构由国家文物局和省级人民政府联合组建,主要承担文物进出境的鉴定工作,有权使用文物出境的标识和文物临时进境的标识,并对允许出境的文物发放出境许可证。审核机构应当对所审核进出境文物的名称、质地、尺寸、级别,当事人的姓名或者名称、住所、有效身份证件号码或者有效证照号码,以及进出境口岸、文物去向和审核日期等内容进行登记。

经鉴定允许出境的文物,由审核机构向申请人发放《文物出境许可证》,并在文物的规定位置加盖火漆印章,任何销售人员或个人不得擅自剥除、更换、挪用文物上的火漆标识。《文物出境许可证》一式三联,第一联由文物进出境审核机构留存,第二联由文物出境地海关留存,第三联由文物出境携运人留存。文物进出境审核机构在收到鉴定申请后,需在 15 天内作出是否允许出境的决定。

经审核不允许出境的文物,由文物进出境审核机构登记并发还申请人。

（二）报关通行

经审核允许出境的文物,应从国务院文物行政主管部门指定的北京、天津、上海或广州口岸出境。海关在查验文物上加盖火漆标识后,凭《文物出境许可证》放行。入境旅客携带进文物的,数量不受限制,海关准予进口。

三、关于文物出境展览的管理

文物出境展览的承办单位,应当在举办展览前 6 个月向国务院文物行政主管部门提出申请。国务院文物行政主管部门应当自收到申请之日起 30 个工作日内,作出批准或者不批准的决定。批准的,发给批准文件;不批准的,书面通知当事人并说明理由。一级文物展品超过 120 件(套)

的,或者一级文物展品超过展品总数的 20%的,应当报国务院批准。

一级文物中的孤品和易损品,禁止出境展览。禁止出境展览文物的目录,由国务院文物行政主管部门定期公布。未曾在国内正式展出的文物,不得出境展览。文物出境展览的期限不得超过 1 年。因特殊需要,经原审批机关批准可以延期;但是,延期最长不得超过 1 年。

四、国际公约框架下文物返还争议的解决机制

在历史上和现实中,由于战争、殖民掠夺、盗窃、走私等原因,导致国际范围内文物的非法流转,亚非拉发展中国家尤甚。2008 年,法国嘉士得拍卖行不顾中国政府的强烈反对,强行拍卖第二次鸦片战争时期从圆明园掠走的鼠首和兔首铜像,折射出国际非法文物交易的乱象。由于各国法律制度上的歧义,国际文物争议的解决困难重重,文物原属国与现属国之间在返还问题上存在根本分歧。就目前来看,常见的解决方式包括外交谈判磋商、司法诉讼、国际公约框架内的解决、双边协议返还、民间协调或仲裁等。在解决因盗窃或走私而导致的文物非法贩运方面,目前有两个最重要的国际公约,一个是联合国教科文组织(UNESCO)制定的《关于禁止和防止非法进出口文化财产和非法转让其所有权的方法的公约》(以下简称"1970 年 UNESCO 公约"),另一个是国际统一私法协会(UNIDROIT)颁布的《关于被盗或者非法出口文物的公约》(以下简称"1995 年 UNIDROIT 公约"),这两个公约在促进非法流转文物的收回和返还方面,确立了基本的原则和制度,形成了国际公约框架下的争议解决机制。我国作为 UNESCO 和 UNIDROIT 的会员,自然应将这两个公约纳入我们的文化贸易制度框架内!

(一)"1970 年 UNESCO 公约"确立的争端解决机制

"1970 年 UNESCO 公约"承认文化财产非法进口和所有权非法转让是造成这类物品的来源国文化遗产枯竭的原因之一,而国际合作是保护各国文化财产免遭危险的方法之一。公约规定了缔约国应当采取的控制文化财产流转的措施,对如何控制被盗和非法出口文化财产返还作出了具体规定。当文化财产的原属国提出请求时,作为流入地的其他缔约国

应采取适当措施,收回并归还从博物馆、宗教或世俗纪念馆、其他类似机构窃取的文化财产。文物的收回和归还必须通过外交部门进行。提出要求的一方应提供必要的文件和其他证据,须向不知情的买主或对该财产具有合法权利的人给予公平赔偿。缔约国有义务确保本国的主管机关进行合作,将非法出口的文化财产尽可能早地归还其合法所有人,并有义务受理合法所有者提出的、关于追回丢失文化财产的诉讼。同时,经过两个以上争议国的请求,联合国教科文组织可以居中斡旋,促使争议得到解决。

但是,"1970 年 UNESCO 公约"仍存在一些不足之处。阻碍其实施的瓶颈之一是,公约的适用范围仅限于成员方"明确指定"的文化财产,那些未指定的物品,如未出土的考古文物,在公约框架内难以得到保护,欠缺监督机制阻碍了公约的有效实施。另外,返还请求及程序仅能由缔约国通过外交途径提起,未赋予个人以请求权;公约无溯及力,不能适用生效前非法流转的文化财产,而大部分非法流转财产发生于公约生效前的漫长时段;公约未能明确界定返还请求的时效、善意取得、补偿要求的含义,导致缔约国对公约存在不同解释。

(二)"1995 年 UNIDROIT 公约"确立的争端解决机制

"1995 年 UNIDROIT 公约"尝试提供遏制文物非法流转的更优方案,通过引入统一的文物返还机制,遏制文物的非法国际流转,保护缔约国的文化遗产。其主要亮点有:

1. 确立了被盗文物应予返还原始所有人的原则,即使因此而改变了许多欧洲国家法律体系,破坏了其保护被盗物善意取得人的规则,也在所不惜。公约没有区分被盗文物属于私有财产还是公共财产,文物的取得是善意还是恶意,无论出于何种意图,取得被盗文物的目前占有人,都必须将之返还给原始所有人。

2. 确立了非法出口文物的附条件返还。公约并非无条件返还一切非法出口的文物,返还义务仅限于其转移严重损害了缔约国"特殊的文化利益"的文物,或者经证明具有"重要文化意义"的文物,这就在很大程度上限制了公约的适用范围。

3.设立了请求返还文物的时效限制。对于被盗文物的返还时限,公约规定了两类一般性时效期间,即相对时效与绝对时效,并为特殊种类的文物设置了例外时效规则。对于相对有效期间,自请求者知道被盗文物所在地及文物占有者的身份之时算起,返还请求可以在 3 年内提出。所谓绝对时效是指在任何情况下,返还请求应当自文物被盗时起 50 年内提出。例外时效规则是指,对于请求返还构成"纪念地、考古遗址或公共收藏"之一部分的文物,以及属于部落或土著人社区的传统或宗教文物,或对该社区具有重要意义的文物,不受 3 年时效限制。对于非法出口文物的返还时效与被盗文物的一般性时效相同,但没有其例外时效规则。

4.确立了合理补偿的条款。为抚慰那些倾向于保护善意取得人的大陆法系国家,公约规定,对归还被盗文物的人应给予公正合理的补偿,但前提是归还人不知道,也没有合理的理由知道:该物品是被盗的,归还人在获得该物品时是慎重的。对于非法出口的文物,公约没有提及购买人在取得争议文物时,是否已尽注意义务,只是规定在获得争议物品时,不知道或没有合理的理由知道是被盗物。

从总体上看,"1995 年 UNIDROIT 公约"为被盗和非法出口文物的返还提供了较好的救济途径。尽管公约的适用范围较为广泛,善意购买人的注意义务规定得也较为具体,但公约自身也存在种种缺憾。首先,公约试图在一个法律文件中解决不同法律领域的争议,不具有可行性,被盗文物的返还是典型的国际私法问题,而非法出口文物的返还属公法领域,将两个领域的规则放入一个公约中,会导致公约涵盖的范围过宽,也因某些用语含糊不定或理解上的差异,导致实施中的困难,公约从未明确界定"被盗""国际性请求""占有人""公正合理"等术语的含义;公约依然无溯及力,对于公约生效前被盗或非法出口的文化财产无法提供救济。

目前,"1995 年 UNIDROIT 公约"和"1970 年 UNESCO 公约"正在形成互补之势,协同致力于遏制、消除文化财产的非法交易。

除以上国际公约,越来越多的双边协定也发挥着规制文物跨界流动的问题。2009 年 1 月 15 日,中国驻美大使周文重与美国国务院助理国务卿戈利·阿马利签署了《中华人民共和国政府和美利坚合众国政府对旧石器时代到唐末的归类考古材料以及至少250年以上的古迹雕塑和壁上艺术实施进口限制的谅解备忘录》。自1998年始,中国政府即着手与美国政府就签署限制进口中国文物的双边协定进行多次沟通与磋商。该谅解备忘录的签署,不仅是防止中国文物非法流入美国的重要举措,而且是推动国际社会在文化遗产领域交流与合作的具体行动。[①]

思考题

目前国际上有哪些解决文物返还争议的国际公约?其主要内容有哪些?

---

① 中华人民共和国文化部对外文化联络局(港澳台办公室)编:《中国对外文化交流年鉴(2010)》,文化艺术出版社2012年版,第224页。

第五章　国际文化贸易的历史

第一节　国际书画贸易溯源

一、国际图书贸易的溯源

虽然现代意义上的文化产业兴起的时间不长,但国际间的文化贸易却早已有之。在属于"文化产业"的各门类中,书籍、字画出现得最早,因此关于书籍、字画的国际贸易也出现得最早。自隋唐五代起,中国的书籍就一直出口到日本、朝鲜半岛、越南等地,出口的途径主要有三种:第一种是所谓的贡赐贸易,即外国使臣向当时的中国政府献上贡品,并提出需要某些书籍,中国政府则以赏赐的方式给予,这实际上是一种变相的物物交换;第二种是来华的外国使臣、留学生、僧人在中国购买图书;第三种是中国的商船将书籍运到外国出售。纵观中国古代的图书贸易,可以发现其中存在着明显的局限性。

首先是贸易性质的局限,在自给自足的自然经济占主导地位的情况下,国际图书贸易仅仅是偶尔发生的,并不是主流的经济形态,还带有浓厚的官方色彩,贸易规模也时大时小,很不稳定。其中唐、宋、清三朝的图书贸易比较活跃。唐代和清代的疆域广阔、国力强盛,为图书贸易奠定了坚实的物质基础,宋代的印刷技术革新成绩斐然,带动了图书业的繁荣,使这三个朝代的图书外销量较大。明朝初期,由于倭寇在我国沿海一带作乱,国家实行了海禁政策,禁止商人与海外通商,使明朝的图书外销量不及唐宋。与前代相比,清朝的图书外贸有了质的飞跃:贸易形式由原来颇具官方色彩的"贡赐"转为了正常的民间商业交易,由原来的单向出口变为既出口也进口,贸易伙伴由原来的日本、朝鲜扩大到了英、美等国,当然对英、美的图书贸易量较小。

其次是贸易区域的局限性。古代中国的图书贸易范围过于狭窄,仅限于周边的日本、朝鲜等国,未能延伸到世界各地。现以日本为例,管窥古代中国的图书外销情况。[①] 唐朝末年至后梁初年,日本学者藤原佐世模仿中国的《隋书·经籍志》,编撰了《日本现在书目录》,收录了从唐朝进口的图书 1579 部、16790 卷。宋元时期,日本继续从中国购买图书,包括佛经著作。南宋刊刻的《大藏经》每藏 500 函、6000 余卷,通过日本僧人至少向日本输出 10 藏以上。南宋淳祐元年,日本东福寺住持圆尔辨圆,从南宋带回典籍数千卷。宋元明时期,中日两国的商船往来频繁,中国输往日本的商品中,除了丝织品、瓷器,还有经卷、书籍和文具,其数字虽已不可考,但品种和数量应该不少。明末清初,日本开放长崎为唯一的对外贸易港,随着清朝海禁政策的松弛,中日图书贸易繁荣起来了,根据长崎港的图书贸易检察官向井富士编写的《商船载来书目》统计,从 1693 年至 1803 年的 110 年间,共有 43 艘中国商船输出图书到长崎,出口图书品种达 4781 种,出口的总册数不详。另外,清代约有 15 个省向日本输出商品,其中与日本联系最密切的是广东、福建、浙江和江苏,在江苏省和福建省的出口商品中,书籍的出口量最大。

二、国际艺术品贸易的溯源

最早开展国际艺术品贸易的依然是中国。魏晋南北朝时期,诗赋、字画、字帖、历书开始进入当时的国内市场,成为可以流通的商品。唐朝时,长安等寺院的壁画、佛像画开始通过画家的临摹复制远销日本。公元 983 年,日本僧人奝(diāo)然来华,归国时购买了十六罗汉画带回日本,这是宋代罗汉画输出日本的开端,此后,中国的罗汉画数次输出日本。元代时,来华的日本僧人购买了很多绘画带回国内,其中包括文与可画的竹、

---

① 郑士德:《中国图书发行史(增订本)》,中国时代经济出版社 2009 年版,第 144、189、401 页。

韩幹画的马、戴嵩画的牛、张僧繇画的龙等,当时的日本寺院和上层人士喜欢在客厅里悬挂宋元的名画。至明清时,中国的字画继续流入日本,深得日本贵族的喜爱。与中日之间的图书贸易类似,中国古代的艺术品国际贸易零零散散,数量比图书贸易量少得多,还不是一种主流的市场经济行为。

与中国不同的是,欧洲的艺术品国际贸易起步较晚,但市场主体和市场机制的发育要比中国成熟。15 世纪 80 年代,在经商风气浓厚的荷兰安特卫普,以教堂外的货摊为基础形成了欧洲第一个专业性的艺术市场①,到 16 世纪 40 年代,该市场达到了极盛期,在新建立的商品市场上专门设立了一座艺术品展销大厅。此外,一些国际性画家和画商也出现了,像提香、米开朗琪罗等人的影响远远超越了国界。提香先是得到了费代里科·贡萨加的资助,然后是贡萨加的内弟——阿毕诺公爵的资助。1542 年,提香受托为教皇保罗三世的家族成员法尔内塞作画。通过法尔内塞,提香被引荐给了罗马帝国皇帝查理五世。从 1548 年开始,提香成了哈布斯堡家族的御用宫廷画家,他的名声也随之如日中天。国际性画家催生了一批国际性画商,阿姆斯特丹的高级艺术商德·雷涅尔梅就是其中的一位,他在阿姆斯特丹、莱顿、安特卫普、巴黎等地经销伦勃朗的画,在他去世后遗留的存货中,有当时顶尖的荷兰画家的画作。

尽管文艺复兴时期的意大利和弗兰德斯艺术市场上最先出现了国外的艺术品,将艺术贸易提到一个新水平的却是荷兰。得益于国力的强盛和发达的海运,17 世纪的大部分时间里,以阿姆斯特丹为中心的荷兰文化市场成了国际艺术贸易的重心。到 17 世纪 80 年代,过度泛滥的绘画导致其价格骤降,使荷兰的艺术市场衰落了。长期游离于欧洲大陆之外的伦敦则取而代之,成了新的国际艺术贸易中心,大批荷兰画家纷纷迁移到英国:1675 年,荷兰画家威廉·范·德·威尔德移居英国,开始在英格兰创作海景画。凡·戴克、莱利和内勒也追随威尔德来到了英国。

从 19 世纪末到 20 世纪末,绘画复制技术为伦敦的画家带来了财富,大

---

① Iain Robertson, *Understanding International Art Market and Management*, Abingdon: Routledge, 2005, pp.39-43.

规模的复制使艺术家们成了公众注目的中心,潜在的顾客通常希望能把自己画进去,穿着当时的服装,以体现家族的源远流长。当时的画家如海曼、斯特里特、莱利、内勒、桑希尔都搬到了时尚社区考文特花园,从事肖像画的创作。荷兰的流浪画家威廉·范·德·威尔德和英国人萨缪尔·斯哥特也在考文特花园租了房子,从事轮船画和海景画创作,使考文特花园区成了新的艺术贸易市场。在考文特花园区为数不多的几条街上,可以找到从绘画创作、展览到销售的一切环节:拍卖商、颜料商、装裱商、雕刻师、版画商。在19世纪初期,伦敦有6个著名的画商,每年举行15—25场艺术品拍卖会。

随着伦敦变为欧洲艺术贸易的中心,英、法两国成了世界艺术市场的前两大买主。罗马的艺术市场甚至被两个英国画商托马斯·詹金斯和吉姆·拜尔斯控制达五十年之久。1789年法国大革命之后,大批法国艺术珍品流入英国,1789年法国入侵荷兰后,荷兰的艺术品又流向了英国。在18世纪的欧洲,萨克森国王和俄国的罗曼诺夫家族(尤其是凯瑟琳大帝)是最大的艺术品收藏家。欧洲7年战争后,许多王宫贵族穷困潦倒,凯瑟琳大帝派人遍访欧洲的拍卖行和画商,趁机低价购买了大量艺术品。

19世纪是大英帝国的全盛时期,由于率先完成了工业革命,英国的生产力大幅提升,社会财富迅速增加。雄厚的经济基础进一步推动了艺术贸易的发展,使国际艺术贸易的重心进一步转向英国,而日益壮大的英国资产阶级和富有的贵族则成了艺术品的重要主顾。在20世纪初的20年间,国际艺术市场形成了伦敦—巴黎的基本格局:伦敦是古代与近代的艺术品贸易中心,巴黎则成了现代艺术品的贸易中心。

不过,1929—1933年的世界经济危机大大冲击了旧有的国际艺术品贸易格局:"英国的传统艺术品市场出现了萧条,艺术品的价格下跌了很多,法国、德国、英国对艺术品的购买力大大地被削弱。而与此同时,在大西洋的对岸,美国由于推行了新政,经济有了很大程度的恢复,垄断资产阶级仍然具有强大的购买力。于是,美国的富人纷纷趁着市场萧条时低价入市,大肆购买艺术品。"①随后的第二次世界大战更进一步加剧了欧

---

① 罗兵编著:《国际艺术品贸易》,中国传媒大学出版社2009年版,第35页。

洲艺术贸易的衰落,美国由于远离战场,未受到大的破坏,反而借发战争财一跃成为世界头号强国,从而使纽约成为新的世界艺术贸易中心,直到今天仍然如此。

第二节　国际影视贸易溯源

在人类历史上,电影、电视出现得很晚。一般认为,当 1895 年 12 月卢米埃尔兄弟在巴黎"大咖啡馆"的地下室里有偿放映活动图像时,电影产业就诞生了,而 1936 年 BBC 首次发送电视节目信号被视为是电视产业之发端。相应地,世界影视贸易出现的时间也很晚,电影不过百十年,电视则只有几十年,下面我们将分别审视。

一、国际电影贸易溯源

在电影业发展初期,欧洲曾走在世界的前列,无论摄影器材的改进还是摄制方法的探索莫不如此,由此诞生了法、英、德、意、丹麦等早期的电影大国。在第一次世界大战以前,欧洲电影产业控制了国际电影市场,法国、意大利、丹麦是最大的电影出口国,法国最大的电影公司百代公司是法国控制早期世界电影市场的主力军。百代成立于 1896 年,并在东欧、西欧、俄国、印度、新加坡、美国等重要地区建立了分公司,大肆向海外扩张。1907 年,法国电影控制了美国市场,英国和意大利也蚕食美国市场。同年在美国发行的 1200 部电影中,只有 400 部是美国本土拍摄的,美国稚嫩的电影业遭到了来自欧洲的强大竞争压力。到 1910 年,全球电影进口的 60%—70% 来自巴黎! 法国的电影强势使美国人感受到了威胁,美国电影界于是指责进口的外国电影质量不高,破坏了美国人的道德观念。1908 年,美国电影界为保护自己的利益,由爱迪生公司和比沃格拉夫公司(Biograph)牵头,整合了美国重要的电影制片商和发行商,成立了活动影片专利公司 MPPC(Motion Picture Patents Company),旨在垄断美国的电影摄制和发行,限制外国电影公司在美国的竞争力。在 MPPC 的排挤下,大部分外国电影被迫退出了美国市场。第一次世界大战期间,法、英等国的电影业饱受打击,战争结束后的十年内,美国电影业迅速崛起,逐渐控制了世界电影市场,并一直保持绝对的领先地位。根据《银屏文摘》杂志,1994 年世界电影票房收入最高的 9 个国家见表 5-1。

表 5-1　1994 年世界电影票房收入排名

名次	国家	收入额(亿美元)	名次	国家	收入额(亿美元)
1	美国	53.9	6	意大利	5.21
2	日本	15.45	7	印度	5.06
3	法国	7.95	8	印度尼西亚	4.44
4	德国	7.87	9	中国	4.4
5	英国	6.34			

注:笔者根据《银屏文摘》制作。

美国凭借自己对其他国家电影的优势地位,大肆向国外扩张,弱小的第三世界国家根本不是美国的对手,就连同属发达国家的欧洲也抵挡不住美国人的进攻。根据公共服务机构"欧洲音像观察"的统计,从 1988—1996 年间欧盟在与美国的电影贸易中一直存在逆差,且贸易赤字逐年扩大(见表 5-2)。

表 5-2　1988—1996 年欧盟与美国的电影贸易额　　(单位:百万美元)

项目 \ 年份	1988	1989	1990	1991	1992	1993	1994	1995	1996
美国出口额	2383	3133	3820	3947	4106	4647	4886	5337	6281
欧盟出口额	359	404	464	279	300	429	565	532	623
欧盟的贸易赤字	2024	2729	3356	3668	3806	4218	4321	4805	5658

欧洲大陆充斥着来自北美的电影。1998 年欧盟放映的电影中 70.2%来自美国,10.3%是欧盟与美国合拍的,完全由欧盟制作的影片只有 17.1%!十年以后,局面仍未有大的改变,2007 年在欧盟放映的电影中美国电影占 59.1%,欧美合拍的占 9.8%,完全由欧盟拍摄的占 28.9%。1992 年欧盟内部各国的电影市场结构见表 5-3。

表 5-3　1992 年欧盟各国电影票房收入结构　　　（单位:%）

国家＼份额	美国电影份额	本国电影份额	其他欧盟国家份额	非欧美国家份额
法　国	58	35	4	3
意大利	74	19	6	1
德　国	83	10	6	1
西班牙	69	10	20	1
英　国	84	14	2	5
荷　兰	74	13	3	6
比利时	79	3	16	2
丹　麦	74	18	4	2
希　腊	92	2	3	2
葡萄牙	85	1	9	5
爱尔兰	88	8	4	0

资料来源:[美]考林·霍斯金斯、斯图亚特·迈克法蒂耶、亚当·费恩:《全球电视和电影:产业经济学导论》,刘丰海、张慧宇译,新华出版社 2004 年版,第 87 页。

　　欧盟尚且如此,其他发展中国家的形势更为严峻。[1] 从 1970 年到 1991 年,巴巴多斯进口的美国电影占本国放映电影的百分比由 57.4% 上升到 97.8%;加拿大由 1970 年的 39.7% 上升到 1990 年的 63.9%,到 2007 年竟达到了 88.9%,几乎和贫穷的第三世界小国相当;哥斯达黎加由 1985 年的 59.2% 上升到 1995 年的 95.9%;古巴一直与美国敌对,1970 年只有 8.9% 的美国电影在本国播放,到了 1993 年美国电影的比例达到了 40.9%。在非洲,说英语的国家进口的美国电影占全部放映电影的 70%,说法语的非洲国家进口的美国电影占 40%。

　　印度和中国拥有全世界 2/3 的电影银幕和庞大的消费群体,但由于

---

[1]　Miller,Toby et.,*Global Hollywood 1*,London:British Film Institute,2001.

中国政府的限制①,美国每年进入中国大陆的电影不多,印度也是世界上的电影生产大国,国产电影控制了国内的电影市场。尽管如此,在过去的十年里,好莱坞得自印度的电影发行收入增加了10倍,从10万美元增加到100万美元。到2015年,亚洲为好莱坞创造了60%的海外票房收入。

面对美国的强势,当初主张电影自由交易的法国转而主张抵制美国电影在法国的扩张。

二、国际电视贸易溯源

国际电视贸易肇始于20世纪中叶,第一宗跨国电视节目交换发生在1950年的英国与法国之间。在卫星传输技术还没有出现时,节目贸易主要以录好节目的录像带为载体,重要的出口国是美国。到20世纪60年代,随着战后民族民主运动的蓬勃发展,大批第三世界国家获得了独立,越来越多的国家建立了自己的电视台。但是,发展中国家和一部分次发达国家由于资金有限、技术水平不高,导致国内的节目制作能力严重不足,电视台为吸引更多观众急需大量节目,因此引进外国节目就顺理成章了。与此同时,美国有完备高效的传媒基础设施,在节目制作和发行上处于优势地位,专业人才济济,资金充裕,完全有能力为国外的电视台供应节目,而额外的节目拷贝只花费初始成本的极小一部分,因此能够以极低的售价赚取额外的利润。尽管存在着政治地域和意识形态的限制,美国的电视节目还是渗透到了大多数国家和地区。20世纪70年代初,美国每年输出的电视节目达15万小时,是紧随其后的3大出口国(英、法、西德)总和的3倍多!美国电视节目占拉美地区节目进口的75%,占西欧节目进口的44%。美国得自国外市场的节目销售收入呈稳步增长的态势(见图5-1)。②

发达国家中的英、法、西德、日本等国也是电视节目的重要出口国。

---

① 一开始,中国政府规定每年进口的外国大片不能超过10部,加入世贸组织后逐步放宽到每年34部。

② Steven S. Wildman & Stephen E. Siwek, *International Trade in Films and Television Programs*, Cambridge:Ballinger Publishing Company, 1988, p.40.

（单位：百万美元）

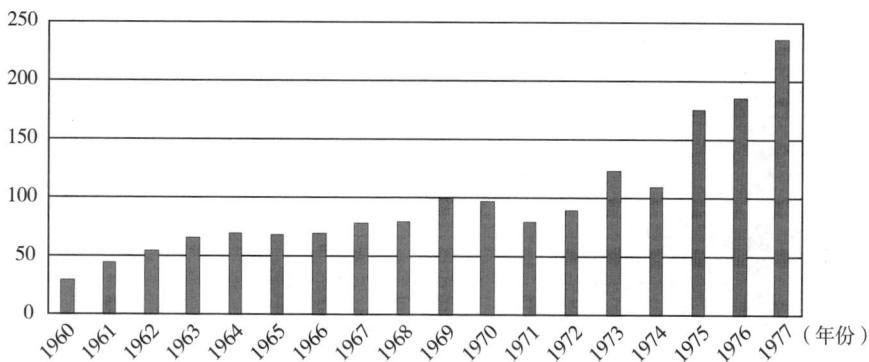

图 5-1　美国电视节目发行商得自海外销售的收入

注：笔者根据 Steven S.Wildman 与 Stephen E.Siwek 合著的《国际影视节目贸易》(*International Trade in Films and Television Programs*)一书的第 40 页表格制作。该书由英国的巴林杰出版公司(Ballinger Publishing Company)出版。

英国的节目主要销往其前殖民地，如东南亚国家、非洲、澳大利亚、新西兰。仅 1973 年，英国就出口了 3 万小时的电视节目。法国一直维系着与英、美、德等发达国家、与 26 个前殖民地国家的电视节目交易，其节目出口通过法国电视广播局(ORTF)和商业电影制片商与出口商进行。20 世纪 70 年代初，法国的电视节目出口估计在 1.5 万—2 万小时左右。另外，巴西、墨西哥、埃及、中国香港等国家和地区也是区域性电视节目出口地，其中巴西和墨西哥主要针对拉丁美洲市场，埃及面向阿拉伯国家，中国香港则侧重东南亚地区。直到 20 世纪末，美、英、法等发达国家仍然是主要的电视节目出口国(见图 5-2)。

　　与电影相比，电视节目的消费更加依赖于接收器材——电视机。因此，国际电视机贸易也可以帮助我们从另一个侧面窥视电视节目的国际流动：电视机的国际贸易量越大，则对电视节目的需求也越大，节目的国际贸易量也就越大。从 1970—1986 年的贸易数据看，电视机的进出口均呈快速增长的趋势(见图 5-3)①。与此同时，电视观众的数量迅速增加，

---

　　① Fariba Razavi-Tavakoli, *International Flows of Selected Cultural Good*s, *1970-1987*, ANNEX Ⅵ-50, Paris：UNESCO, 1992.

（单位：%）

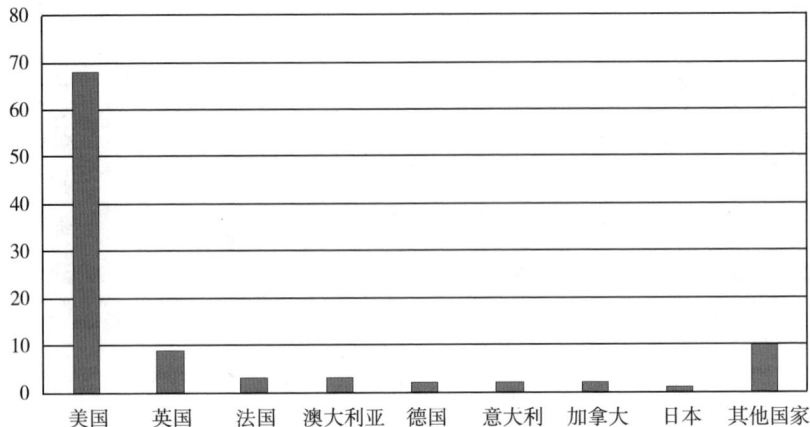

图 5-2　1996—1997 年全球电视节目出口的市场份额

注：笔者根据英国创意产业工作组 1999 年 12 月发布的《电视出口调查报告》制作。

1970—1980 年，全球电视观众最多的前 6 个国家均出现了明显的增幅（见表 5-4）。

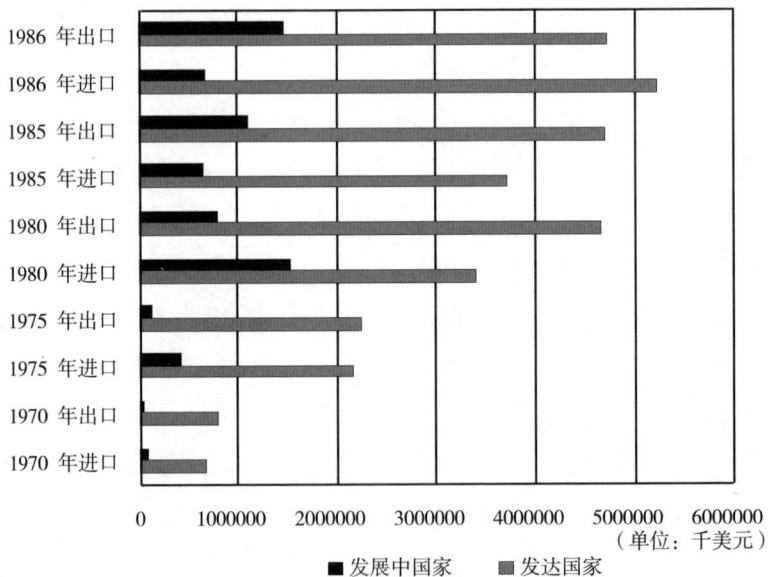

■ 发展中国家　■ 发达国家

图 5-3　1970—1986 年全球电视机的进出口额

表 5-4 1970—1980 年电视观众群体最大的 6 个国家

国 家	电视观众数量（千）		
	1970 年	1980 年	1980 年比 1970 年的增幅（%）
美 国	84600	142000	67.85
苏 联	34800	85000	144.25
日 本	22883	28439	24.28
西 德	16750	20762	23.95
英 国	16313	18522	13.54
法 国	10968	15978	45.68
6 个国家合计	186314	310701	66.76

资料来源：Tapio Varis, *International Flow of Television Programmes*, Paris：UNESCO, 1985, p.19.

　　电视机的普及和电视观众的增加大大促进了国际电视节目的交易。除此之外,卫星传输技术的突飞猛进以及有线电视技术的扩散也大大促进了国际电视节目交易的扩大。1969 年,国际通信卫星组织(INTELSAT)成立,旨在为其 109 个会员国提供卫星传输服务。INTELSAT 的通信卫星可以将电视信号传送到太平洋、大西洋和印度洋的广大地区,大大突破了地理条件的限制,使国际电视节目贸易获得了突飞猛进的发展。传输的方式也多种多样,可以直接传给无线或有线电视台,由它们再传给观众,也可以由卫星直接传给观众,只要观众安装了地面卫星接收天线即可。1970 年,国际通信卫星组织仅仅传输了 1000 多小时的节目,十年以后 INTELSAT 传送的电视节目量增长了 10 倍! 一些区域性的卫星通信组织也发挥着促进电视节目跨国流动的作用:阿拉伯卫星通信组织(ARABSAT)为 22 个中东和北非的阿拉伯国家提供电视广播服务。1983 年,欧洲空间局发射了欧洲通信卫星 1 号(ECS-1),上面安装的 9 个转发器用于为英、法、意、荷、比等国提供电视转播服务。有线电视出现后,其海量的信号传输能力使节目供给出现了瓶颈,为填补时间"空隙",电视台不得不加大节目外购的力度,包括从国外购买电视节目。当然,各国出于维护本国文化主权的考虑,纷纷出台各种措施,禁止或限制国外电视节目在本国落地,这在一定程度上阻碍了国际电视节目贸易的发展。

第三节　国际音乐贸易

纵观国际音乐贸易的发展,技术进步扮演了决定性的角色。在声音录播设备出现以前,音乐节目的交易除现场演出外,主要采取买卖活页乐谱的方式。19 世纪 90 年代,音乐出版商出售了无数份活页乐谱。1893年,《舞会后》成为第一首售出 100 万份活页乐谱的歌曲。1909 年,热门歌曲印刷品的销售量多达 200 万份,即使当 1920 年录音制品开始流行时,活页乐谱仍然是音乐产品销售收入的最大来源![1]

1877 年爱迪生发明了留声机,使声音得以保存,但是这项破天荒的神奇技术并没有进入市场,直到 1889 年,爱迪生才开始向公众出售柱型唱片,这是音乐发展史的里程碑,意味着一种新的音乐贸易方式的诞生。随后成立的维克多留声机公司和哥伦比亚公司也向公众推销唱片播放机和唱片。人们不必亲自到音乐厅,也不必看得懂乐谱,只要有了唱片播放机和唱片就可在家享受音乐的乐趣,这使音乐听众迅速扩大,从而使唱片播放机和唱片的交易——包括跨国交易发展起来了。与现在不同的是,早期的录音公司主要致力于销售音乐播放机,制作唱片纯粹是为了促进播放机的销售。

随着声像技术的进一步发展,音乐听众进一步增加,音乐节目的交易量——包括国际音乐贸易量也进一步扩大。从需求方面看,广播和电视的普及亟须大量能够吸引受众的音乐节目填充时段。从供给方面看,声音播放设备越来越趋于小型化、多功能化:从大型密纹唱片播放机到盒式磁带录放机、随身听,再到 CD 机、VCD 机、DVD 机、MP3 播放器、MP4 播放器、智能手机,欣赏音乐成为一件唾手可得的事情;音乐节目的载体也几经变革,从原来储存模拟信号的密纹唱片到小巧的磁带,再到容量更大、信号更稳定的 CD、VCD、DVD,现在则以在线欣赏为主,其内容的载体

---

① [美]杰弗里·赫尔:《音像产业管理》,陈星、方芳译,清华大学出版社 2005 年版,第48 页。

已经完全消失了。

上述发展过程决定了国际音乐贸易的三种存在形式:音响播放器材的贸易;演奏乐器的贸易;录音节目的贸易。其中节目多以唱片、录音带、光盘乃至卫星、网络为载体,第二次世界大战以后,国际录音节目的贸易额在整个音乐贸易的构成中占最大的比重。

一、关于音响播放器材的贸易

第二次世界大战结束以后,欧美国家出现了二十多年的经济增长,人们的生活水平大幅提升,对休闲娱乐的需求增加,而音乐播放器材的小型化和便捷化使世界音乐播放器材的交易量迅速上升。1975—1980 年,全球音乐播放器材的出口额从 20.23 亿美元增加到 63.51 亿美元,五年之后再次翻番,达到 126.08 亿美元! 且 90% 的出口来自日、加、德、韩、英、美、荷等国家,仅日本就独占了世界音乐播放器材出口的 3/4。然而到 20 世纪 90 年代,富于吸引力的传媒内容成了媒介集团增强市场竞争力的手段,音乐节目愈益受媒体青睐,在内容为王的口号下,音乐播放器材的贸易比重降低了,愈来愈低于录音制品的贸易,但绝对数量仍在增长,1998 年世界音乐播放器材的出口额达 178.4 亿美元。我们可以预计:未来音乐播放器材出口在整个音乐产业出口中的比例将进一步降低,而具有版权的录音制品出口将进一步扩大。

二、关于乐器的贸易

相对于音响器材和音乐节目,关于乐器的国际贸易额波动幅度较小,贸易总量也不太大,基本呈现稳定增长态势。1975 年至 1980 年间,全球乐器出口额从 5.32 亿美元增长到 12.32 亿美元,超出一倍还多! 1985 年略微增加到 13.07 亿美元,其中日本、德国、英国、法国等的出口额占世界总出口额的 86%,1997 年,世界乐器出口额比 1985 年翻了三番。2007 年的世界乐器出口额达 59.56 亿美元,比十年前增加了 70.17%。随着时间的推移,乐器出口国的实力对比不断发生变化,先是美国取代德国位居出口亚军,中国跻身前几名,然后是中国取代日本成为最大的乐器出口国,同时印度尼西亚也加入出口大国的行列。很有意思的是,在 1975 年至 1985 年的十年间,美国、德国和日本同时还是乐器进口的大国。

三、关于录音制品的国际贸易

19 世纪末留声机的发明揭开了录音唱片产业的序幕。当初的留声机价格高昂,一般家庭买不起。到了 20 世纪 20 年代,留声机的价格大幅降低,越来越多的消费者开始购买留声机,从而带动了对唱片的需求。留声机制造公司也大量生产唱片,以促进机器的销售,市场上出现了许多唱片公司。此后经过不断地兼并整合,历经 1929 年大危机的洗礼及 50 年代摇滚乐的流行,唱片业蓬勃发展起来。到 60 年代,世界上出现了六大跨国音乐集团:华纳音乐集团(美国)、索尼音乐集团(日本)、宝丽金唱片公司(荷兰)、贝塔斯曼音乐集团 BMG(德国)、百代唱片公司 EMI(英国)、环球唱片公司 MCA(加拿大),它们在全球范围内签约歌手、出版音乐作品并进行全球销售。美国就有许多大型音像连锁店在国外广设分店,如曾经风靡一时的"塔式录音机音像连锁店(Tower Recorders)"。而国外的大型连锁店,如英国的"百代唱片公司"和"史密斯集团连锁书店(W.H.Smith)"也挤进了美国市场。从 90 年代起,国际录音制品贸易出现了快速繁荣的局面[①],1980 年,世界录音制品的出口仅占当年文化产品出口的 6%,到 1998 年这一比例上升到 15%! 从绝对指标看,1990 年国际录音制品的进出口贸易额比 1985 年增长了 2.166 倍! 1995 年又比1990 年增长了 60%! 从进口的国别看,1980 年,仅美、德、英、法 4 国就瓜分了世界录音制品进口额的 1/2,即使到 1998 年,4 国的录音产品进口额仍然占全球总额的 38%!

进入 21 世纪之后,随着网络技术和信息通信技术的日益发达,录音制品的网上交易越来越呈现主导之势。据国际唱片业协会的统计,2016

---

① Phillip Ramsdale, *International Flows of Selected Cultural Goods 1980 – 1998*, UNESCO, 2000, p.31.

年全球录制音乐的总收入达 157 亿美元,其中 50%的收入来自网上数字方式的销售,14%来自对表演的授权,只有 34%来自实体的光盘、磁带、唱片。

思考题

试析古代中国与周边国家的书画贸易对传播中华文化的作用。

第六章　国际文化贸易的现状

第一节　宏观文化贸易格局

2016 年,联合国教科文组织统计研究院发布了一个报告:《2004—2013 年文化商品与服务的国际流动》。该报告指出,2013 年全球文化商品贸易额达到 3811 亿美元,其中进口额 2128 亿美元,出口额 1683 亿美元。从这十年间的数据看,国际文化商品贸易高度集中在发达国家和少数发展中国家之间(见图 6-1),表现为某种区域性的"内部贸易"的格局。文化产品的需求主要受北美、欧洲和东亚的发达国家驱动,那些低收入国家在国际文化贸易中处于边缘地位,如撒哈拉以南的非洲国家、加勒比地区的国家、阿拉伯国家。尽管中国在国际文化贸易中扮演的角色重要越来越重要,但发达国家之间的文化贸易势头强劲,发展中国家之间则乏善可陈。

（单位：%）

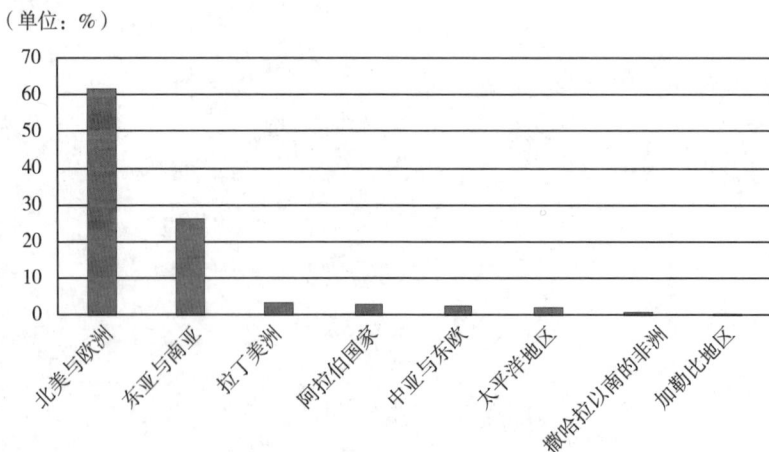

图 6-1　2004—2013 年世界文化产品出口的地区分布

在 2004—2013 年的十年间,北美和欧洲主导着世界文化商品的进口,2013 年进口了 1039 亿美元,占世界文化商品进口总额的 62%,十年来这一比例一直保持稳定。南亚和东亚是全球文化商品进口的第二大主力军,从 2004 年占当年世界进口总量的 17%(193 亿美元)提高至 2013 年的 26%(439 亿美元)。拉美居文化商品进口的第三位,占比 3.4%。

在文化商品的出口方面,格局依旧如此。由于进出口集中在少数国家,他们相互之间既进口又出口文化商品,互为重要的贸易伙伴(见表 6-1)。

表 6-1　2004—2013 年英国文化商品的进出口来源

(单位:百万美元)

贸易伙伴	出口贸易额(百万美元)			进口贸易额(百万美元)		
	2004 年	2013 年	2013 年出口排名	2004 年	2013 年	2013 年进口排名
美　国	4123.48	4335.26	1	2618.77	3363.28	1
法　国	624.4	1122.36	4	579.34	1774.55	2
瑞　士	1337.63	2977.98	2	899.56	1405.92	4
德　国	641.95	634.49	6	979.41	1142.22	5
中国香港	337.19	1205.44	3	409.88	592.18	8
爱尔兰	818.33	704.52	5	580.14	341.91	11
荷　兰	674.52	263.07	11	721.84	835.03	6
意大利	362.46	235.19	13	617.93	699.50	7
阿联酋	313.52	424.93	7	79.27	140.76	16
俄罗斯	121.63	415.5	8	26.78	127.88	17

注:笔者根据联合国教科文组织的报告《2004—2013 年文化商品与服务的国际流动》制作。

值得指出的是,2010 年中国超过美国,成为全球文化产品的最大出口国。但我们的出口中,最能突显文化影响力的产品缺乏竞争力,还有很大的成长空间,例如书报刊、视听产品、视听服务。中国的文化商品出口的总量虽大,但"拳头产品"占比不高,在文化商品贸易格局中尚未居于高端,这也与我国长于生产、短于研发的"世界工厂"的经济特点一脉相承。表 6-2 来自中国国家统计局,较为准确地反映了我们在文化商品贸易上的"粗放经营"特点:2015年中国在文化商品贸易的顺差主要来自文化含量不高的文化用品、工艺美术品及收藏品。要扩大中华文化的对外影响力,实现中华文化"走出去",就得扩大书报刊及视听产品、视听服务的出口。毕竟,媒体技术的发达使人们进入"读图""看视频"时代。

表6-2 2015年中国各类文化产品的进出口情况

（单位:亿美元;%）

项　目		进出口总额		贸易顺差	增长率	
		出口额	进口额		出口额	进口额
出版物	本类小计	36.15	11.28	24.87	-0.9	-14.7
	图书、报纸、期刊	18.24	5.44	12.80	-4.0	4.3
	音像制品及电子出版物	1.21	2.40	-1.19	-1.3	13.3
	其他出版物	16.71	3.45	13.26	2.7	-41.6
工艺美术品及收藏品	本类小计	374.66	19.78	354.88	-44.5	-18.5
	工艺美术品	373.99	17.88	356.11	-44.6	-22.7
	收藏品	0.68	1.90	-1.22	156.8	66.4
文化用品	本类小计	332.72	14.65	318.07	15.2	1.0
	文　具	1.47	0.02	1.45	6.2	-0.7
	乐　器	16.94	3.39	13.55	-1.0	6.4
	玩　具	156.64	4.97	151.67	10.8	39.3
	游艺器材及娱乐用品	157.66	6.28	151.38	22.2	-18.8
文化专用设备	本类小计	127.68	96.18	31.50	8.1	-7.0
	印刷专用设备	13.98	13.13	0.85	-3.7	-16.6
	广播电影电视专用设备	113.70	83.05	30.65	9.8	-5.2

资料来源:国家统计局社会科技和文化产业统计司、中宣部文化体制改革和发展办公室编:《中国文化及相关产业统计年鉴(2016)》,中国统计出版社2016年版,第50页。

在文化商品贸易领域,还有少数发展中国家进入了世界前列,如印度、土耳其和马来西亚纷纷成为重要的文化产品出口国。但在影响更为深远的文化服务贸易领域,则全是发达国家在"唱主角"。2012年,仅前十五大世界文化服务出口国就贡献了全球文化服务的绝大部分份额,如

图 6-2 所示,美国无论在文化商品贸易还是文化服务贸易上均遥遥领先于其他国家,是世界文化商品与文化服务市场上的一个"巨无霸";英、法、德、荷等中等发达国家居于第二梯队;广大发展中国家居后。中国在文化商品贸易上具有一定优势,但在文化服务贸易上则处于劣势,表现出介于发达国家和发展中国家之间的"过渡"性质。

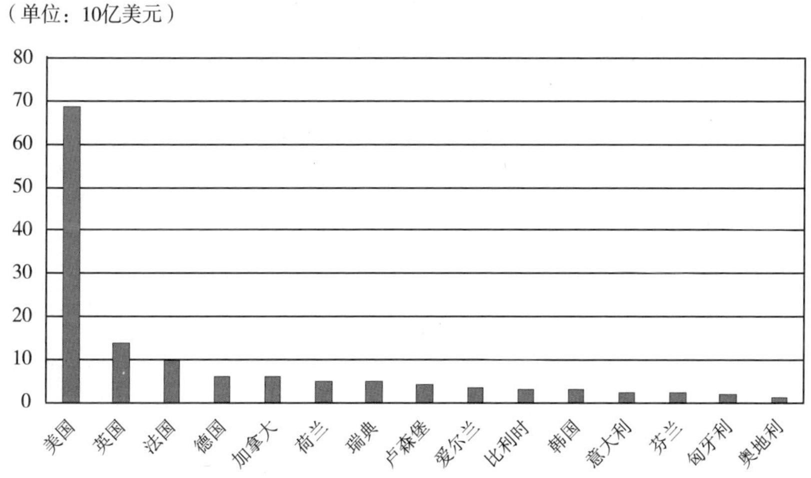

（单位：10亿美元）

图 6-2　2012 年世界十五大文化服务出口国的出口额

注:笔者根据《2004—2013 年文化商品与服务的国际流动》制作。

美国文化产业的超强竞争力、广泛渗透性引起了大多数国家的警惕,以至于有人调侃:美国是凭着"三片"征服世界的,即好莱坞的"大片"、麦当劳的"炸薯片"、英特尔的"电子芯片"。在世界贸易组织、联合国教科文组织等国际机构通过的许多公约、协定及其谈判过程中,时常可见要求实现文化贸易"自由化"的美国与要求"文化例外"的国家之间的矛盾。

延伸阅读　战斗民族也爱国产剧,国产剧"走出去"了吗①

在韩剧的全盛时期,一些热播韩剧每一集在大陆的版权收费高达200 万元人民币,反之,国产电视剧出口却只能卖"白菜价",破 1 万元人民币就算"天价",多数几千元一集,几百元一集也有,甚至是免费观看。

_____

① 《南方周末》网站,2017 年 12 月 15 日。

国产剧《花千骨》的制作人曾透露:在日本的电视剧市场,一提美剧,可能是100万美元,韩剧可能是20万美元,中国电视剧卖得好的可能也就一两万美元。

最近,新华社的一个新闻引起了舆论的广泛关注,说是"战斗民族"(即俄罗斯)的许多网民被中国的电视剧吸引了。在俄罗斯最大社交媒体VK上,活跃着一大批中国电视剧字幕组。与世界各地的字幕组一样,他们自发地发布中国电视剧资讯、翻译字幕、配音,运营粉丝群……在国内大热的电视剧基本都被俄罗斯字幕组紧追,翻译成俄文。

字幕组管理人员接受采访时说:"中国电视剧正在吸引越来越多的俄罗斯人。以前很多观众更偏爱韩剧,但现在俄罗斯人开始追中国剧,因为他们对中国和中国文化愈发感兴趣。"

这个新闻让不少网友有扬眉吐气之感,我们的国产剧也开始走向世界了。的确,回顾以往,新闻中"国产剧"的确呈现出"走出去"的态势。像不久前的《楚乔传》上传到外网后,点击量破千万,底下的留言一大堆英文求字幕。2016年杨洋、郑爽主演的《微微一笑很倾城》成为当时越南互联网上点击率最高的电视剧,就连偶像剧大本营在韩国也有许多拥护者。

再比如之前,《步步惊心》《何以笙箫默》在东南亚取得了良好的口碑,简缩版《甄嬛传》落户美国,原版《甄嬛传》在美国华人电视台播出。《琅琊榜》风靡韩国,在欧美等国家引来了一批追剧族。阿拉伯语配音版的中国电视剧《父母爱情》在埃及创下收视新高……

只是随之而来的问题是,国产剧虽然"走出去"了,但我们是否走得足够远、足够快?

不够远、不够快

不夸张地说,无论韩国三大电视台以及新近崛起的有线电视台TVN、JTBC,还是美国HBO、Netflix,一推出迷你新剧都能够在中国掀起收看热潮,微博贴吧上有无数的追剧族,公众号里有大量推介文章,但在韩国、美国我们却很少看到国产剧相关报道。为何?因为在韩国、美国民众那里,它们的电视剧"走出去"是一种常态,反之,正因为我们的电视剧

"走出去"的太少,每在国外引起一丝波澜就都成了新闻。

国产剧虽然慢慢地在"走出去",但我们只要对比韩剧、美剧在全球的风靡程度,就可以发现国产剧走得仍不够远、不够快。

一是影视输出的区域有限,影响力有限。《金太狼的幸福生活》《咱们结婚吧》《奋斗》《杜拉拉升职记》《媳妇的美好时代》等多部电视剧先后在非洲的几个国家播出,好评不断。有人形容非洲市场"大到超出想象",中国都市情感剧格外受宠。而东南亚地区可谓华语剧最大的海外市场——越南、泰国、马来西亚、缅甸等对中国优秀电视剧青睐有加,从《步步惊心》《何以笙箫默》《陆贞传奇》到《花千骨》《琅琊榜》等也都口碑甚佳。

判断一个国家文化实力,不仅是其向文化弱国的输出能力,也取决于其向文化强国的渗透能力。但我们的影视输出,主要局限在第三世界国家,在欧美发达国家的影响力相当有限。就像《琅琊榜》在欧美国家也引起了一定的关注,但事实上,该剧的关注度也就相当于最一般的韩剧。在北美最大的亚洲电视剧网站Viki.com上,《琅琊榜》曾位居首页并被重点推荐,但至今订阅量才1万多,一般韩剧的订阅量是轻松达到数万。再如《甄嬛传》经过重新剪辑、翻译,在用户数超过5000万的美国Netflix播出,登录1个月,订阅人数只有1.1万。

二是影视输出的规模有限,影视出口只能卖"白菜价"。先说电影,2016年国产影片在国内的票房为287.47亿元,但海外销售收入只有38.257亿元。电视剧方面,国家新闻出版广电总局国际合作司的数据显示,2014我国每年电视剧行业的产量超过15万集,但国产电视剧出口数量为1万多集,整体出口比例过低,价格也偏低,影视贸易始终处于逆差状态。

"文化附加值"不足

重视国产剧的"走出去",从表面上看,这只是电视剧,但从深层次看,这关涉文化输出,以及文化软实力的彰显。

随着经济全球化日益深化,各国之间的文化输出和交流越发频繁,影视剧作为最直接的文化产物就成为文化输出的一个重要渠道,也扮演着文化软实力的先锋角色。它不仅有助于他国了解本国的历史、文化、政治价值观，也有助于张扬本国的魅力、赢得世人的认同，不知不觉接受我方的生活方式、思想观念。在非洲的很多国家，许多儿童身上穿的T恤上印着喜羊羊与灰太狼；韩剧里的"欧巴"进入了年轻人的日常交流系统，韩剧里出现的每一样单品都成为潮流的新标志；好莱坞的大片反复向世界传输"美国价值"、美国文化、美国生活方式……

从这个意义上看，影视输出数量和质量是判断一个国家是否是文化强国的依据之一，也是判断一个国家文化软实力强弱的重要标准。遗憾的是，当前国产剧的"文化附加值"远远不够，这是国产剧"走出去"的最大软肋。

何谓"文化附加值"？影视输出应该承担起影响域外公众对中国形象认同的责任，但许多外国人对中国的认知，停留在茶叶、瓷器、熊猫、丝绸、宫殿等传统文化符号上。我们的国产剧输出并没有起到介绍中国文化、传递中国价值、彰显文化软实力的作用。

第二节　国际文化贸易的保护主义思潮

当前的国际文化贸易格局极不平衡，发达国家主导着文化进出口贸易，发展中国家一直处于边缘地位。在发达国家内部，美国超强独大。人们通常认为：发达国家的文化贸易强势有可能对发展中国家的文化发展带来某些负面影响。在全球化趋势日益明显，各国之间的互动日益频繁的今天，涌入到发展中国家的西方文化产品难免渗透着制作人的文化理念，有可能对当地文化造成侵蚀，改变被入侵国的价值观念，危及被入侵国的文化自主。

不单第三世界国家，连某些二流的发达国家也感受到了美国文化产品带来的威胁，因此在举行国际贸易谈判时，"文化例外"原则得到了越来越多国家的认同。所谓文化例外，简单说就是：文化不是普通商品，它既有商品的属性，又有精神层面和价值层面的内涵，因此，文化不能屈从于商业，贸易自由化原则不适应于文化产品和文化服务，在贸易自由化的谈判中应将文化产品排除在外。① 欧盟(尤其是法国)和加拿大就是文化例外原则的忠实拥趸。

以欧盟为例,欧盟一直认为所谓美国文化就是像音乐 CD 或电影大片之类的商品。1993 年,当旷日持久的乌拉圭回合多边贸易谈判结束时,美国与欧盟并未就文化贸易的配额问题达成最终协议。对于欧盟以外的文化产品,如电影节目和电视节目,欧盟希望维持一定的进口配额,此举显然是针对美国的,因为其他发展中国家所制作的电影及音乐产品很难得到欧盟民众的认可。在谈判中,法国带头主张将文化产品排除在自由贸易的谈判之外,英国和北欧国家则给予了有限度的支持。早在 1946 年,法国就在关税与贸易总协定的谈判中提出了区别对待电影产业的问题,旨在保护本地的电影产业免受进口外国影片的冲击。在乌拉圭回合多边贸易谈判中,法国仍然主张应当有区别地对待国际文化贸易,但理论依据由保护法兰西文化改成了保护欧洲文化。经过艰苦的讨价还价,双方暂时达成妥协:欧盟可以维持文化产品进口的配额,但应将文化纳入未来的自由贸易谈判中。文化例外的原则并未列入《关税与贸易总协定》的条款中,意味着文化保护的主张未得到法律上的支持。

面对世界文化产业的"巨无霸"美国,作为邻居的加拿大一直害怕自己被美国化。早在 1988 年加拿大与美国签订《美加自由贸易协定》(FTA)时,加拿大就声称:文化是不能摆到桌子上谈判的! 加拿大人并不是不想谈判,而是要求给文化贸易制定不同于自由贸易的特殊待遇,对此美国作出了让步,最终签署的《美加自由贸易协定》第二十一章第一段就是关于"文化例外"的条款。为了平衡美方的利益,加拿大也做了一些涉及文化贸易和市场准入的承诺:(1)免除文化产业外围产品的关税,如照相机、磁带、乐器、摄影器材等;(2)如果在加拿大的美国公司因为资本的国别限制,不得不将资产出售给加拿大公司,加方要按合理的市场价格收购;(3)当加拿大的有线电视台和广播公司转播美国的节目时,加方要支

---

① 李怀亮:《国际文化贸易概论》,高等教育出版社 2006 年版,第 33 页。

付版权税。为此,加拿大专门成立了一个版权委员会,制定了相应的缴费制度。1992年,当美国、加拿大、墨西哥签署《北美自由贸易协定》时,文化例外的原则继续得以保留。随后,加拿大在与以色列、智利、哥斯达黎加签署自由贸易协定时,均保留了"文化例外"的条款。

出于维护本国文化主权、防止文化渗透的考虑,大部分发展中国家及部分发达国家,纷纷对文化贸易设置壁垒,进行贸易管理。在国际文化贸易中,"贸易保护主义思潮"大行其道。

一、"文化贸易保护主义思潮"的理论依据

(一) 李斯特的贸易保护学说

李斯特是德国杜宾根大学的经济学家,他吸收了美国汉密尔顿的贸易保护思想,创造了更为完整的贸易保护理论体系,被后世称为贸易保护理论的先驱。李斯特认为,经济落后的国家应当实行贸易保护政策,以避免来自国外竞争的压力,促进本国相关产业的成长。保护的措施主要是禁止进口或征收高额关税,征税对象是本国刚刚发展起来、面临国外强劲竞争的新兴产业,征收的税率不能太高,保护的期限也不能太长,当被保护产业的竞争力等于或超过外国时,应逐渐降低关税,利用外部竞争促使本国产业进一步发展,保护不是目的,而是增强本国竞争力的手段。贸易保护学说对落后国家如何发展本国产业、提高国际贸易竞争力提供了有益的借鉴。但是,经过多年的贸易谈判,国际社会已经在减免关税上达成一系列协议,未来还将进行更大力度的自由化谈判,企图通过高关税限制外国产品进入的做法日益行不通。

(二) 战略性贸易政策理论

该理论最先由布朗德和斯宾塞提出,认为政府应当通过限制进口、征收进口关税或发放出口补贴等各种形式奖励出口,限制进口,增强本国产业的实力,抢占他国的市场份额和经济利益。但是,该理论具有以邻为壑的性质,容易遭到对方的报复,陷入零和博弈。世界贸易组织的《补贴与反补贴协议》就是旨在平衡正当保护与恶性竞争的关系。

二、文化贸易失衡的现实原因——文化企业兼并导致市场集中度提高

20世纪80年代,为了应对70—80年代的经济衰退,发达国家加快了企业并购的浪潮,文化企业也包括在内。从兼并方式上看,文化企业的兼并有水平兼并、垂直兼并和混合兼并之分。水平兼并是指在同一文化市场上提供同种商品或服务的企业间的兼并,目的是为了获得规模经济效益,提高市场占有率。垂直兼并是指具有上下游业务关系的文化企业之间的兼并。混合兼并则是指业务运作上没有关联的文化企业之间的兼并,旨在通过多元化经营,降低经营风险,获得稳定的利润。

发达国家文化企业的水平兼并提高了文化市场的集中度,尤其是广播影视、出版等核心文化产业。1998年,迈耶和特拉佩尔曾经测算过西欧传媒市场的集中度,从表6-3中我们可以看出:各国的报纸、出版及电视行业的集中度普遍较高,大多属于寡头垄断型。美国传媒市场的集中度甚至更高,麦克·切尼为我们提供了一些片段:(1)六家最大的电影公司的销售收入占国内票房总收入的90%;(2)最大的两家无线广播公司的业务量比排名第3—25位的总和还多;(3)1990年,三家最大的高校教科书出版社占据35%的教科书市场份额,到2002年,这个比率几乎翻了一番;(4)六家有线电视公司控制了80%的地区性市场。

表6-3 西欧媒体的市场集中度 (单位:%)

国 家	前五大出版公司的阅读率	前五大报纸的阅读率	前两大电视频道的收视率
奥地利	45	69	69
比利时	77	55	47
丹 麦	50	49	78
芬 兰	42	39	71
挪 威	53	38	80
葡萄牙	55	91	88
瑞 典	49	33	55

续表

国 家	前五大出版公司的阅读率	前五大报纸的阅读率	前两大电视频道的收视率
英 国	95	—	68
荷 兰	95	—	39
法 国	—	—	60

资料来源：[英]大卫·海默哈夫：《文化产业》，廖佩君译，(台北)韦伯文化国际出版有限公司 2006 年版，第158页。

发达国家文化企业的垂直兼并和混合兼并造就了一批巨型文化企业集团，使之能够分享规模经济和范围经济所带来的好处，如资源共享、降低成本、延长产业价值链等。就资源共享来看，混合经营可以使不同种类的影视制作共享同样的基础设施，例如，电影和电视节目可以由同一批摄制队伍、同样的摄制器材完成，而不用分别购买不同的器材、招募不同的演艺人员，这样就降低了制作成本，制成的节目还可以共享传媒集团的多种广告渠道和发行渠道，同样可以节省广告成本和发行费用，此即为范围经济带来的好处。

1994—2006年，在欧美国家掀起的企业并购浪潮中，文化传媒公司的兼并尤其引人注目，比较有名的案例见表6-4。

表6-4　文化产业的主要合并收购案例　　（单位：10亿美元）

年份	收购公司	被收购公司	价格	策略动机
1994	维亚康姆	派拉蒙传媒公司	8.0	横跨出版、电影、广播电视、有线电视及主题公园等
1994	维亚康姆	百视达影像制品租赁公司	8.5	控制发行渠道
1995	迪斯尼	大都会/美国广播电视公司	19.0	垂直整合，控制内容的创造
1995	时代华纳	特纳广播电视公司	7.4	垂直整合，集团化
1995	西格拉姆公司	美国音乐公司(环球)	5.7	一般性企业集团介入传媒产业
1995	西屋电器公司	哥伦比亚广播电视公司	5.4	一般性企业集团介入传媒产业
1998	西格拉姆公司	宝丽金唱片公司	10.6	提高唱片市场占有率
1999	维亚康姆	哥伦比亚广播电视公司	22.0	进军广播电视产业
2000	维旺迪	西格拉姆/环球	35.0	欧洲的休闲产业进一步多元化
2000	美国在线	时代华纳	128.0	互联网内容提供商与传媒集团的合并

续表

年份	收购公司	被收购公司	价格	策略动机
2002	康卡斯特公司	AT&T 宽带网络公司	47.5	有线电视公司的业务扩展
2003	通用电子/NBC	维旺迪环球	5.5	两个媒体巨头的合并
2003	索尼公司	贝塔斯曼音乐集团	—	两大音乐集团的合并
2005	索尼公司	米高梅电影公司	4.9	大规模收购
2006	迪斯尼	皮克斯动画工厂	7.4	制片厂收购有密切业务关系的影视制作公司

资料来源：David Hesmondhalgh, *Cultural Industries*（*2ⁿᵈ Edition*）, London：Sage Publications Ltd., 2007, pp.162-163.

多次并购造就了闻名世界的七大文化产业集团,按照 2005 年文化产业运营的收益大小,它们依次为时代华纳集团(437 亿美元)、沃尔特·迪斯尼集团(319 亿美元)、维亚康姆集团(270 亿美元)、新闻集团(239 亿美元)、贝塔斯曼音乐集团(216 亿美元)、索尼集团(160 亿美元)、国家广播环球公司(147 亿美元)。在这七大文化传媒集团中,新闻集团的总部在澳大利亚、贝塔斯曼音乐集团的总部在德国、索尼集团的总部在日本。国家广播环球公司则为法美合资公司,其中美国通用电子控股 80%,法国的维旺迪环球控股 20%。

七大集团的实力不容我们小觑,它们凭借发达的国外销售渠道,在国际文化贸易中居于举足轻重的地位! 与之相比,广大发展中国家和一部分发达国家就大为逊色了。这些跨国文化巨头基于利润最大化及占领国际文化市场的诉求,在全球范围内配置文化资源,进行文化产品的跨国生产与营销,不可避免地影响到其他国家文化产业的正常发展。即使在发达国家内部,也仍然存在着美国的一枝独大局面,对其他发达国家的文化产业乃至民族文化构成威胁。全球文化贸易格局的失衡,导致文化贸易思潮中的二元对立:自由贸易与文化保护(文化自主)。为了进行文化保护,各国纷纷设置文化贸易壁垒,筑起自卫的城墙。

思考题

试分析美国电影产业独领全球风骚的原因。

第七章 国际文化贸易壁垒

在国际文化贸易实践中,各国通常采取的贸易壁垒有进口关税、国产内容配额、文化生产或出口补贴、市场准入限制等等。这些措施的保护作用各不相同,但都存在着理论上或实践中的某些局限,仔细剖析这些措施的局限性,将有助于我们更加科学合理地制定自己的文化贸易策略。

第一节 关税壁垒

关税是指一个国家的海关对运进或运出其边境的货物所征收的税种。按照不同的分类标准,关税可分为进口关税和出口关税、从量税和从价税。其中的进口关税常被用来增加进口商的成本,削弱其商品的竞争能力,以达到保护本国相同或类似产业的目的。在国际文化贸易实践中,主张保护本国文化产业的国家可以对外国的书刊、电影拷贝征税,也可以对预录了外国歌曲或影视节目的磁带、CD、VCD、DVD 征收进口关税,还可对文化产业外围领域的乐器、文具等产品征税。

进口关税在抑制外国文化产品竞争力的同时,会扭曲文化市场机制的作用,降低文化资源配置的效率,对实施关税的国家不利,有时难免招致外方的贸易报复,弱化本国关税壁垒的保护效果,图7-1阐释了进口关税的福利效应[①]:假设某文化产品 X 的进口国是一个经济意义上的小国,即该国是国际 X 产品市场上的价格接受者,其进口量对国际价格 P_w

---

① 王钰:《国际贸易壁垒的经济分析与对策研究》,中国财政经济出版社 2008 年版,第75 页。

没有影响。图7-1中显示:X产品的国内均衡价格高于国际市场价格 P_w,由于该国能在国际市场上购买到任何数量的X产品,最终,其国内价格应该等于国际市场价格。如果该国为抑制X的进口而征收t元的进口从价关税,该国X产品的国内价格将变为 $P_t = P_w + t$。征税以前,该国X产品的进口量为 S_1D_1,征税以后减少到 S_2D_2。进口关税越高,对外国产品进口的抑制效应就越大。

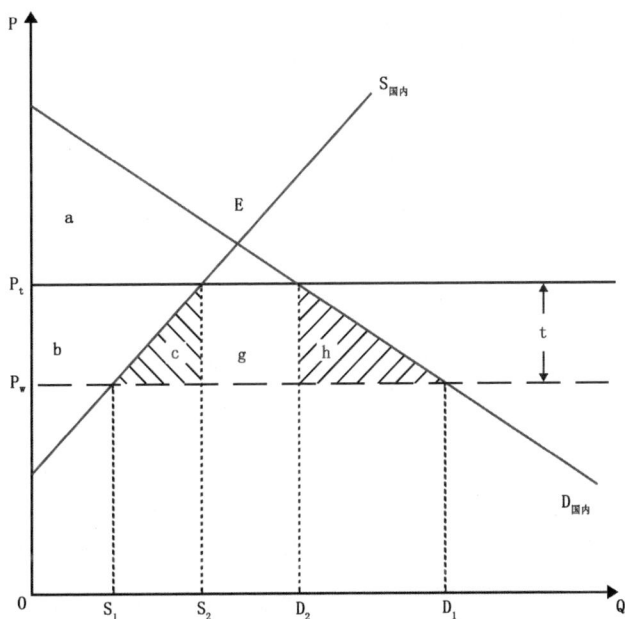

图7-1 进口关税的福利效应

资料来源:笔者根据王钰的《国际贸易壁垒的经济分析与对策研究》一书制作。

进口关税固然起到了阻止外国产品的目的,但本国民众需为此承受额外的经济福利损失,我们仍以图7-1为例进行分析:当本国征收进口关税,导致X产品的国内市场价格由 P_w 上升到 P_t 时,本国的消费者不得不花费更多的开支购买X产品,消费者剩余减少了b+c+g+h,而随着价格的上涨,生产者剩余则增加了b,政府通过征税获得了g的收入。当我们将生产、消费及政府税收综合起来考虑时,进口关税所带来的净福利效应 = △消费者剩余+△生产者剩余+△政府财政收入 = -(b+c+g+h)+b+

g=-(c+h),这表明进口关税的征收给进口国带来了绝对损失,即图 7-1 中的阴影部分。其中,c 代表了本国在较高的边际成本上进行生产所导致的效率损失,h 代表了价格上涨后消费者减少 X 产品的消费,转而购买其他替代品所带来的满足程度的降低。

关税壁垒涉及经济与文化政策上的两难选择:关税壁垒固然可以保护本国文化免受外来冲击,但却不得不牺牲本国的经济福利。自关税与贸易总协定成立以来,国际社会一直致力于消除关税壁垒,实现全球范围内的自由贸易,并为此制定了相关的国际贸易规则,大幅度降低了关税,传统关税壁垒的保护作用日渐削弱。对外国的文化产品征税会引起外国文化产品出口的减少,文化贸易条件恶化,导致对方的报复,从而抵消本国关税的壁垒作用。而且,关税壁垒对本国弱势文化产业的保护有可能导致本国的文化产业不思进取,反而不利于它们在竞争中成长壮大。

第二节　国产内容配额

与一般商品的贸易不同,国产内容配额是最具文化贸易特色、最常采用的文化贸易壁垒。配额本来是各国海关限制商品进口的贸易手段,可分为绝对配额与关税配额。绝对配额是一定时期内对某些商品的进口数量或金额规定一个最高限额,超过这个数额后便不准进口。[1] 绝对配额在实践中又分为全球配额与国别配额,其中国别配额是一国规定在一定时期内,按国别或地区规定某种商品的最高进口限额。在国际文化贸易中,国别配额演化为国产内容配额(Content Regulation),也有人称之为内容管理。[2] 国产内容配额主要针对国际视听节目贸易或印刷品贸易(含图书、报纸、杂志等),通常要求进口的外国文化产品必须包含一定比例的本国内容,或者当外国文化企业在本国建立时,本国对其资本构成、雇员的国籍、采用的本土性文化生产要素进行管制。随着全球化趋势的日

① 王钰:《国际贸易壁垒的经济分析与对策研究》,中国财政经济出版社 2008 年版,第 352 页。

② 张玉国:《文化产业与政策导论》,高等教育出版社 2006 年版,第 27 页。

益发展,在文化产品与文化服务的产销中,国际合作越来越普遍。英国、加拿大、澳大利亚等国为增强本国的文化产业竞争力,纷纷采取经济扶持措施。"国产内容配额"可以让这些国家更精准地支持本国文化企业的发展,在国际文化贸易中赢得立足之地。

一、配额的福利效应

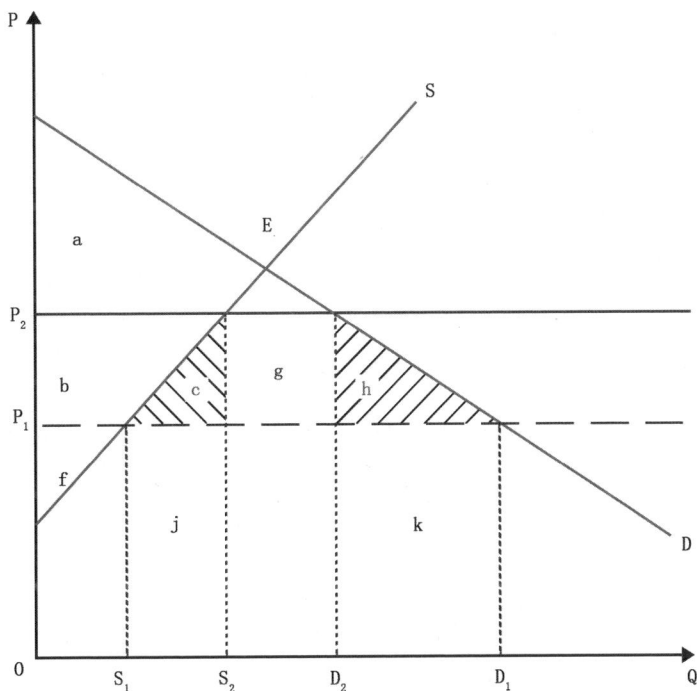

图7-2 进口配额的福利效应

资料来源:笔者根据王钰的《国际贸易壁垒的经济分析与对策研究》一书制作。

进口配额作为进口国的贸易政策工具,可以保护本国的文化产业免受外来冲击,在国际文化产业竞争中为本国文化产业赢得喘息之机,也可以捍卫本国文化的存在,防止本国民众被外来文化同化,维护本国的文化主权,也就是说,文化贸易中的进口配额既可以实现经济目标也可以达到文化上的目的。但是从经济利益来看,进口配额不可避免地带来一些福利损失。

在图 7-2 中①，P_1 是自由贸易时的国际价格，在此价格下进口国自身生产 S_1 产量的产品，而需求量却高达 D_1，为满足民众的需求，本国将进口 S_1D_1 的产品。假设进口国为限制外来产品的进口，规定了一个 S_2D_2 的最高限额，则进口产品的国内价格将上涨到 P_2，配额引起的经济福利变化与进口关税类似。但是当我们征收进口税时，图 7-2 中的 g 就成了政府的财政收入；而当我们实行进口配额限制时，如果通过发放进口许可证的方式实施配额，则政府就得到了配额租 g，如果依申请程序发放，则得到配额的公司将获得图 7-2 中的 g，如果通过行贿的方式获得配额，则当事的政府官员获得配额租 g。从总体上看，实行进口配额的福利损失要大于或等于进口关税的福利损失。

关税和配额的政策性后果还是有区别的。首先，关税调整的是市场的价格机制，但并没有扼杀价格机制的作用，而配额却取代了市场的力量，使价格机制对产品的进口完全失效。其次，关税主要依靠经济手段来调节，并没有完全排斥国外的竞争，只要能够负担得起高关税，外国的产品仍然可以进入；配额主要通过行政手段执行，可以有效地阻止国外产品的进入。最后，征收进口关税时，能够进口的外国产品的数量是不确定的；实行进口配额时，可以进口的外国产品是可以预先确定的。

二、其他国家的"国产内容配额"

大部分国家为了扶持本国的文化产业，纷纷在财政资助、税收优惠、日常经营等方面优先向本国企业倾斜。在处理本国文化企业与外国同行的合资，或允许外国文化企业在本国开展经营业务时，各国普遍要求在外方提供的文化产品中，必须包含一定比例的反映本国文化的内容，达到内容要求的可视同本国文化产品，享受一系列优惠或补助。"国产内容配额"试图通过抑制外国文化产品的进口，促进本国文化产业的发展，故可视之为一种贸易壁垒。由于不同国家有不同的文化，各自所规定的国产

---

① 王钰：《国际贸易壁垒的经济分析与对策研究》，中国财政经济出版社 2008 年版，第 353 页。

内容的范围也各不相同。

（一）英国电影的国产内容要求

英国皇家税务及海关总署规定:任何电影摄制机构只要符合三项标准,均可根据《2006 年财政法》申请税收减免,最高可享受 80% 的公司税纳税基数折扣。需达到的三项标准是:(1)所拍电影符合"国产电影"的要求;(2)该电影打算在影院放映;(3)该电影的核心摄制成本(包括前期准备成本、摄制过程中的成本及后期制作成本)至少有 25% 发生在英国。

一部电影如需得到国产电影的认证,须向英国电影委员会提交申请,由电影委员会的认证小组进行"文化测试(cultural test)",审查影片是在何处拍摄的,制作人及演员的国籍如何,影片对英国文化的贡献有多大……并提出意见,经英国文体传媒部的部长同意后,认证小组发给申请人国产电影证书。

除了申请表格,申请人还需提供一系列辅助材料,包括以英语创作的电影剧本、摄制计划、预算安排、已完工的 DVD 拷贝、会计报告等等。一般情况下,电影委员会在接到申请材料后的三周内给出答复,如果材料不全,或需要进一步了解其他事项,则可能会延期。如果一部电影未能通过文化测试,申请者可以提出答辩意见。

文化测试主要考查四个方面:(1)文化内容;(2)对本国文化的贡献;(3)成本明细分析;(4)本国从业人员分析。每一大项下面又分为诸多小项,各自赋予不同的分值,总共 31 分,16 分以上者即为通过了测试,各项目的赋分规则如下:

1. 摄制场地

如果 75% 的摄制工作在英国完成,则此项得 4 分;66% 的摄制工作在英国完成,则此项得 3 分;50% 则得 2 分;25% 则得 1 分。

2. 影片主要角色

根据在影片故事中的重要程度选出 1—3 个主要角色,若选出了 3 个角色,其中 1 个人是英国人,则此项得 1 分,如果选出的三人中有 2—3 人是英国人,则此项得 4 分;如果只选出了 2 个角色,其中 1 人是英国的,则此项得 2 分。

3. 影片题材

如果影片的主题是关于英国的,则此项得 4 分。如果影片讲述了一个关于英国的真实故事,即使没有在英国拍摄,也属于国产电影。

4. 影片对话的语言

影片中至少 75% 的对话用英语或英国方言(包括盖尔语、爱尔兰语、凯尔特语、威尔士语、苏格兰语),则此项得 4 分。若 66% 的对话用英语或英国方言,则此项得 3 分;50% 则得 2 分;25% 则得 1 分。

5. 文化贡献

电影在推广、发扬、提升英国文化方面起着重要作用。本项目主要考查影片的文化创意、文化继承与文化多样性。文化传统是塑造国家认同的重要因素,因此电影应当通过屏幕为现在和将来的观众保存之,以维系一种共同的群体记忆,便于个人找到在群体中的位置。电影的多样性是指它能否反映不同的文化观念、宗教信仰、社会或经济背景等差异,政府鼓励电影表现残疾人、少数民族的当前生存状态。如果一部电影表现/反映了英国的文化传统,则给 1 分;如果以一种富有创意的方式表现英国文化,则给 1 分。如果充分表现了英国文化的多样性,则给 2 分。

6. 拍摄、视觉效果、特殊效果

至少 50% 的工作在英国完成,则此项得 2 分。其中拍摄按在英国进行的天数计算;视觉效果包括视觉预演(pre-visualization)、概念设计、数据采集、电脑生成影像(CGI)等业务;特殊效果包括电脑动画、弥补术、烟火制造、服装特制等业务。

7. 音乐录制、音频后期制作、画面后期制作、声音录制

至少 50% 的工作在英国完成,则此项得 1 分。

8. 从业人员国籍

在电影摄制期间,相关的业务骨干必须是英国或欧盟的正式公民,或通常居住于英国/欧盟,这种居住必须合法、持续,且自动被政府允许。在英国购买房产或与英国人结婚并不意味着惯常的居住,从而不符合摄制人员的国籍要求。若导演、作曲、全体演员及幕后制作人员符合国籍规定,则各得 1 分;若编剧作者中至少有 1 人符合国籍要求则得 1 分,制片

人、电影主角亦如此处理。

（二）澳大利亚电视节目的国产内容管制①

1. 什么是澳大利亚节目

一档电视节目必须同时符合下列条件才能被认定为澳大利亚节目：

（1）由澳大利亚人制作；

（2）导演或作者是澳大利亚人；

（3）至少一半的主要演播人员或节目主持人是澳大利亚人（对电视剧节目来说，至少3/4的辅助人员是澳大利亚人）；

（4）在澳大利亚完成节目的摄制和后期制作。

当然，新闻节目、时事政治节目或体育节目不受上述规定的限制。

2. 澳大利亚国产内容配额的沿革

1956年，当电视开始进入澳大利亚时，商业电视台的运营只受到一个限制：在电视节目的制作和播放过程中，尽可能地使用本国公民。从1961年开始，"澳大利亚广播管制委员会（ABCB）"要求成立三年以上的商业电视台：必须保证至少40%的播出节目是本国节目，其中在晚上7：30到9：30的黄金时段，每周至少播放1小时的本国节目。1962年，黄金时段的国产节目配额增加到每周至少2小时。但是人们还是认为国产节目的比例太低，不足以促进本国电视产业的发展。到20世纪60年代末，众多利益团体要求提高本国内容的配额，以增加本国从业者的就业机会。1971年，在黄金时段播放的电视节目中，国产内容必须达到45%以上。另外，商业电视台每月（按28天计）至少播放6小时的国产电视剧。在适合于学龄儿童的收视时间段，每月至少播放4小时的儿童节目。

1973年，随着工党政府的执政，国产电视节目的内容配额制被计分制取代了，以鼓励电视台播放更多的澳大利亚节目，提高本国节目的质量与多样性。在计分制下，不同类型的电视节目被赋予了不同的分值，从0.5分到10分不等。赋分的依据，是各档节目的质量、制作成本、本国人

---

① Papandrea，F.G.，*Cultural Regulation of Australian Television Programs*，Canberra：Australian Government Publishing Service，1997，pp.56~57，p.191.

员的雇佣情况、播放时间长度、对文化多样性的贡献程度等。每个月,电视台必须至少取得与"国产内容配额"相对应的分数,并且必须在黄金时段播放不少于 6 个小时的首次发行的本国电视剧。此后,国产内容的规定屡有变动。

目前,澳大利亚采取的国产内容管制措施是由澳大利亚广播事业局(ABA)公布的,包括本土节目播放时间配额和特定节目配额两部分,从1996 年 1 月开始实行,除了要求在早上 6 点至午夜 12 点的时段内,本国节目所占的比例不低于 55%,还包括以下规定:

(1)在一个连续性的三年期,首次发行的澳大利亚电视剧必须播放足够的数量,使达到的总积分不低于 775 分,每年的积分不低于 225 分。计算积分的公式为"电视剧类型因子×播放时间"。在给电视剧的类型赋分时,根据不同类型赋予不同的分值:以每周至少 1 小时的速度制作的电视连续剧或电视系列节目赋予 1 分;以每周至少 2 小时的速度制作的电视连续剧赋予 2 分;长度不超过 90 分钟的故事片、电视电影和微型连续剧赋予 3.2 分。

(2)每年播放不少于 26 小时的首次发行的本国儿童剧(1998 年以后增加到 32 小时),不少于 8 小时的本国重播儿童剧。

(3)电视台保证每年播出 260 小时的儿童节目,其中至少 50% 以上的节目必须是首次发行的。

(4)电视台保证每年播出 130 小时的学龄前儿童节目,所有这些节目必须是本国的。五年之内,学龄前儿童节目的重播次数不得超过 3 次。

(5)每年至少播放 10 小时的本国纪录片,每片的长度不得低于半小时。

与商业电视台不同的是,付费电视台不受国产内容配额的限制,但付费电视中的电视剧频道通常需要 10% 的节目制作成本用于资助初次发行的本国节目。澳大利亚有两个公共电视台:澳洲广播公司和特别广播电视公司。澳洲广播公司的主要使命是增进澳洲人的国家认同,提供信息性和娱乐性节目,反映澳洲社会的文化多样性,尽管澳洲广播公司没有执行国产内容配额的义务,但在实际运作中还是要适当地考虑。特别广播电视公司的主要职能是提供多种语言、多种文化的电视节目,满足澳大利亚多元社会的需要,它的许多节目来自国外,因此,特别广播电视公司不必遵守国产内容配额。

(三) 加拿大的国产内容配额

1958 年,加拿大《广播电视法》首次确立了加拿大内容管理的规定:在加拿大运营的所有电视台必须给加拿大内容以 45% 的节目配额,这是颁发电视台营业执照的基本条件之一。1964 年,福勒广播电视委员会建议把这项配额提高到 60%,1968 年联邦政府修改并通过了新的《广播电视法案》,采纳了福勒广播电视委员会的建议,成立了加拿大广播电视和电信委员会(CRTC)管理广播电视行业,具体监督加拿大内容的执行情况。

执行这项管理规定,最大的困难在于如何定义加拿大内容、如何确定加拿大内容的含量。1971 年,CRTC 主席皮埃尔·祖纽发明了一套数量化的评分系统,一直沿用到今天。根据 CRTC 的定义,所谓加拿大内容就是加拿大艺术家创作的、关于加拿大故事的文化产品。该委员会认为,这项管理规定之所以重要,是因为从文化角度看,加拿大的广播电视节目表达了加拿大人的声音,表达了加拿大共同的生活经历,展示了他们的创造性。从经济角度看,它意味着给成千上万的加拿大人创造了就业机会。该委员会从广播和电视两方面对加拿大内容进行了非常详细的规定。

在音乐广播节目中,委员会设计了一个叫作 MAPL 的评分系统。所谓 MAPL 系统,就是从音乐(Music)、艺术家(Artist)、生产(Production)和歌词(Lyrics)四个方面来决定一个音乐产品的加拿大内容含量(见表 7-1),其规则是:一件符合加拿大内容的音乐产品必须满足 MAPL 中的四个条件。

表 7-1　关于音乐节目的"加拿大内容"要求

项　目	内容要求
M(音乐)	由加拿大人作曲
A(艺术家)	曲子或歌词主要是由加拿大艺术家创造的

续表

项　目	内容要求
P(生产)	其录制、演播和转播过程全部必须在加拿大境内
L(歌词)	歌词完全由加拿大作者编写

资料来源:张玉国:《文化产业与政策导论》,高等教育出版社 2006 年版,第 81 页。

　　同时,该委员会还对音乐节目的广播时间做了规定。加拿大的所有广播电台在每周播放的流行音乐节目中,必须保证 35% 的加拿大流行音乐。而且:(1)所有的商业广播电台,从星期一至星期五,在上午 6 点到下午 6 点的节目中,必须保证 35% 的加拿大内容;(2)所有的少数民族广播电台每周必须保证播放 70% 的加拿大音乐节目;(3)所有的法语广播电台在其每周播放的流行音乐节目中,必须保证 65% 的法语节目。每星期一到星期五,从上午 6 点到下午 6 点,必须保证 55% 的法语流行音乐节目。

　　在电视领域,该委员会规定符合下列条件的电视节目可以被视为加拿大电视节目:(1)制片人是加拿大人;(2)主要的创作和演职人员是加拿大人;(3)生产成本中 75% 支付给加拿大人。具体评分系统见表 7-2。

表 7-2　"加拿大内容"的电视节目评分系统

项目	导演	编剧	第一主演	第二主演	艺术监制	摄影	作曲	剪辑
分值	2	2	1	1	1	1	1	1

　　在以上评分系统中,如果满足 6 分即可视作加拿大电视节目。该委员会也对电视节目的播放时间做了具体规定:私营电视台和少数民族电视台的年度广播节目必须满足下列条件:(1)每天从上午 6 点至午夜,必须保证 60% 的加拿大节目;(2)黄金时段(下午 6 点至晚上 9 点)必须保证 50% 的加拿大节目。

　　对于音乐节目、公益性电影、专题纪录片等具有加拿大内容的广播资料来说,国产内容配额为生产商提供了一种市场保护。已有的数据显示,内容配额促进了加拿大唱片数量的增加,见图 7-3。

（单位：百万加元）

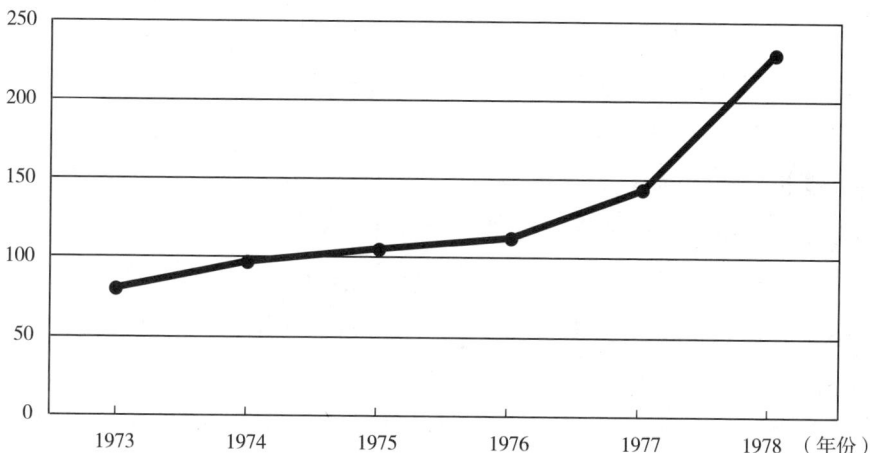

图 7-3　加拿大国内唱片的净销售额

资料来源：笔者根据斯蒂芬·格罗伯曼的《加拿大的文化规制》一书制作。

在 1970—1978 年的 8 年间，具有加拿大内容的单曲唱片销量增加了 177%，唱片集增长了 220%，具有加拿大内容的唱片制造商是受惠者之一，因为唱片的制造量和电台的播放同步增加。一方面，自从全面实施内容配额以来，加拿大唱片公司的利润突飞猛进。但另一方面，不断提高的利润率成了刺激供给增加的信号，随着新企业的不断进入以及原有企业规模的扩大，对加拿大内容的唱片需求降低了，唱片公司竞相与少数几个当红歌星、歌词作者和作曲者签约，导致签约费上升，成本增加。这样，国内唱片公司的利润率反倒降低了。1980 年，74% 的加拿大小型唱片生产商和 44% 的中型唱片公司亏损，同期其他国家唱片公司的利润率也低于一般水平，而加拿大乐师的收入水平显著增加，比美国同行高了好几倍。这表明：一方面，对加拿大唱片需求的增加导致加拿大乐师，甚至其他录音技师的收入也增加了。另一方面，为了完成加拿大内容配额的任务，加拿大的主要电台播放了大量以前的流行歌曲，某些歌手乘机抬高版税，从而大幅度增加了收入。

加拿大唱片公司和加拿大歌手收入的增加，某种程度上是以牺牲广播电台和电视台的利益为代价的,因为广播电台和电视台被迫用不太流行(通常价格更高)的本国节目代替更为流行的外国(通常是美国)节目。加拿大的媒体受众更偏爱美国的娱乐节目,尽管电台或广播网所播放的加拿大内容的节目不得低于节目总量的30%,进入美国流行歌曲排行榜公告牌(Billboard)前100名的加拿大单曲占总数的比例却低于30%。其他证据也表明:私营电台不会主动超额完成国产内容配额,有时还会低于最低要求。电视台在黄金时段播放的节目大多也是美国的。

内容配额的另一种潜在作用,是把收入由外国人手中转到本国的艺人手中。比如,在其他条件不变的情况下,限制外国唱片的播放时间,增加本国唱片的播放时间,将促进本国唱片的销售。本国付给外国艺术家的版权费就减少了,外国唱片在本国的销售收入也减少了。但这种情况有可能引起外国的报复,从而使内容配额的影响更为复杂。

(四) 国产内容配额的效应分析

实际上,国产内容配额是对本国文化企业正常运作的一种干预。以电视为例,由于电视节目需求存在着很大的不确定性,只有在节目播出以后人们才知道节目是否受欢迎,引进已经走红的国外电视节目可以帮助本国电视台规避市场风险,因此电视台有时不太愿意播出未经市场检验的本国节目,配额的实行可以纠正这一偏差。当然,不同类型的电视节目受配额影响的程度不同。新闻节目、时事政治类节目、本国体育节目的制作成本可能远远高于进口的类似节目,但观众的地域性偏好抵消了国产节目的成本劣势,即使没有配额的限制,此类节目的播出时间也不会大幅缩水。对游戏节目、令人轻松的娱乐节目而言,进口的国外节目通常既便宜又受欢迎,配额所带来的影响就大多了。

从经济学的角度看,国产内容配额能带来正面的经济效应:(1)增加了电视节目的多样性和观众的选择余地,更好地满足了其多样化需求,改善了观众的经济福利水平,尤其是儿童群体。通常情况下,儿童节目难以带来可观的广告收益,电视台不太愿意播放过多的儿童节目,实行儿童节目配额就可大大满足儿童们的收视需求,带来明显的外部效应。(2)减少了外国电视节目的进口,增加了本国电视节目的需求,使其价格上涨,刺激本国电视节目的供给,进而扩大本国电视产业的劳动力就业,提高与电视产业相关联的行业的赢利水平。

但是,国产内容配额的实行可能会产生一些意料不到的悖论。对于一档外国人制作的表现本国艺术家的影视节目来说,即使其他方面都符合国产内容的规定,也不会被视为国产节目,尽管它在实质上反映了本国的文化内容。类似地,如果外国人在本国拍摄的影片表现的是外国的历史故事,虽雇佣本国演员但演员在节目中说的是外语,那么按照配额规定,这档节目应属于国产内容,尽管它与本国文化无关。因此,国产内容配额的实行有可能背离自己的初衷。

国产内容配额的劣势也是不容忽视的:(1)实行国产内容配额以后,国产节目的价格提高,增加了电视台的购买支出;为了执行配额,电视台需要将每档国产节目录像,定期向相应的监管机构汇报,电视台的节目成本和管理成本加大了。(2)观众的偏好是随时变化的,而配额则比较僵化,不能适应观众审美情趣的改变。配额使电视台无法根据观众的收视偏好以及各类节目的不同价格,适时调整经营策略,从而扭曲了他们的决策过程。由于缺乏强制执行配额的动机,电视台会选择以最低的成本完成配额要求,例如,购买更便宜的本地或进口节目,安排在一些收视率不高的时段播放;或者在收视率不佳的时段,重复播放粗制滥造的国产节目,借以完成任务。这样,节目的质量难以得到保证,也降低了观众收视的愉悦感。

由于配额的诸多局限,人们倾向于直接补贴节目生产。相对于配额,补贴更有针对性,其成效可以立竿见影,而且可以根据受众情趣的变化随时调整补贴数额,也符合 WTO 的透明度原则。

第三节　补　贴

一、补贴的经济福利分析

随着技术的进步和贸易监管体制的完善,作为传统贸易壁垒的关税和配额日渐落伍。在《关税与贸易总协定》的推动下,世界平均关税水平一直在削减,未来仍将延续这一趋势。配额属于一种数量限制的手段,《关税与贸易总协定》的原则之一就是一般禁止数量限制,当然在某些非同一般的情况下,数量限制还是可以使用的。在乌拉圭回合多边贸易谈判中,各国在取消数量限制方面达成了一些共识:第一,采取"逐步回退"的办法逐步减少配额和许可证;第二,从取消数量限制向取消其他非关税壁垒延伸;第三,把一般取消数量限制原则扩大到其他有关协定,如"服务贸易协定"。① 基于此,各国纷纷转向了新贸易保护措施,包括自动出口限制、补贴、技术性贸易壁垒等更加隐蔽、更加灵活的手段,近年来甚至出现了劳工标准、绿色壁垒(或曰"环保壁垒")等五花八门的形式。

由于国际文化贸易具有不同于一般贸易的独特性,上述诸多新贸易保护手段并不都适用于文化贸易,比较而言,补贴措施更适合一些。根据世贸组织的《补贴与反补贴措施协定》(SCM),补贴是指政府或任何其他公共机构授予的财政资助给接受者带来的利益,其中的财政资助主要包括三方面:涉及资金的直接转移、潜在的资金或债务的直接转移;放弃或未征收在其他情况下应征收的政府税收;政府提供一般基础设施以外的货物或服务。国际文化贸易中,人们经常采用出口补贴措施。

图 7-4 阐释的是出口补贴所带来的利益损失。假设在自由贸易条件下,某国文化产品面对的国际价格是 P_w,国内价格也是 P_w,则该国将出口 q_2q_3 的文化产品。如果该国家为了鼓励文化产品的出口,对出口的每单位文化产品补贴 f 元,则该产品的出口量将扩大为 q_1q_4,国内价格一定会上涨到 $P_t=P_w+f$,否则,该产品将会全部用于出口,而不是供应国内市场。国内价格的提高使生产者剩余增加了 P_wJTP_t,使消费者剩余减少了 P_wBKP_t,国家的补贴支出为 CKTE,因此补贴导致的净福利损失为双三角形△CBK 和△JET。

---

① 王钰:《国际贸易壁垒的经济分析与对策研究》,中国财政经济出版社 2008 年版,第 344—345 页。

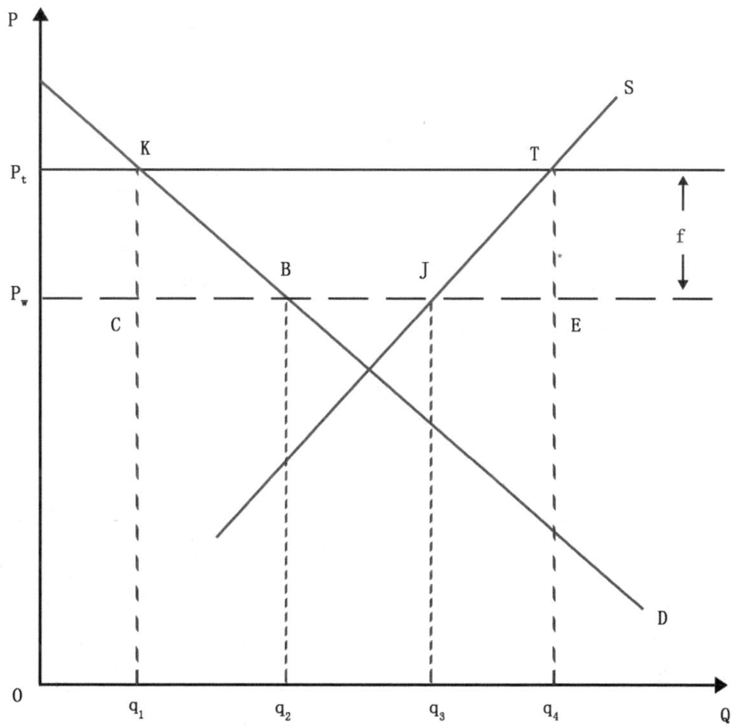

图7-4 出口补贴的福利效应

资料来源:笔者根据王钰的《国际贸易壁垒的经济分析与对策研究》一书制作。

二、补贴实施过程中所面临的问题

(一) 不利于激励本国文化企业的发展

补贴弱化了文化企业的竞争意识。补贴的资金来自政府机构的凭空恩赐,与企业的实际经营运作关系不大,等于帮助本国文化企业减少了来自外国文化企业的威胁,可能使本国的文化企业不思进取,满足于现状。企业在向政府提交补贴申请报告时,往往有意无意地隐瞒自己的真实经营成本和收益,刻意夸大成本预算和经营风险,以申请更多的拨款,将精力放在如何从政府那里套取尽可能多的资金,而不是如何最大限度地实现自我发展上,甚至将政府的补贴用作改善员工的福利待遇,背离补贴的初衷,沦落为永远长不大的婴儿。另外,补贴对象的选择也是一个难题:

如果根据前几年的经营业绩决定谁接受补贴,则无疑对新进入的企业不公平,不利于产业的成长壮大;如果集中资金用于少数实力雄厚的大公司,则不利于广大中小文化企业的发展。

(二) 公共机构的失灵问题

政府公共机构在确定补贴计划时,需要清楚地了解补贴对象的成本状况,以便结合所定目标确定拨款或补贴金额。但事实上,政府囿于自身专业知识的欠缺或管理对象数量庞大,很难确切掌握所需成本信息,因此所定的目标未必合理,如果决策发生了失误,则不但起不到应有的作用,反而可能帮倒忙。而且,公共机构也难以有效地监督所拨资金的使用情况,容易造成文化企业人浮于事,浪费严重,经营效率低下。更有甚者,有关官员可能利用自己对款项的支配权收受贿赂,为个别单位拨付额外的资金。公共机构的这种寻租行为扭曲了文化资源的有效配置,也有的文化企业往往聘请一些有名望的人,许以名誉顾问的虚职,通过名人向拨款部门游说施加压力。还有人直接向相关人员送礼,或聘请负责拨款的官员担任本单位的职务,以求在申请拨款时得到更多的好处。这样,有关部门就被文化企业所控制,出现了规制经济学中"规制俘获理论"所描述的情形。

为了克服政府的官僚主义所导致的效率低下,人们转而求助于行业协会或其他社会团体,让这些第三方机构代行政府部门的某些职责。在英国,这种间接管理的原则被称为"一臂间隔"(Arm's Length),起中介作用的第三方被称为"官哥"(Quango),即"准自治非政府组织"。官哥的成员通常来自行业专家,他们接受政府委托,为政府的文化资助出谋划策,并将资助款项发到具体的接收单位。由于他们对本行业相当了解,因此能大大增加资助的针对性和效果。为了尽可能做到客观公正,官哥不受政府的直接管辖,但会与之保持密切联系。

(三) WTO 协议对补贴措施的制约

WTO 在其《补贴与反补贴措施协定》(SCM)中,将补贴分为禁止性补贴、可诉补贴和不可诉补贴三类。禁止性补贴是指世贸组织成员方不得使用或维持的补贴,如果某成员方发现其他成员方正在实施此类补贴,即可采取反补贴措施进行反制。我们前面提到的出口补贴恰好属于禁止性补贴！当然,由于目前大部分国家的文化产业不太发达,即使采取了某些补贴措施,也难以快速有效地提升文化产品的出口竞争力,难以对少数发达国家的文化产业造成冲击,因此文化贸易中的补贴与反补贴争端案例还不是太多,目前所能见到的只有美国—加拿大期刊贸易纠纷涉及补贴问题,但这并不排除补贴问题会成为未来国际文化贸易争端的主角。

　　因此,对于寻求通过贸易壁垒保护本国文化产业的国家来说,应尽可能地少用或不用禁止性补贴措施,多用一些更富有弹性的其他补贴措施,以规避可能的贸易纠纷和摩擦。实际上,禁止性补贴的实质是通过牺牲国外出口企业的利益来资助本国类似企业,如果本国企业的竞争力不强,只能依靠补贴生存的话,无疑是对资源的浪费,也扭曲了国际市场秩序。在全球化日渐深入的今天,那种只考虑自己的利益,不顾外部反应的做法将越来越行不通。即使采取补贴措施,也应当着眼于提高企业的研发能力、人力资源培训、技术与设备的升级换代,多采取一些不可诉补贴措施,以切实增强企业的经营能力。根据 SCM,不可诉补贴是 WTO 允许存在的贸易手段,不受其他国家的制约,也不受反补贴措施协定的各种约束,研发补贴就是其中的一种,当然 SCM 也规定:研发补贴的额度不能超过产业研究费用的 75%,且只能临时采用,期限为五年,期满后需经补贴与反补贴委员会审查,以决定是否予以延期。

第四节　文化贸易保护主义思潮的困境

　　国际文化贸易中的"文化保护"思潮还需进一步得到理论上的完善,还面临着诸多挑战。随着全球化进程的日益深入,"文化保护"思潮与时代发展要求的矛盾越来越明显,下面我们从多个维度剖析"文化贸易保护"的困境。

一、国际文化贸易中"文化保护"的理论困境

(一) 关于"本国文化"的歧义

在谈到国际贸易中的文化保护时,"本国文化"是一个外延模糊的概

念,很多情况下"本国文化"与本国的疆域并不完全一致,一国之内可能存在着不同群体、不同阶层、不同民族或不同种族的亚文化,包含的民族越多则文化的构成越复杂。那么所谓的"本国文化"就是一个外延不定的概念,所谓的"本国文化受到了威胁"是指所有民族、群体的文化受到了威胁还是其中的几种受到了威胁?

"文化"的歧义性还表现在它是一个随时间而演变的动态概念,世界文化之间的交流古已有之,且呈现出愈益频繁之势,各国文化的交流与融合为世界文化的繁荣和发展提供了前所未有的空间,闭关锁国、独来独往是越来越行不通的。国际文化贸易的"保护论"只是着眼于当下的现实,忽视了相互交流与促进的动态过程。我们还是以中国为例,佛教来自印度,如今已在中国生根发芽、茁壮成长为中国传统文化的一部分,与儒教、道教并肩齐立,那么我们能否因为佛教的外来而否认其为本国文化的一部分? 文化交流的结果有可能造成强势的一方压制弱势的一方,也可能促使弱势的一方勇于吸收外来的先进因素而发扬光大,从而使自身得到提高。众所周知,中国的毕昇最先发明了"泥活字印刷术",传到朝鲜后朝鲜人加以改进为"铜活字印刷术"并回传到中国,大大促进了中国印刷业的发展。

(二) 文化≠文化产业

所谓"贸易",从其本来的意义上说是指商品之间的互换,可以是原始的物物交换,也可以是以商品换货币。从这个角度看,所谓的"文化贸易"就是文化商品之间的交换,这些文化商品通常体现了一定的文化价值和古典政治经济学意义上的交换价值,当然随着科学技术的进步和经济结构的提升,无形的文化服务愈益成为交易的对象。

尽管文化交流和文化商品的交换之间具有密切的联系,但它们之间的关系是复杂而间接的,我们不能笼统地认为国际文化贸易就是国际间的文化交流,更不能企图通过阻止外国文化产品进入、维持本国文化产业的存在来达到保护本国文化的目的。比如,政府间的文化交流项目通常表现为一国的表演团体到另一国家表演具有本国特色的文化艺术,为另一国家的民众了解本国文化打开一扇窗口,起到"管中窥豹"的作用。这种官方交流活动通常不以营利为目的,或不以营利为主要目的,我们很难视之为国际文化贸易,但它确实是一种文化交流活动。在现实生活中,我们见到的多是一些国际文化商品的交易活动,而不是文化交流活动,因此难免将两者混为一谈。

(三) 引进外国文化产品≠接受外国文化

在国际文化贸易中,主张限制国外文化产品的进口,实行保护性文化贸易的潜在假设是:过多地接触外国的文化产品(尤其是质量高于本国的文化产品)会削弱本土文化的根基,弱化本国公民的国家认同感。这种说法完全将受众看成是被动的信息接收者:只要外国的文化产品进入本国,受众就自然而然地接受外国产品所体现的文化理念,这只是一种缺乏根据的意念推理,受众并不会完全机械地对外界刺激作出一一对应的反应,而是基于自己的判断,独立自主地作出某些回应,他们的头脑并不是"白板一块",而是积淀了本国的文化传统与价值理念,当他们开始阅读外国的书刊、聆听外国的音乐或欣赏外国的影视节目时,他们会基于自身的理解而建构属于自己的意义世界。不同的受众由于年龄、职业、教育程度、生活经历的差异,对同一文化作品的解读可能千差万别,所谓"一千个人眼中就有一千个哈姆雷特"就是明证。对一个成年人来说,经过本国文化的长期熏陶,其价值观已经建构完毕,并具有相当的稳定性,是难以从根本上加以改变的,当接触到外国的文本时,他可能进行"倾向式解读"(Preferred Reading),也可能进行"协商式解读"(Negotiated Reading)或"反抗式解读"(Oppositional Reading)。但是,对成长中的年轻人来说,倒有可能因为外来文化的影响而改变自己的价值观念。下面的研究就是为了验证外国传媒能否改变本国学生的文化观念。

1991年11—12月,墨西哥"蒙特雷高等技术学院"的何塞·卡洛斯·洛萨诺教授对墨美边境的贸易重镇"新拉雷多市"的高中生们进行了抽样调查,旨在研究美国大众传媒(报刊广播影视)对墨西哥公民的影响程度。[①] 毗邻美国的边境城市是研究美国传媒与外国受众互动的最佳

---

① Emile G. McAnany & Kenton T. Wilkinson, *Mass Media and Free Trade: NAFTA and the Cultural Industries*, Austin: University of Texas Press, 1996, pp.182-184.

地点。在墨西哥内陆地区,观众通常能欣赏到经过配音或附加字幕的美国影视节目,但在边境地区,人们能够直接收到对面发射台的广播电视信号。同时,边境地区也汇集了墨西哥众多全国性和地区性的传媒机构,为居民提供充分的选择余地。

洛萨诺教授从"新拉雷多市"的 8464 名高中生中随机抽取了 575 人进行访谈,考查来自美国的电影、电视、音乐节目对他们的影响,575 个样本分别来自上中下不同生活水平的群体。调查显示,尽管新拉雷多市民可以毫无障碍地收看对面的 CBS 和 NBC,但观众最经常看的仍然是西班牙语电视台;尽管美国人将本国电视节目配上西班牙语后在新拉雷多市的电视台播放,但被访的学生们仍然最愿意收看本国节目。在深受欢迎的 33 档节目中,前 16 档均为西班牙语节目,其中 13 个由墨西哥的全国性电视台"特里维萨(Televisa)"制作,另外 3 个由美国的西班牙语电视台"德莱门多(Telemundo)"雇佣拉美艺人制作。

在广播收听和音乐欣赏方面,调查结果与电视类似。尽管新拉雷多市的学生们离美国很近,但绝大多数学生选择收听本国的西班牙语广播节目,包括音乐节目。被访的学生聆听墨西哥现代音乐节目的时间最长,其次是墨西哥古典音乐,第三位才是美国音乐节目。被访者所青睐的乐队组合/歌手中,属于墨西哥现代音乐流派的占 50.9%,属于传统墨西哥音乐流派的占 36.9%,属于美国的仅占 12.2%!地理位置上的接近似乎并未增加被试学生接触美国广播电视信息的机会。

但是在电影方面,调查结果却与广播电视截然相反。学生们在电影院欣赏的电影中,77%是美国的;在观看的录像带电影中,84.8%是美国的。中上生活水平群体的学生们都偏爱美国电影,似乎深受美国电影的影响,但生活水平低下群体的学生在电影院所看的电影中,却以本国电影居多,又使问题复杂化了。

为了进一步考查美国大众传媒对被试的影响,洛萨诺教授特意设计了一个问题:如果能有来世,你愿意做一个美国人还是墨西哥人?结果显示,那些愿意成为美国人的学生接触美国电影和音乐的时间长于愿意成为墨西哥人的学生,但无论将来选择做美国人还是墨西哥人,两组被试学生观看美国电视节目的时间长度却差别不大,因此洛萨诺教授只能谨慎地得出初步结论:"接触美国大众传媒"与"认同本国文化"之间或者没有关联,或者仅有某种较低程度的关联。总之,洛萨诺的调查表明:享用外国的文化产品并不一定导致人们接受其中的文化理念,即使接受影响,也得经过一个较长时期的复杂过程,且不同社会阶层的受众、不同媒体的影响作用各不相同。

二、国际文化贸易中"文化保护"的实践难题

(一) 有关的政治性国际组织缺乏约束力

目前,世界上有多个倡导文化多样性、反对文化控制的政治性组织。它们之中既有全球性的联合国教科文组织(UNESCO);又有政府间自发成立的机构,如"国际文化政策政府间论坛(INCP)";还有纯粹的非政府组织,如"国际文化多样性联盟(INCD)"。但无论哪一种组织,因其缺乏必要的强制执行机制,他们的主张也就难以得到实施,有时不免沦为一种"水中月、镜中花"。

1998 年,加拿大遗产部主持召开了一个政府间文化政策会议。会后,在加拿大人的提议下成立了"国际文化政策政府间论坛(INCP)",由加拿大遗产部提供办公场所,为加入论坛的各国文化部长们提供一个平台,用来交流彼此的观点,制定维持文化多样性的国内战略。INCP 的各成员国力图:

促进语言文化的多样性。当我们以全球化的视野看待"发展、政府管理、国家认同"等议题时,语言文化的多样性是基本的要素;

鼓励各国完全融入国际大家庭,同时又不丧失自己的独特身份;

就文化在国际事务中发挥的作用交换意见,包括分享彼此的观点、学习彼此实施文化政策的经验;

通过持续的对话向其他国际组织提供有见解的专家意见;

就文化问题继续进行广泛对话。

对"文化多样性"的保护不但政府部门关注,广大民间人士同样关注,"国际文化多样性联盟(INCD)"就是民间人士自发成立的非政府组

织。INCD是由致力于遏制全球化对文化造成同化的艺术家、文化团体组成的全球性非政府组织，成员来自世界71个国家，背景迥异，总部设在加拿大首都渥太华。该组织通过以下方式实现自己的宗旨：第一，作为一个非政府组织，希望通过自己的活动影响政府在文化方面的决策；第二，努力发展与一些国际组织的关系，从而推动文化多样性国际公约的建立与实施；第三，努力在国际范围内宣传自己的主张，以提高公众对文化多样性的认识。自2001年起，INCD每年与INCP同步举行年会，这两个机构互相支持，协同运作，鉴于"国际文化政策政府间论坛（INCP）"代表了政府间关于"文化多样性"的系统观点，"国际文化多样性联盟（INCD）"则从一个广泛"平民性"和"参与性"立场审视文化的多样性。

　　自从"国际文化政策政府间论坛"和"国际文化多样性联盟"诞生之日起，联合国教科文组织（UNESCO）就与它们开展了正式与非正式的互动。联合国教科文组织一直致力于捍卫世界文化的多样性。早在1980年，联合国教科文组织就通过了《多种声音，一个世界》，锋芒直指美国在文化与传播领域的霸权[①]。联合国教科文组织的批评激怒了英、美等发达国家，1984年12月美国借口联合国教科文组织存在腐败、管理混乱、政治色彩浓厚等问题，宣布退出教科文组织，直到2003年10月才重新回到教科文组织的怀抱。2001年11月，联合国教科文组织的第31届大会通过了《世界文化多样性宣言》，把文化多样性视为"人类的共同遗产"，对人类来讲就像生物多样性对维持生物平衡那样必不可少，捍卫文化多样性与尊重人的尊严密不可分。2005年10月，联合国教科文组织的第33届大会上，通过了《保护和促进文化表现形式多样性公约》。在联合国教科文组织的154个成员方中，148个国家投了赞成票，4个国家弃权（澳大利亚、洪都拉斯、利比里亚和尼日利亚），只有美国和以色列投了反对票！美国人指出：该公约存在着很大的缺陷，因为它给予了文化产品特殊的待遇，有可能损害其他国际协定所规定的权利和义务，危及世贸组织

---

① 李怀亮：《当代国际文化贸易与文化竞争》，广东人民出版社2005年版，第79页。

"多哈谈判"的顺利结束。① 由此可见,即使在 WTO 之外的国际协议中,仍然存在着市场竞争与文化保护之争。

《保护和促进文化表现形式多样性公约》反映了众多国家要求保护民族文化、抵消纯粹市场竞争之负面影响的心声。公约允许成员方根据自身的特殊情况和需求,在其境内采取措施保护和促进文化表现形式的多样性,这类措施可包括:

1. 为了保护和促进文化表现形式的多样性所采取的管理性措施;

2. 以适当方式帮助在本国境内创作、生产、传播本国文化产品与服务的人;

3. 提供公共财政资助的措施;

4. 鼓励非营利组织以及公共和私人机构、艺术家及其他文化专业人员,发展和促进思想、文化表现形式、文化活动、产品与服务的自由交流和流通,以及在这些活动中激励创新精神;

5. 培育并支持参与文化创作活动的艺术家和其他人员;

6. 旨在加强媒体多样性的措施,包括运用公共广播服务。②

由于大部分联合国教科文组织的成员方也是世贸组织的成员方,《保护和促进文化表现形式多样性公约》为各国提供了一个对抗美国"市场竞争"模式的渠道,但这条渠道的效果是有限的,因为《保护和促进文化表现形式多样性公约》的第二十条第二款明确规定:"本公约的任何规定不得解释为变更缔约方在其为缔约方的其他条约中的权利和义务。"《保护和促进文化表现形式多样性公约》并不是一个以文化来反对市场的文件,相反,它几乎到处宣扬文化贸易的必要性。《保护和促进文化表现形式多样性公约》只想在市场内部对文化表现形式的多样性予以特定的保护。但是,《保护和促进文化表现形式多样性公约》的条文中充满了诸多语焉不详之处。例如,《保护和促进文化表现形式多

① Tania Voon, *Cultural Production and the World Trade Organization*, Cambridge University Press, 2007.

② 联合国教科文组织:《保护和促进文化表现形式多样性公约》,2005 年,来源于"全国人民代表大会"官方网站 WWW.npc.gov.cn/wxzl/gongbao/2007-02/01。

样性公约》允许各国自己界定公约的适用范围,自己制订、实施促进文化多样性的措施,没有任何强制。当产生纠纷时,《保护和促进文化表现形式多样性公约》只是简单地列举了协商、第三方调解等解决方式,缺乏有效的争端解决机制。由于各成员方的利益不同,遵守公约又没有什么实惠,从而降低了成员方遵守公约的兴趣。相比之下,世贸组织提供了一个灵活而有效的磋商论坛和相对有效的争端解决机制,通过诸多特殊条款,各成员方得以保留充分的决策回旋余地,以保护本国的弱势文化产业。但是我们应当看到:即使在世贸组织的框架内部,保护本国文化产业的诉求也越来越面临着挑战。

(二) 世贸组织对本国文化产业的保护作用大打折扣

世贸组织的条款中有关"文化产品(主要是视听产品)"的部分散布在《服务贸易总协定》(GATS)、《与贸易有关的知识产权协议》(TRIPS)及《关税与贸易总协定》第四条"有关电影片的特殊规定"中,这些规则中的"例外""豁免"条款虽有利于其他国家保护本国文化,但这种保护作用要受世贸组织的普适性原则,如"最惠国待遇""国民待遇""市场准入"的制约。

1.《关税与贸易总协定》中与文化产品有关的规则

世贸组织的前身是"关税与贸易总协定(GATT)",关税与贸易总协定成立后举行了多个回合的贸易谈判,达成了一些大家共同遵守的核心原则,如"最惠国待遇原则(GATT 第一条)""国民待遇原则(GATT 第三条)",旨在促进货物贸易的自由化,减少货物贸易壁垒,增加"市场准入"的机会。在最初的 GATT 条款中,电影产业是唯一包括在内的服务贸易部门。《关税与贸易总协定》的第四条允许通过"配额"手段为电影放映设置数量限制,该条款主要是为了保护第二次世界大战结束后欧洲电影产业的复兴,并尽可能地节省西欧国家宝贵的外汇,用以购买它们急需的物品。《关税与贸易总协定》针对电影的例外条款并没有延伸到电视、广播及其他音像部门。1961 年,《关税与贸易总协定》应美国的请求成立了工作组,审议《关税与贸易总协定(1947)》的规则是否适用于电视节目。美国人认为,《关税与贸易总协定》第四条关于电影放映时间的配额限制不应该适用于电视节目,世贸组织的成员方应该搞好平衡,一方面为本国电视节目制作商保留必要的传输时间,另一方面为外国节目留出合理的播放渠道。欧盟坚决反对美国的建议。1989年10月3日,欧共体委员会通过了《电视无国界指令》,要求成员方的广播公司将大部分时间用于播送欧洲节目,其中至少10%的传输时间(或10%的节目预算)用于欧洲独立制片人的节目。《电视无国界指令》旨在发挥电视的信息功能、教育功能、文化功能和娱乐功能。《电视无国界指令》是在法国的坚决主张下起草的,与法国的视听产业政策非常契合。针对欧共体的举措,美国要求在《关税与贸易总协定(1947)》的框架下与欧共体谈判,美国贸易代表还将根据"超级301条款"①展开对欧共体的调查,欧共体则辩称《电视无国界指令》不属于《关税与贸易总协定(1947)》的管辖范围。最终,这一争论留给了乌拉圭回合服务贸易谈判来解决。

2.《服务贸易总协定》中与文化产品有关的规则

"乌拉圭回合"之前的几次贸易谈判都是关于货物贸易的,从乌拉圭回合谈判开始时,美国人开始把视听产品纳入了谈判议题,主张结束针对视听产品的贸易限制,减少补贴,打击盗版行为。而加拿大、法国连同大部分西欧国家坚决要求不把视听产品纳入贸易自由化谈判的日程。视听产品是受《服务贸易总协定》约束的。

在世贸组织的贸易规则体系中,《服务贸易总协定》对保护性国际文化贸易的约束力最大。对弱势文化产业国家来说,来自外的影视节目、图书报刊更加直接、深刻地触及了一国本土文化的核心,因此很多国家对

---

① "超级301条款"是指经《1988年综合贸易与竞争法》修改补充后,对"301条款"新增加的第"1302节",该条款的标题是"贸易自由化重点的确定"。由于该款的规定比"一般301条款"更强硬,适用范围更广泛,更具有浓厚的政治色彩,故俗称为"超级301条款"。"超级301条款"规定,贸易代表署于每年3月31日至9月30日提出美国认为"市场最封闭""最不公平"的贸易伙伴和贸易领域。在接下来的18个月时间内,美国政府将同这些贸易对手进行谈判,如果贸易纠纷仍无法解决,美国就可以对这些贸易对手实施单方面的贸易制裁,主要是对其进口的某些产品实行高关税。"超级301条款"是美国贸易代表办公室利用贸易政策推行其价值观念的一种手段,其核心是以美国市场为武器,强迫其他国家接受美国的国际贸易准则,以此维护美国的利益。实际上,美国的贸易政策是攻击性的单边主义,通过潜在威吓的作用打开外国市场,是一种典型的恶意运用权力,以达到美国贸易目的的行为——作者注。

此高度警惕。但是借助于互联网、卫星传输、数字压缩等技术,上述具有核心竞争力的文化产品/服务可以轻易突破国界线的障碍,进入别国,使传统的关税壁垒与非关税壁垒失去作用。因此,各国对文化服务贸易的控制就只能通过本国政策与法规,对国外文化服务的市场准入进行管制。然而,《服务贸易总协定》的最终目的是消除国际服务贸易壁垒,达到完全的贸易自由化,这就不可避免地影响到那些实行保护性文化贸易的国家的主权,整个《服务贸易总协定》的谈判过程就是一个贸易自由与文化保护的博弈过程,从长远来看,保护性文化贸易的前景不那么乐观。

《服务贸易总协定》为成员方规定了一系列行为规范,以约束缔约方的贸易行为。在成员方应履行的义务中,最重要的当数"最惠国待遇(MFN)"和"国民待遇(NT)"的条款。这两个条款的目的在于保证外国服务和服务提供者能够得到公正的对待,因此对于那些打算采取保护性的文化贸易世贸组织成员方来说,"最惠国待遇"和"国民待遇"就成了悬在头顶上的"达摩克利斯之剑"。

《服务贸易总协定》第十七条第一款规定:"在列入其承诺表的部门中,在遵照其中所列条件和资格的前提下,每个成员在所有影响服务提供的措施方面,给予任何其他成员的服务和服务提供者的待遇不得低于其给予该国相同服务和服务提供者的待遇。"[1]此即"国民待遇"的规定。需要指出的是:在《服务贸易总协定》中"国民待遇"不是各方必须承担的普遍义务,而是由各方自行决定在哪些服务部门履行"国民待遇"的义务,在何种限制条件下履行。这种"宽容"貌似允许各缔约方相机行事,以保护本国的文化产业,其实则不然。各成员的具体承诺减让水平在很大程度上不是自主决定的,而是受制于贸易谈判中的讨价还价。处于弱势地位的国家缺乏谈判的筹码,在其采取"保护性文化贸易"措施时,不免受到文化产业强势国家(如美国)的要挟,有时不得不违心地作出一些妥

---

① 房东:《WTO〈服务贸易总协定〉法律约束力研究》,北京大学出版社 2006 年版,第135 页。

协,从而形成一种表面上的"自主"。而且,随着贸易谈判的不断深入,《服务贸易总协定》要求各成员方不断扩大"国民待遇"的适用范围,不断减少直至最终取消附加在"国民待遇"承诺上的种种限制。从长远来看,"国民待遇"条款的法律约束力将越来越强。

《服务贸易总协定》第二条第一款是关于"最惠国待遇"的条款:"在本协定项下的任何措施方面,各成员应立即无条件地给予任何其他成员的服务和服务提供者以不低于其给予任何其他国家相同的服务和服务提供者的待遇。"①对于"最惠国待遇"的义务,《服务贸易总协定》允许各国基于"文化目标"或"产业政策"等考虑,自由提出"最惠国待遇"的豁免,这为成员方缓解服务贸易自由化带来的冲击留下了余地。例如,对于北欧国家(芬兰、丹麦、挪威、瑞典、冰岛)制作和发行的影视节目,挪威政府将它们列入了"最惠国待遇"豁免,旨在保护并促进北欧国家的身份认同。但是,"最惠国待遇"的豁免仍然只能是暂时性的,应当在以后的贸易自由化磋商中继续进行谈判。原则上,此类豁免的最长期限不能超过十年,任何的豁免延期都必须经过当事各国的谈判,延长期限的一方还必须为此作出必要的补偿。而且,即使一个国家在某个部门(如"视听产业")援引了"最惠国待遇"义务的豁免,也并不意味着该国就可以对国外视听产业的市场准入和"国民待遇"进行歧视性安排。最后,这种"最惠国待遇"的豁免只有世贸组织的创始国才能享受,新加入世贸组织的国家只能根据它与其他世贸组织成员方达成的具体条件,来决定是否享受"最惠国待遇"的豁免。

3.《与贸易有关的知识产权协议》(TRIPS)中与文化产品有关的规则

除了贸易的自由化,"知识产权保护"也是文化产品与文化服务贸易(如音像制品)必须面对的问题,《与贸易有关的知识产权协定》(TRIPS)就是知识产权的谈判成果。与贸易有关的知识产权协定包括了知识产权领域的7个方面:版权、商标、地理标识、工业设计、专利、集成电路布局设

---

① 房东:《WTO〈服务贸易总协定〉法律约束力研究》,北京大学出版社2006年版,第124页。

计、未公开的信息(包括商业秘密)。针对每一类别,与贸易有关的知识产权协定都规定了最低的保护标准,并要求成员方为实施这些标准制定相应的程序和补救措施,还为解决成员方之间的争端规定了有效的方法。

对文化贸易的出口国来说,有效的知识产权保护尤为重要。国际音像交易中存在的主要问题是非法复制音像制品、非法传输节目信号。复制设备的普及和数字技术的推广大大推动了盗版行为的发生,损害了视听产业的利益,也损害了原创人的权益。出版商、唱片公司、软件公司、影视公司成了盗版的最大受害者。

由于美国的音像产业高度发达,是赚取外汇的重要行业,所以美国人积极推动建立知识产权保护机制,"知识产权保护"成了美国最易与他国发生贸易摩擦的领域,也成了美国要挟、控制其他国家的利器。相比之下,广大发展中国家和一部分发达国家或多或少地存在着侵犯知识产权的现象,且难以在短时间内得到根治,这就为美国留下了制约的口实。近几年美国不断指责中国盗版泛滥、知识产权保护不力,除了谋求经济利益外,不排除打击中国的政治考虑,而且做得"出师有名",不会留下什么把柄。因此,某些发达国家及广大发展中国家在利用 WTO 规则保护本国文化或文化产业时,还会受到美国以"知识产权保护"为名的掣肘。表7-3 粗略反映了美国挑起的文化贸易争端概况。

表7-3　近年来 WTO 受理的文化产品争端及其处理情况
（1996 年 1 月—2007 年 6 月 30 日）

年份	申诉国	被诉国	内　容	状况
1996	美　国	土耳其	外国电影放映收入税	和解
1997	美　国	爱尔兰	影响授予版权及相关权利的措施	和解
1997	美　国	丹　麦	影响知识产权实施的措施	和解
1997	美　国	瑞　典	影响知识产权实施的措施	和解
1998	美　国	欧共体	影响授予版权及相关权利的措施	和解

续表

年份	申诉国	被诉国	内　容	状况
1998	美　国	欧共体	电影电视节目知识产权的实施	和解
1998	美　国	希　腊	电影电视节目知识产权的实施	和解
2007	美　国	中　国	影响知识产权保护和实施的措施	互有责任
2007	美　国	中　国	影响出版物和音像制品贸易权和分销服务的措施	互有责任

资料来源：根据朱榄叶编著：《世界贸易组织国际贸易纠纷案例评析：1995—2002》下册，法律出版社2004年版，第932—936页的内容摘编而成。

　　1996年，土耳其宣布对外国电影的票房收入加征25%的市政府所得税，而土耳其电影却免于此税。美国指责土耳其此举与它在《关税与贸易总协定（1994）》中的承诺不符，虽然《关税与贸易总协定》的第四条给了电影特殊的待遇，但也只是允许电影放映时间的"国产内容配额"，而不是税收限制。最后，土耳其作出妥协，对国产和外国电影征收同样的税收，问题才得以解决。

　　1996年，美国连同随后的欧共体起诉日本的版权保护措施：日本的法律只对1971年1月以后的外国录音制品提供版权保护。美国认为保护期过于短暂，经过欧美与日本的磋商，1997年日本修改了其版权法，对1946—1971年的外国录音制品也提供版权保护。

　　1998年，美国向希腊提出指控：希腊的许多电视台经常播放美国的影视节目，却未取得节目制作公司的版权许可。最终，希腊政府修改了立法，规定一旦希腊的电视台侵犯了他国的节目版权，必须给受害者额外的补偿，侵犯版权的电视台将立即关闭。这样，美国与希腊之间的纠纷得到解决。

　　我们可以预计：随着世界贸易自由化谈判的日渐深入，"文化保护"者的回旋余地将越来越小，类似的贸易纠纷将越来越多，一味地采取保护性文化贸易的国家将承受越来越大的压力。因此，中国在外贸规模迅速扩大、综合国力日益强大之际，应当适时抛弃防御性的文化贸易政策，根据日益壮大的经济实力,逐渐在文化贸易上主动出击,制定较为进取的文化贸易战略,通过增强与发达国家强势文化产业的互动来带动本国文化产业的发展,增加中国文化产业在全球范围内的存在感,将是有效提升我国文化影响力的途径之一。

思考题

试比较关税、配额与补贴措施的贸易保护效果之优劣。

第八章 文化贸易壁垒效果的案例分析

——以美国、加拿大期刊贸易纠纷为例

第一节 背景概述

加拿大是一个地理上很特别的国家:它的国土广袤,位列世界第二;但人口极少,仅仅3520万人(加拿大统计局2016年),且80%的人口聚居在距美加边境250公里内的狭长地带。虽然英语和法语都是加拿大的国语,但大部分加拿大人说英语,90%的加拿大人处于美国广播信号的覆盖范围内,地理上的毗邻与语言的相同使两国的人员、经贸往来几乎没什么障碍,这使加拿大成为美国文化产品的天然市场,包括电影、电视、图书报刊等等。由于美国超强的政治、经济与文化影响力,加拿大几乎在所有方面都笼罩在美国人的羽翼之下,加拿大人不但在经济上,而且在文化上感受到了一种威胁。

地理上的接壤使加拿大观众饱受美国广播电视节目的轰炸,几乎3/5的加拿大家庭处于美国电视台的信号覆盖范围内,将近3000英里的边境上没有阻隔美国电视信号的屏障。加拿大的广播与电视频道充斥着美国的节目,许多加拿大人觉得:他们所看到和听到的节目不是为加拿大人服务的。在美加边境约有13家美国电视台,其中包括赢利能力很强的布法罗电视台和贝灵厄姆电视台。这些电视台深深地吸引了加拿大的广告客户,例如,华盛顿州贝灵汉市的KVCS电视台一直依靠加拿大的温哥华—维多利亚广告市场赢利,加拿大多伦多—汉密尔顿市场也是美国布法罗电视台的重要收入来源之一。

在杂志方面情况亦如此。杂志通常有两个收入来源:广告收入和发

行收入。整个 20 世纪 90 年代,加拿大杂志的发行收入稳占总收入的 30%左右。扣除杂志销售、政府拨款与社会捐赠以外,广告收入大约占总收入的 60%—65%左右。这两种收入流量具有高度的相互依赖性,决定杂志的广告客户数量、广告费率高低的一个重要决定因素,就是杂志的发行量。这种相互依赖性导致了一种共栖状态——发行量和广告收入或一同上升,或一起下降。

从 20 世纪 20 年代起,美国杂志就开始成为加拿大本国杂志的一部分,一些老牌的杂志,如《时代》周刊和《读者文摘》,在加拿大推出了该杂志的加拿大版本,销量可观。早在 1977 年,《时代》周刊的加拿大版每月销售 57 万份,《读者文摘》的加拿大版每月销售 200 万份,在规模弱小的加拿大杂志市场上显得格外突出。事实上,加拿大的英语类消费杂志中,外国杂志(主要是美国的)占据了 81%的份额,在杂志的年度发行总收入中,外国杂志占 63%的份额。①

加拿大人认为杂志是产生、传播民族情感的重要工具,如果不向加拿大听众传播本国的声音,那么公民的文化表达权、社会凝聚力和国家认同感就会受到损害。但是,大量美国杂志包含的一些淫秽内容腐蚀了加拿大青年人的道德观,美国赫斯特集团的出版物经常发表一些有违英籍加拿大人情感的观点。为了维系加拿大人的文化传承,保证在加拿大公民所面对的各种文化产品中,本国内容占有合乎比例的份额,使加拿大人能有足够的文化选择余地,从 20 世纪 60 年代起,加拿大政府采取了一系列措施扶持本国杂志产业,抑制外国杂志的过分输入。

第二节　加拿大的期刊贸易壁垒

杂志产业的对外贸易一般采取两种形式:溢出销售、在其他国家和地区实行分版出版与发行。分版杂志的绝大部分内容来自原版,只是增加了针对所在国市场的商业广告,由于分版杂志的原版内容的成本已经在

---

① 张玉国:《国家利益与文化政策》,广东人民出版社 2005 年版,第 204 页。

原版发行国得到了补偿,甚至有很大赢利,所以分销版杂志具有很大的竞争优势。在加拿大杂志市场上的外国杂志中,《财富》和《纽约客》以溢出方式销售,而以《时代》周刊为代表的杂志则采取分版出版与发行的方式。加拿大的杂志政策主要是通过综合运用关税、国内税收、外国投资限制、广告配额等手段,抑制外国杂志在加拿大的出版与发行,从而引起了美加之间的期刊贸易纠纷。①

一、《所得税法》第十九条及《9958 关税条例》

在加拿大的杂志支持政策中,最重要的两条是《所得税法》第十九条及《9958 关税条例》,它们都是于 1965 年生效的,旨在阻止来自美国期刊加拿大版的竞争,保证加拿大的广告收入。

《所得税法》规定:加拿大企业在本国杂志上刊登广告时可以享受税收减免,减免的额度通常为利润的 50%,在外国刊物上登广告时不能享受广告退税的优惠。所谓加拿大刊物必须符合两个条件:至少 3/4 的员工必须是加拿大人,并且加拿大人至少拥有 3/4 的股份。但是根据 GATT 祖父条款,《所得税法》把两家在加拿大发行已久的美国杂志——《时代》周刊和《读者文摘》排除在外,它们仍然被视作加拿大杂志。

第二项措施是更具保护主义色彩的《9958 关税条例》,该条例禁止以下两种杂志进入加拿大海关:(1)外国的特刊,又叫分销版、地区版,内容与原版不完全相同,并增添了针对加拿大客户的广告;(2)原版的外国期刊,但针对加拿大客户的广告版面超过了总广告版面的 5%。

当以上两项法律措施实行以后,加拿大的出版商欣然地接受了这些安排。但是,最大的竞争对手《读者文摘》和《时代》周刊的优势依然没有受到什么影响,反而避免了来自美国同行的潜在竞争,这让加拿大的出版商和政府官员感到失望。

1975 年,加拿大政府决定采取更为大胆的措施,打算制订《C-58》法

---

① 金冠军、郑涵、孙绍谊主编:《国际传媒政策新视野》,上海三联书店 2005 年版,第243 页。

案(即《外国出版商广告服务法》),修订《所得税法》,取消了《时代》周刊和《读者文摘》的广告收入的纳税豁免权。1998年,加拿大政府为了回应世贸组织对美加期刊贸易纠纷的裁决,通过了《C-58》法案,以确保加拿大杂志获得应有的广告份额,根据该法案,只有加拿大的杂志才能开展面向本国的广告业务,外国杂志不得从事针对加拿大市场的广告业务,违者可以处以最高达25万加元的罚款。

这些措施的实行取得了一定成效,加拿大的杂志业开始兴旺,加拿大出现了首家《新闻周刊》,对那些不在加拿大开展广告业务的美国杂志来说,这些立法措施不会对它们的进口产生负面影响。

二、邮政补贴

第二个政策是邮政补贴。这项措施的实行可追溯到20世纪初。加拿大地广人稀,杂志的邮递成本很高,1981年,加拿大成立了邮政公司,由政府向邮政公司拨付款项,邮政公司再以优惠的价格提供邮寄服务。最初,邮政补贴广泛地给予所有加拿大境内出版的杂志,包括外国杂志的加拿大版。从1943年到1965年,加拿大的杂志市场上充斥着外国杂志的加拿大分销版。对于那些从加拿大境外寄来的外国杂志来说,其邮费通常直接交给了本国的邮局,但美国的杂志通常是先用船运到加拿大,再由加拿大的邮政局寄给读者。为了鼓励外国使用加拿大的邮政服务,最初的邮递费用很低。1990年,平均每份加拿大杂志的邮费是6.6分,而海运到加拿大的每份外国杂志的邮寄费达42.3分。结果,邮政补贴政策成了外国抱怨自己受歧视的一个重要原因。由于《读者文摘》的加拿大版已经按《C-58》法案的要求,将自身改造成一个加拿大杂志,邮政补贴的变化实际上只影响了《时代》周刊杂志,但是却激起了那些在美国出版、向加拿大邮寄的杂志社的抱怨。

由于邮政补贴的存在,加拿大邮政公司执行三种杂志邮寄费标准:受资助的邮寄费、国内商业性邮寄费和外国杂志的加拿大境内邮寄费。那些符合条件的杂志以优惠费率邮寄,不符合条件的国内杂志执行较高的商业性费率,进口的外国杂志则执行最高标准的邮寄费率。

三、拨款资助

直接拨款是贸易保护的最后一项政策手段,也是仅有的一项未受美国指责的措施。加拿大文化遗产部下属的期刊政策与项目理事会负责联邦政府的期刊资助,具体的工作通过加拿大期刊基金会和出版资助项目进行。2005—2006 年度,理事会的资助预算达 6500 万加元,受资助的期刊、报纸、行业协会有 1200 家。[①]　此外,其他的联邦政府部门、省市政府部门也提供了有限的财政帮助。

在接下来讨论美加贸易纠纷之前,需要说明几个情况。首先,这里所指的不是那些在美国印刷、面向美国市场的,而是那些虽然在加拿大印刷,但内容与美国的原版一模一样,只是增加了面向加拿大的广告,从而争抢加拿大广告收入的美国杂志。换句话说,两国的贸易争端仅仅涉及美国期刊的一个特定的子类。其次,贸易争端不仅仅涉及国际贸易的地理限制,而且涉及加拿大期刊政策的歧视性,如《9958 关税条例》。尽管加拿大对期刊的扶持不是出于贸易保护主义的目的,美加期刊贸易纠纷还是反映出:在全球化日渐深入的今天,一国国内的规制措施越来越受外部环境的制约。再次,至少 40 年来,加拿大政府和民众始终认为,美加期刊贸易纠纷的处理事关加拿大期刊业生死存亡,而美国政府和民众仅仅把杂志看作是一种娱乐产品,与国家的认同毫无关系,他们认为加拿大的政策是一种家长主义的干涉,打着维护本国文化认同的幌子,实则是为了维护加拿大杂志产业的经济利益。

第三节　贸易纠纷的产生及解决

加拿大实行保护政策后引起了两国的纠纷,涉及两国政府、利益集团、出版社和广告商。美国的出版社和决策者们坚持一种市场导向的立

---

① Canadian Heritage, *Periodical Publishing Policy and Programs: Annual Report 2005-2006*, CH41-8/2006E-PDF, p.4.

场,尽管他们的行动并不总是符合市场经济的逻辑。加拿大政府则坚持国家导向(尤其是国家认同)的立场,尽管有时候试图在两者之间取得平衡。

一、《体育画报》是导火索

直到 1995 年,加拿大主要的期刊支持措施仍然是《所得税法》第十九条和《9958 关税条例》,尽管这两项法规不是很完善,但还是为加拿大期刊业提供了一套稳定的保护性制度框架。1993 年,信息传输技术的进步为美国人提供了绕过贸易壁垒的手段,加拿大政府则试图采取新的规制方式,强制贯彻《C-58》法案和《9958 关税条例》,从而导致了两国之间的期刊贸易纠纷。

1993 年年初,当《时代》周刊杂志社宣布要在加拿大出版《体育画报》的分销版时,引起了加拿大期刊业的关注。《9958 关税条例》禁止外国分销版入境的条件是:该杂志含有超过 5% 的广告内容针对加拿大。加拿大通过《C-58》法案以后,美国杂志的加拿大版就难以开展广告业务了。但《时代》周刊拟通过卫星传输的方式,把《体育画报》的内容传送到多伦多附近的印刷厂印刷,绕过加拿大海关。从实物上看,这并不存在越境的问题,所以《9958 关税条例》就不再适用了,也没法据此强制实施。

首期《体育画报》(加拿大版)出现在 1993 年 4 月 6 日,并在加拿大的出版界引起了骚动,他们对《体育画报》(加拿大版)倒并不怎么害怕,《体育画报》社早就指出,由于在此之前加拿大没有体育杂志,所以即使创办了《体育画报》(加拿大版),加拿大的体育出版商也不会因此遭受广告收入的损失。但加拿大的期刊业人士担心:《体育画报》(加拿大版)有可能为其他美国杂志开了个头,最终冲破了加拿大人原有的政策保护网。

首期《体育画报》(加拿大版)发行后的一个月之内,加拿大政府宣布成立"期刊特别工作组",为政府献计献策,力图保证加拿大人有充足的渠道了解本土的思想和信息。特别工作组的报告重申了国家认同的重要性和加拿大经济的脆弱性,认为国家的政策应确保加拿大杂志能够公平地与外国竞争,并展望了外国杂志的加拿大分销版自由进入的潜在后果:

杂志的预算将减少,发行量萎缩……最终,整个行业面临生死存亡的威胁,因此必须采取强有力的措施,阻止不良后果的出现。

于是,1995 年加拿大宣布要实施新的《消费税法案》(Excise Tax Act),对所有外国杂志的分销版所登广告价值的80%征税,由印刷商和发行商支付。对于 1993 年 3 月 26 日前创办的分销版杂志(如《体育画报》),如果在以后年度的发行期数不超过 1993 年 3 月 26 日前每年发行的数量,则可以不受法案的约束,但如果发行期数超过限额,超过的部分要缴税。对此,《体育画报》杂志社声称:它们的出版计划将超过税收豁免所允许的 7 期,如果加拿大政府强行对超额部分征收"期刊消费税",那就等于干预了他们的日常经营,没收了他们的财产,《消费税法案》不过是把《体育画报》驱逐出加拿大市场的遮羞布。

美国贸易谈判代表坎特认为,《消费税法案》表明加拿大政策执行中日益明显的消极倾向:通过歧视性地对待美国在加拿大的合法广播、出版和版权利益,保护加拿大的期刊业,坎特因此威胁实施贸易报复,加拿大的文化部部长针锋相对地宣布:支持法案的立法,一经制订就立即执行。

1996 年 3 月,《时代》周刊杂志社向美国贸易代表办公室提起上诉,美国政府遂宣布:针对加拿大的期刊消费税,美国将正式向世贸组织提起诉讼,《9958 关税条例》和邮政补贴措施也一并被起诉。1996 年年末,世贸组织成立争端解决小组并召开了会议。实际上,美国的上诉有双重目的。首先,美国觉得有充足的理由经受 WTO 的详细审查,因为 WTO 的诸多条款中并不包括深受加拿大支持的文化例外原则;其次,美国希望这个案例能够树立一个普遍适用的先例,用坎特的话说就是,他们要告诉全世界,加拿大的期刊消费税不能容忍……美国准备采取行动。自从 20 世纪 70 年代以来,文化产品成了美国最赚钱的出口项目,整个 90 年代,文化出口是其第二利润大户,仅排在飞机制造之后。然而,美国的文化出口始终受到全球文化保护主义政策的威胁,在此背景下,美国才急于创造一个遵循市场规则的先例,回击加拿大的行动。在乌拉圭回合多边贸易谈判中,美国未能说服它的贸易伙伴把文化看作一种纯粹的商品,纳入自由贸易的谈判中。

二、分歧及解决

(一) 关于《9958 关税条例》

根据《关税与贸易总协定(1994)》,美国人指责《9958 关税条例》违反了《关税与贸易总协定(1947)》第十一条第一款"普遍取消数量限制"①的原则,加拿大则援引第二十条(b)项进行辩护,认为《9958 关税条例》是为了实现《所得税法案》的目标而设立的,与《所得税法案》同属于提高加拿大杂志广告收入的一揽子措施,以维系加拿大杂志必要的国内市场,同时也不妨碍加拿大人自由地阅读外国杂志。《所得税法案》是处理在加拿大境内印制的杂志的,而《9958 关税条例》则是处理在加拿大境外印刷的杂志的。

(二) 关于《消费税法案》

根据《关税与贸易总协定》第三条第一款及第三条的附属说明(见《关税与贸易总协定》附件 I 关于第三条第二款),在国际贸易中禁止任何成员方为了保护国内产品,在直接竞争或替代性产品之间搞差别税收。美国人据此指责:加拿大对外国期刊的分销版征收的期刊消费税改变了外国分销杂志与本国杂志的广告竞争条件,违反了国民待遇原则。加拿大虽然承认本国杂志与美国杂志分销版面对着共同的广告客户,但否认两者之间是可替代的相同产品,其理由是:由于加拿大杂志负载着本国独特的文化内容,表达了本国的事件、论坛、人民及其观点,它作为一种信息传播媒介是区别于美国杂志分销版的,两者仅仅在广告媒介的层面上是可替代的。另外,加拿大还辩称:对外国杂志分销版征收的消费税应属于《服务贸易总协定》调节,而不应归《关税与贸易总协定(1994)》第三条约束。由于《服务贸易总协定》的主体规范偏于原则、抽象,其法律约束力较弱。就"国民待遇"而言,在《关税与贸易总协定》体制中"国民待遇"

---

① 《关税与贸易总协定(1947)》第十一条第一款:"任何缔约方不得对任何其他缔约方领土产品的进口或向任何其他缔约方领土出口或销售供出口的产品设立或维持除关税、国内税或其他费用外的禁止或限制,无论此类禁止或限制通过配额、进出口许可证或其他措施实施。"对此,加拿大没有反驳,世贸组织的专家组也支持美国的判断。

是各方承担的普遍义务,而在《服务贸易总协定》中则是各方根据自己服务业的发展水平,自主决定在哪些部门、哪些服务方式上①提供,并附加额外的条件和限制。加拿大将外国杂志分销版的期刊消费税归入《服务贸易总协定》调节,可以大大减轻自己的过错。

但是,加拿大的辩解遭到了美国、专家组及上诉机构的否决,对那些试图通过文化贸易壁垒保护本国文化产业的国家来说,这是一个值得关注的信息,一个可能影响到未来文化贸易壁垒之有效性的信息!

第一,加拿大将外国杂志分销版列入《服务贸易总协定》的调节范围是值得商榷的。众所周知,随着科学技术的发展,国际贸易的方式也更加多样化,传统的贸易分类日渐捉襟见肘。例如,一个国家的马戏团(或歌星)到另一个国家举行现场演出的行为属于国际服务贸易的范畴,这毫无疑问,但出口到外国的录制有现场演出的 DVD 该属于商品贸易还是服务贸易?我们无法在现有的世贸组织条款中找到明确的规定,世贸组织协定并没有表示属于《服务贸易总协定》范围内的措施不能平等地受《关税与贸易总协定》调节。类似地,加拿大没有充足的理由证明:其对外国杂志分销版的征税优先适用于《服务贸易总协定》调节,而不是《关税与贸易总协定》。

第二,加拿大否认本国期刊与外国期刊分销版是可替代的相同产品,这也值得商榷。在《关税与贸易总协定》体制的长期实践中,人们通常从以下几个方面判断两种产品的类似性:在特定市场上的最终用途;消费者的偏好和习惯;产品的属性、种类和质量。考虑到加拿大与美国语言相同,具有共同的英国文化背景,很早就建立了美加自由贸易区,双方有着较其他国家更密切的互动,因此两国的杂志读者群应该具有类似的偏好和习惯。那些与时事新闻无关的外国分销杂志,如生活类、体育类、娱乐类杂志,可以被看作是相互竞争的产品。《消费税法案》仅仅针对外国杂志的分销版,而不包括本国杂志,客观上起到了阻止外国分版杂志在加拿

---

① 《服务贸易总协定》将国际服务贸易划分为四种类型:跨境交付、境外消费、商业存在、自然人存在——作者注。

大的发行与销售,因此,上诉机构判决加拿大违反了国民待遇原则。

(三) 关于邮政补贴

美国人指责加拿大的邮政补贴违反了《关税与贸易总协定(1947)》第三条第四款①,认为该补贴降低了加拿大杂志的投递费用,阻碍了美国期刊的分销版进入加拿大市场,对美国杂志的贸易利益产生了不利影响。加拿大则援引《关税与贸易总协定(1947)》第三条第八款(b)项的规定为自己辩护②,认为邮政补贴属于世贸组织允许的专门向国内生产商提供的补贴。

对加拿大的辩解,美国表示异议:美国人理解的专门向国内生产商提供的补贴应该是直接向生产商提供经济资助,而加拿大的邮政资助计划实际上是由加拿大文化遗产部向加拿大邮政公司提供资金,再由邮政公司提供较优惠的投递服务,受益的是杂志的批发零售商,而不是杂志社本身,因此加拿大邮政公司对国内期刊提供的优惠邮递服务不属于专门向国内生产商提供的补贴,从而加拿大不能援引《关税与贸易总协定(1947)》第三条第八款(b)项为自己辩护。加拿大则认为补贴应该是实质上的,无论采取直接或间接的形式,美国人的指责只注重形式而忽略了内容,流于一种形式主义的吹毛求疵。

上诉机构最终裁定:加拿大邮政公司执行的受资助的邮寄费是正当的,但其商业性邮寄费率违反了《关税与贸易总协定(1947)》第三条第四款。世贸组织的裁决表明美国赢得更大程度的胜利,加拿大限制美国期刊进入的措施遭到了质疑,而美国人则找到了对付加拿大其他文化贸易壁垒的手段。根据世贸组织的规则,加拿大要么废除或更改国内政策,要

---

① 《关税与贸易总协定(1947)》第三条第四款规定:"任何缔约方领土的产品进口至任何其他缔约方领土时,在有关影响其国内销售、标价出售、购买、运输、分销或使用的所有法律、法规和规定方面,所享受的待遇不得低于同类国产品所享受的待遇。本款的规定不得阻止国内差别运输费的实施,此类运输费仅根据运输工具的经济营运,而不根据产品的国别。"——作者注。

② 《关税与贸易总协定(1947)》第三条第八款(b)项规定:"本条的规定不阻止仅给予国内生产者的补贴的支付,包括自以与本条规定相一致的方式实施的国内税费所得收入中产生的对国内生产者的支付和政府购买国产品所实行的补贴。"——作者注。

么接受美国的贸易报复。经过双方不断协商,最终,加拿大调整了相关的期刊政策,同意修改《C-55》法案:美国杂志的加拿大分销版可以刊登高达18%的针对加拿大的广告,而且50%的广告费用是可以免税的,如果分销杂志80%的内容是在加拿大原创的,则一切费用均可免税。允许外国杂志加拿大版的广告份额增加,却没有相应地要求分销版增加本国内容,这就表明加拿大做了让步。

尽管达成了上述妥协,但是就自由贸易与保护本国文化(文化产业)的二元目标而言,似乎并没有真正解决双方的分歧。实际上,加拿大继续坚称有权确保本土文化产业的生存,美国继续强调扩大文化贸易领域里的自由化。我们无法预计未来是否还会有类似的冲突,由于可资借鉴的文化贸易司法判例太少,我们也无法预测世贸组织如何判决未来的文化贸易纠纷。但无论如何,美加期刊贸易纠纷还是给那些试图保护本国文化/文化产业的国家敲响了警钟,促使它们意识到单纯保护的被动性、暂时性与效果的有限性,这就是本书最关心的问题,也是一个未找到有效解决之道的开放问题。

三、对美加期刊贸易纠纷的延伸解读:技术发展对贸易壁垒的挑战

在国际文化贸易中,文化服务贸易(如影视节目)占的比重越来越大。随着信息通信技术的改进,国际文化贸易——尤其是文化服务贸易,越来越借助信息通信技术平台,以节省时间与运输成本。美加期刊贸易纠纷的直接原因是,美国利用卫星传输技术绕过了加拿大设置的贸易壁垒。其实在此之前,无线电视信号的传播早就突破了国家之间地理疆界的限制,使一个国家的电视节目轻而易举地溢出到了邻国,这在欧洲表现得尤其明显(见表8-1的"欧洲国家的电视节目'溢出'情况")。欧洲各国有着共同的历史文化渊源,加上众多中小国家相互接壤,因此在边境地区收看邻国的电视节目也就不是什么稀奇事儿了,这种电视信号的相互溢出必然影响到各国对本国电视产业的规制效果,对各国文化主权造成一定的冲击。但是,当欧盟建立了更为紧密的经济、政治、防务乃至文化

上的一体化时,电视节目溢出的影响就大大弱化了,欧盟的《电视无国界指令》实际上已经模糊了国别的区分,将整个欧洲的电视节目看作是同类的。指令对欧盟成员国的文化主权做了某些限制,允许附带广告的欧洲电视节目跨国界传输,并规定各成员国电视台至少拿出 10% 的时间用于播放欧盟独立制片人制作的节目。

表 8-1　欧洲国家的电视节目"溢出"情况

国　　家	在本国境内能收到哪些外国电视节目
奥地利	德国;瑞士;意大利
比利时	德国;荷兰;法国;在沿海地区能收看到英国的电视节目
丹　麦	1/3 的南部地区能收到德国台;1/2 的北部地区能收到挪威和瑞典台
芬　兰	瑞典;俄罗斯;北部地区能收到挪威台
法　国	北部地区能收到比利时台;南部地区能收到意大利台;东部地区能收到德国台
德　国	法国;比利时;丹麦;奥地利
荷　兰	比利时;德国;法国;丹麦;沿海地区能收到英国的电视信号
瑞　典	挪威;芬兰;南部地区能收到丹麦的电视节目
瑞　士	德国;法国;意大利

资料来源:Steven S.Wildman & Stephen E.Siwek, *International Trade in Films and Television Programs*, Cambridge:Ballinger Publishing Company,1988,p.39.

　　对美、英、法等世界电视产业大国来说,相比电视信号的溢出,卫星直播技术更能有效突破地理上的阻碍,轻而易举地到达地球上的任何角落!汤林森在《文化帝国主义》的开端就描述了一幅电视节目跨国界传输的情景:在澳大利亚偏远的塔纳米沙漠边缘,一家土著人坐在毛毡、油皮鼓或沙地上,津津有味地盯着电视屏幕,旁边还附有解说的文字:"《豪门恩怨》[1](Dallas)与《世纪销售》[2](Sale of the Century)……从天而降,透过卫星到了澳洲的各个沙漠"[3]。英国社会学家吉登斯认为:全球化的实质是

---

[1]　20 世纪 80 年代美国红极一时的电视连续剧——作者注。
[2]　1969 年 9 月美国 NBC 首次播出的一档系列电视游戏节目,1980 年澳大利亚电视制片人雷吉·格伦迪购买了节目的改编权,制作了一系列澳洲版的《世纪销售》节目——作者注。
[3]　[英]汤林森:《文化帝国主义》,冯建三译,上海人民出版社 1999 年版,第1—2页。

一种时间与空间的压缩。在汤林森描绘的场景中,我们清楚地看到了这种压缩,也注意到了其带来的潜在多重影响。当然,主权国家可以限制地面卫星接收设备的使用,以控制外国电视节目的卫星传入。

20世纪末,互联网兴起并飞速发展,给信息传播带来了更进一步的革命,其深刻的影响到目前远未结束。借助于互联网,任何时间、任何地点都可实现文件的上传下载;利用信用卡,网民可以在线购买异国他乡的书籍、磁带、歌曲,欣赏外国的影视节目,体验外国网络游戏的快乐,几乎不受外界干涉。

文化产品的交易离不开大众传播的渠道,而互联网的日渐普及使传统的大众传播模式有向小众传播(如"播客"①)发展的趋势,目前已经出现了广播与窄播互相交融之势,欧美国家的许多传媒巨头,如《华盛顿邮报》、英国广播公司、沃尔特·迪斯尼公司等等,纷纷建立了自己的播客网站,力图通过窄播渠道促进其广播业务。由于窄播方式更为自由随意,更不易受外界控制,使主权国家更加难以控制国际文化产品的交易。面对互联网上的海量信息,任何国家都难以完全控制网络信息的流动,包括网络上流动的交易性文化产品或文化服务活动。尽管一些国家建立了许多技术性的网络控制工程,但控制与反控制始终处于一个道高一尺、魔高一丈的博弈之中,似乎难以看到尽头②,除非我们把互联网彻底关闭,而这是难以实现的,我们的电子商务、电子政务、电子银行、网络教学等活动已经离不开互联网了。

在当代国际文化市场上,大众传媒产品构成了市场的主体。从文化贸易的国际争端来看,当代国际文化贸易的争端也主要围绕这些大众传媒产品展开,因此,文化贸易壁垒主要针对着大众传媒机构,但是对那些

---

① 我们通常所谓的"播客"有多重含义。第一,播客指一种在互联网上传或下载视听文件的方式:利用一款能够实现网上订制并即时更新下载的软件,自动下载预先订制的视听节目并保存到个人电脑或便携终端(如iPod)上,供用户欣赏;第二,播客也指已经制作好的视听节目——作者注。

② 目前,免于网络控制的方式很多,如代理服务器、虚拟专用网、各种专门软件等。多数代理服务器是设在国外的,基于尊重各国主权的国际惯例,一个主权国家不宜对外国服务器的运作进行干预,这就限制了该国进行文化管制的手段——作者注。

零散的窄播活动则鞭长莫及,当大众传媒机构借助于小众传媒进行运作时,传统的文化管制手段就捉襟见肘了。在小众传播方式中,播客(Podcast/Podcasting)是比较突出的一种。播客的显著特点有两个:第一,突破了传统媒体的"传者→受者"的单向度模式,受众不再被动地接受媒体的信息,而是能够自主选择节目内容,自主决定收看时间;第二,传统的媒体出版形式,无论报刊图书还是电影电视,都需要相当程度的硬件设施予以支持,普通人通常是不具备这些条件的,因此传统媒体多半代表了政府官员及社会精英人士的心声,播客的出现则颠覆了传统媒体的运作模式,播客的发布无需要太大的投资,只要一台联网的电脑、一个麦克风及相应的音视频处理软件,即可上传自己的声音或图像,并且不会受到各种编辑审查机制的约束。这样,播客发布者得以公布一些不利于统治阶层利益的内容,挑战他们的话语权。

QQ、微信等社交媒体的流行更是对传统媒体的深度颠覆!得益于智能手机小巧便携、人手一部、手机摄像头功能越来越完备,使得人人都是摄影师、录像师、记者、编辑。传统信息传输的"信息采集—编辑—发行"链条简化为拍发一体、瞬间完成,网络传输的"去中心化"使信息的控制越来越困难。

思考题

美国、加拿大期刊贸易纠纷对我们有哪些启示?

第九章　中国的文化贸易保护措施

第一节　中国的文化贸易壁垒

一、利用世贸组织条款构筑的壁垒

2001 年 12 月 10 日,当中国正式加入世贸组织之时,国人一片"狼来了"的恐惧,对我们的一些弱势产业充满了忧虑,文化产业就是其中之一。时过境迁,当我们蓦然回首,却发现当初的担忧并没有变为现实,大部分产业经受住了考验,而且发展得更好。加入世贸组织之初我们作出的承诺很有限,且大多附带着一定的条件,起到了某种缓冲作用,表 9-1 是中国在加入世界贸易组织时就服务贸易所做的承诺。

表 9-1　《中国服务贸易具体承诺减让表》

部门或分部门	市场准入限制	国民待遇限制	其他承诺
一、水平承诺			
本减让表中包括所有的部门	(3)在中国,外国投资企业包括外资企业(也称外商独资企业)和合资企业,合资企业有两种类型:股权式合资企业和契约式合资企业。股权式合资企业中的外资比例不得少于该合资企业注册资本的25%	(3)对于给予视听服务、空运服务和医疗服务部门中的国内服务提供者的所有现有补贴不作承诺	

续表

部门或分部门		市场准入限制	国民待遇限制	其他承诺
二、部门承诺				
1 商业性服务	F 其他商业性服务			
	A 广告服务	(1)仅限于通过在中国注册的、有权提供外国广告服务的广告代理 (2)允许外国服务提供者仅限于以合资企业形式,在中国设立广告企业,外资不超过49%。中国加入后2年内,将允许外资拥有多数股权。中国加入后4年内,将允许设立外资独资子公司 (3)除水平承诺中的内容外,不作承诺	(1)没有限制 (2)没有限制 (3)没有限制 (4)除水平承诺中的内容外,不作承诺	
2 通信服务	D 视听服务			
	—录像的分销服务,包括娱乐软件及(CPC83202) —录音制品分销服务	(1)没有限制 (2)没有限制 (3)自加入时起,在不损害中国审查音像制品内容的权利的情况下,允许外国服务提供者与中国合资伙伴设立合作企业,从事除电影外的音像制品的分销 (4)除水平承诺中内容外,不作承诺	(1)没有限制 (2)没有限制 (3)没有限制 (4)除水平承诺中的内容外,不作承诺	在不损害与中国关于电影管理的法规的一致性的情况下,自加入时起,中国将允许以分账形式进口电影用于影院放映,此类进口的数量应为每年20部
	—电影院服务	(1)没有限制 (2)没有限制 (3)自加入时起,将允许外国服务提供者建设和/或改造电影院,外资不超过49% (4)除水平承诺中内容外,不作承诺	(1)没有限制 (2)没有限制 (3)没有限制 (4)除水平承诺中的内容外,不作承诺	
4 分销服务	D 视听服务			
	B 批发服务	(1)不作承诺 (2)没有限制 (3)允许外国提供者在中国加入后3年内从事图书报纸、杂志的分销;在中国加入世贸组织一年以后,外国服务提供者可设立合资企业,从事上述产品的批发业务;在中国加入两年内,将允许外资拥有多数股份,取消地域或数量限制;加入三年内,取消所有限制 (4)除水平承诺中内容外,不作承诺	(1)不作承诺 (2)没有限制 (3)没有限制 (4)除水平承诺中的内容外,不作承诺	允许外商投资企业分销其在中国生产的产品,包括在市场准入或分部门栏中所列产品,并提供附件2中定义的附属服务。允许外国服务提供者对其分销的产品,提供按附件2中定义的、全部相关附属服务,包括售后服务

续表

部门或分部门		市场准入限制	国民待遇限制	其他承诺
4 分销服务	C 零售服务	(1)除邮购外,不作承诺 (2)没有限制 (3)中国加入 WTO 后 1 年内允许从事图书、报纸和杂志的零售;加入后 3 年内,取消限制,但对于超过 30 家分店、销售来自多个供应商的不同种类和品牌商品的连锁店除外,并且这些连锁店不允许外资拥有多数股权。同时,外国服务提供者仅限于以合资企业形式在 5 个经济特区(深圳、珠海、汕头、厦门和海南)和 6 个城市(北京、上海、天津、广州、大连和青岛)提供服务。在北京和上海,允许的合资零售企业的总数各不超过 4 家。在其他每一城市,将允许的合资零售企业各不超过 2 家。将在北京设立的 4 家合资零售企业中的 2 家可在同一城市(即北京)设立其分支机构。自中国加入 WTO 时起,郑州和武汉将立即向合资零售企业开放。中国加入 WTO 后 2 年内,在合资零售企业中将允许外资持有多数股权,将向合资零售企业开放所有省会城市及重庆和宁波 (4)除水平承诺中内容外,不作承诺	(1)除邮购外,不作承诺 (2)没有限制 (3)没有限制 (4)除水平承诺中的内容外,不作承诺	允许外商投资企业分销其在中国生产的产品,包括在市场准入或分部门栏中所列产品,并提供附件 2 中定义的附属服务。允许外国服务提供者对其分销的产品,提供按附件 2 中定义的、全部相关附属服务,包括售后服务
10 娱乐文化体育服务	D 体育和其他娱乐服务 (仅限 CPC96411,96412,96413,高尔夫服务除外)	(1)不作承诺 (2)不作承诺 (3)允许设立外资独资公司,需进行经济需求测试 (4)除水平承诺中内容外,不作承诺	(1)不作承诺 (2)不作承诺 (3)不作承诺 (4)除水平承诺中的内容外,不作承诺	

资料来源:本表系根据《WTO 知识解读及应对措施——文化出版业》第 194 页的《中国服务贸易具体承诺减让表》补充而来。于国旦编著:《WTO 知识解读及应对措施——文化出版业》,中国法制出版社 2002 年版。

　　从表 9-1 可知,我们对文化服务贸易中最敏感的视听服务、娱乐文化体育服务基本上不承担过多的义务,保留了可自由行事的充分余地。在图书报刊、电影的对外开放方面,中国仅在无关紧要的出版物印刷、书报刊分销及电影放映环节开了口子,而且按时间序列逐步扩大所适用的地区,显得比较稳妥谨慎。至于图书报刊的编辑、电影的摄制等内容创造方面,中国丝毫没有承担任何义务,这样就从信息传播的源头上把握了主动权。即便我们仅仅开放了图书报刊、电影的分销渠道,所带来的冲击仍然不容小觑。很长时间以来,新华书店一直是我国图书销售的龙头老大,但是随着网上图书销售巨头亚马逊的进入,新华书店运作机制的僵化弊端暴露无遗,在经营规模、经营理念、资金、技术等方面还存在着不小的差距。世界图书销售巨头贝塔斯曼进入中国不到 5 年,年营业收入就突破了两千万元!尽管后来贝塔斯曼退出了中国图书市场,但其曾经造成的冲击不容忘记。

二、利用烦琐的行政管制措施构筑的壁垒

在中国,行政性的文化贸易壁垒主要针对出版单位和影视摄制单位,由于这些单位不但具有娱乐大众的一般功能,还负有宣教功能。政府颁布了一系列事无巨细的规章制度①,禁止或限制非公有制资本进入以大众传媒为主的文化产业,对国有传播机构的运作进行了严格的管制。这些管制措施主要针对国内的非公有资本,包括国内的外国资本,但客观上也起了辅佐国有传媒机构发展壮大、更好地应对外国媒体巨头挑战的作用,因此本书把中国政府采取的传媒管制措施视为一种间接的文化贸易壁垒。

总体来看,国家对报刊图书、电影电视均采取了全方位监管:设立出版单位时的层层审批许可;编辑过程中各个环节的控制;内容播(刊)出之后的事后监督。监督的执行者包括媒体机构自身、政府相关部门、行业协会、社会力量等等,组成了一个纵横交错的立体网络。由于不同的传媒形式各有其特点,因此对不同媒体的管制规定也不完全相同。

---

① 关于我国传媒管制的法律法规、管理条例虽然众多,但最主要的是《出版管理条例》《印刷业管理条例》《出版物市场管理规定》《电影管理条例》《广播电视管理条例》等。

第二节　中国文化贸易壁垒的局限性

一、我国文化管制存在的问题

（一）政出多门，缺乏系统性

有关文化管制的政策法规制定权归属多个部门，难免存在职能交叉、多头管理的情况。烦琐的行政管制所造就的极高的传媒业准入壁垒固然阻止了外资和国内非公有资本的进入，也导致传媒市场缺乏竞争，没有活力，难以取得较好的效益，难以更好地做大做强。同样，多头管理造成了较高的退出壁垒，运营过程中事无巨细的规定牢牢地束缚了传媒机构的手脚，使许多传媒机构处于一种不死不活的状态。竞争的缺乏使我国的传媒市场集中度太低，传媒业的垄断导致产品的差异化程度不高，这些都不利于文化资源的优化配置。

我国现行的文化管理法律法规多数是一些位阶较低的规章、条例、通知、临时规定等。由于缺乏必要的稳定性，其实际效果也打了折扣。例如，国家广播电影电视总局在 2000 年出台的《电视剧管理规定》第三十五条中规定："电视台每天所播出的每套节目中，进口电视剧不得超过电视剧总播出时间的 25%，其中黄金时间（18 时至 22 时）不得超过 15%。"但 2004 年国家广播电影电视总局颁布《境外电视节目引进、播出管理规定》时，对引进境外电视剧的规定变成了"各电视频道每天播出的境外影视剧，不得超过该频道当天影视剧总播出时间的百分之二十五；每天播出的其他境外电视节目，不得超过该频道当天总播出时间的百分之十五。未经广电总局批准，不得在黄金时段（19：00—22：00）播出境外影视剧。"[1]显然，两个规定在关于黄金时段播放境外影视剧的问题上相互冲突，缺乏协调。

---

[1]　郭娅莉、孙江华、龚灏等编著：《媒体政策与法规》，中国传媒大学出版社 2006 年版，第25 页。

（二）我国的文化管制日益面临传媒技术的挑战

自 20 世纪 60 年代以来,信息传输技术获得了突飞猛进的发展,尤其从 20 世纪末开始,网络技术与数字技术的融合催生了各种新的媒体形态,这些新媒体具有不同于传统媒体的特点,最突出的是它们越来越非物质化(dematerialization)和去中心化(decentralization)①。在各种"新媒体"形式中,最常见的是博客(Blog)、维客(Wiki)、RSS 订阅、微型博客②(MicroBlog)等等。我国的文化管制主要针对传统的广播影视、图书报刊等,但目前传统媒体的受众呈逐渐萎缩的态势,导致文化管制的"盲区"越来越大。据中国出版研究所的几次国民阅读调查报告,我国民众的纸质图书阅读率持续走低,而互联网阅读率逐渐上升。我们进行文化管制的目的之一是防止不良文化产品(包括外国不良文化产品)对民众,尤其是思想不定型的青少年的影响,但恰恰是青少年群体、年轻的白领及其他社会精英阶层是"新媒体"的主要使用者,这就难免造成管理上的错位。

在"新媒体"的冲击下,传统媒体为求生存越来越加强与"新媒体"的融合,从而也加大了传媒监管的难度。早在多年以前,各大报社除发行印刷版报纸外,还纷纷推出网络版,随着时间的推移,网络版报纸的市场份额越来越大。2005 年,美国的《华尔街日报》正式确立了网络版报纸在集

---

① "非物质化"就是指出版物载体与所要表达的内容的分离;"去中心化"在这里指出版物加工制作的主体呈多元化态势,人人皆媒体。

② 在中国,博客已经为大家所熟悉,这里简单介绍一下其他形式:(1)"维客"是一种需要多人协作的网络写作工具,针对某一特定主题,参加者可以自由地作外延式或内涵式扩展,也可以修改甚至删除别人的帖子,"维客"倡导的是"知识共享"理念,著名的维基百科就是建立在 Creative Common 原则上的。(2)RSS 是指"简易信息聚合",目前还没有对应的汉语称谓。RSS 是一种简单的网上信息发布和传递方式,利用 RSS 阅读器,用户不必登录其他网站,只要按一定的格式、地点、时间和方式事先订阅,就可及时收到来自各网站的相关信息及最新更新。(3)微型博客是一种"缩微"的博客形式,它允许使用者通过手机短信、电子邮件、MP3、iPod、网页等多种方式,即兴上传或接收不超过 140 个字的任何信息。所发信息可以允许任何人阅读,也可以指定某一群组阅读。在微型博客中,你可以跟随(follow)别人,接收他们的信息,也可以通过别人跟随更多的人,接收更多的信息,像"滚雪球"一样,形成一个开放的信息网络,常见的微型博客网站有 Twitter、SideBlog、嘀咕网、叽歪网等,与博客相比,微型博客显得更加便捷随意。

团内部的重要地位,2007 年对印刷版和网络版做了进一步分工,将日常的事件性新闻和一般的金融数据完全转移到网络版上发行。2009 年,在金融危机的影响下,欧美的大报掀起了一股逃离纸质印刷、转向网络出版的风潮。2009 年 1 月中旬,英国《卫报》宣布将不再发行任何印刷品;2 月 7 日,有着 150 年历史的《洛杉矶新闻报》宣布关门,引起了人们对传统报业命运的担忧;3 月,美国赫斯特报业集团下属的《西雅图邮报》停止印刷版,完全转向网络版;4 月,百年大报《基督教科学箴言报》正式停止出版纸质日报,改为通过互联网发送网络版报纸;5 月,又有两家美国老报《塔克森市民报》和《安阿伯新闻报》加入从纸质传媒转向网络传媒的行列。① 在我国,越来越多的报刊也推出了自己的网络版,从《人民日报》《中国日报》《杭州日报》等党媒到市场化程度较高的《都市快报》《京华时报》《新京报》《南方都市报》《东方早报》,越来越多的报纸卷入了"报网合一"的运作模式。虽然目前还没有哪家报刊完全由印刷版转向网络版,但我们不能否认未来有此可能。目前,网络版的报刊不经过传统报刊的印刷和发行环节,从而避开了传媒法律法规中对出版物印刷和发行环节的管制。RSS 订阅出现以后,客户无须逐个浏览传媒网站,就能很方便地看到自己感兴趣的来自各报刊的内容,这无疑加剧了对传统媒体发行机制的冲击。

博客(Blog)出现以后,其有效的信息交流功能迅速得到了人们的关注。2001 年,纽约世贸大楼遭恐怖分子袭击的新闻最先就是通过博客,而不是传统的报刊电台披露的。基于此,许多出版机构开始利用博客搜集最新消息,改进自己的经营。目前我们常见的有"学苑出版社的博客""译林出版社的博客""三联生活周刊的博客""出版商务周报的博客"等。各出版机构纷纷把博客作为获取即时信息、加强与受众互动的重要平台,甚至通过与网民的交流,吸引网民参与出版物的选题策划,使传统媒体的"把关人"的角色发生了动摇(当然并没有推翻之)。

然而,微型博客的出现则彻底颠覆了传统媒体机构的运作模式! 与

---

① 刘华:《国外报业的数字化自救及其隐忧》,《传媒》2009 年第 9 期。

博客相比,微型博客更易于普及。博客的书写通常有一定的字数、格式及网页设计的要求,普通人或者不具备写博客的能力,或者工作太忙而没有时间,而且博客的发送需要借助于电脑和上网设备,普通人不一定具备这些硬件条件,从而使博客的普及受到了限制。微型博客的书写则简易得多,最大不能超过 140 个字,因此用户不需要有很高的文采,只要会写字就行,对内容也没有什么限制,可以写自己的即时所想、所见所闻,可以决定将所写的博文发给自己想发的任何人。与博客不同,微型博客的发送既可以通过网络,也可以通过手机,只要用户的手机绑订了微博网站的账户。由于手机的普及程度远超过电脑,因此微型博客更易于快速普及,可以说,在微型博客里,任何人都可以自主决定收发任何信息,每个人都是记者,同时每个人也都是编辑,试图控制讨论的话题或屏蔽对自己不利的信息将越来越不可能。传统媒体所具有的议程设定功能、传统的编辑人员所行使的传播把关人功能荡然无存了。

因此,传统的媒体监管机制也不再有效了,这是我国文化管理部门遇到的最大挑战!诚然,这一切看起来都是网络惹的祸,但因此而彻底放弃互联网是不明智的,也是不可能的,我们的电子政务、电子商务、电子银行、远程教育等活动已经离不开互联网了。

鉴于微型博客在获取信息方面的巨大优势,越来越多的媒体开始将微型博客作为获得信息的便捷渠道。在英国,134 家一线杂志开辟了推特(Twitter)账号,其中《新科学家》《新音乐快递》杂志(NME)的关注者都在两万以上。

二、中美视听文化贸易争端

中国的某些传媒管理政策引起了美国的不满,认为此举妨碍了美国视听产品与服务进入中国市场,两国由此爆发了贸易争端。此案例提醒我们:在经济全球化背景下,国家之间的贸易政策越来越相互影响,"独善其身"越来越困难,唯有增强自身的文化产业竞争力,才是应对文化贸易纠纷的万全之策。

2007 年 4 月,在经过多次没有结果的双边协商后,美国就中国出版物的市场准入问题正式向世贸组织争端解决机构提起上诉。① 两周以后,欧盟也加入了针对中国的行列。随后,澳大利亚、日本、韩国、中国台湾地区纷纷宣布保留第三方权利。同年4月27日,世贸组织争端裁决机构正式建立了专家组,8月2日,专家组的报告散发到当事各方手中。2009年9月22日,针对专家组报告中涉及的问题及司法解释,中国向上诉机构提出了上诉。2009年10月5日,美国也对专家组报告提出了上诉。2009年12月21日,上诉机构的终审报告分发到了当事国手中。2010年1月19日,世贸组织争端解决机构采纳了专家组和上诉机构的报告,这是终审裁决,国内仅有为数不多的学者关注此事。下面仔细回顾此次争端②。

(一) 美国的主张

2007年4月10日,美国要求与中国磋商下列问题:(1)中国政府采取措施,限制外国电影、家庭娱乐音像制品、录音制品和出版物的进口;(2)在出版物经销和家庭娱乐音像制品的经销方面,外资遭到市场准入的限制或歧视性对待。就贸易权来说,某些国有或部分国有企业有权进口外国电影、家庭娱乐音像制品、录音制品和出版物,对此,美国要求与中国政府磋商。就文化产品的分销而言,中国采取了多种措施,限制或歧视性地对待外国服务提供商在出版物和某些家庭娱乐音像制品上的市场准入。

美国声称:中国在外国文化产品的贸易权和市场准入方面所采取的措施有违《中华人民共和国加入议定书》《关税与贸易总协定(1994)》和《服务贸易总协定》。在贸易权方面,美方认为中国政府并没有一视同仁地给予本国企业和外国企业及个人进口国外文化产品的权力,中国政府给予外国企业或个人的待遇不如其给予国内企业的待遇好,这似乎违背了《中华人民共和国加入议定书》第一部分第五条的第一款和第二款,也

---

① 桂本东:《市场开放环境下的利益博弈——关于应对中美出版物市场准入争端案WTO专家组报告裁决意见的思考》,《出版发行研究》2009年第11期。

② WTO: *China-Measures Affecting Trading Rights and Distribution Services for Certain Publications and Audiovisual Entertainment Products*, WT/DS363/19 ⏐ 11, May 2012.

违背了《中华人民共和国加入议定书》第一部分第一条第二款的承诺。除了 WTO 允许的关税、国内税收和其他收费外，中国对文化产品进口的禁止或限制措施违背了《关税与贸易总协定（1994）》第十一条第一款。在出版物和家庭娱乐音像制品经销方面，中国政府给予外国服务提供商的待遇低于国内经销商，这违背了《服务贸易总协定》第十六条"市场准入"和第十七条"国民待遇"。

美国还声称，中国没有为进口的出版物、音像制品和电影的电子销售提供国民待遇，因为中国规定：进口出版物的发行只能采取订阅的方式，而且只能在国有发行机构办理。但对本国同类出版物则无此限制，这与《关税与贸易总协定（1994）》第三条第四款的规定不符。

另外，美方还指控中国强迫外国音像制品接受比本国同类产品更为烦琐的内容检查，外国电影只能在两家政府指定的国营机构发行，而国产电影却能通过任何合格的发行机构发行，包括民营发行机构，这违背了《关税与贸易总协定（1994）》第三条第四款的要求。

（二）专家组的意见

专家组的报告中既有支持美国的部分也有否定美国的部分。根据《中华人民共和国加入议定书》，专家组裁定中国的某些举措有违《中华人民共和国加入议定书》中关于贸易权的许诺，因为这些举措限制了中国企业进口出版物、电影、家庭娱乐音像制品、录音制品的权力，在某些情况下这些限制延及了没在中国注册的外国企业和个人身上。

专家组认为，中国禁止外商投资企业从事下列业务：（1）进口出版物的批发；（2）进口书报刊的征订包销；（3）进口电子出版物的批发。这与中国在《服务贸易总协定》第十七条"国民待遇"中作出的承诺不符。对专家组的这个评判，我国的学术界和文化产业界应该意识到：在《服务贸易总协定》中，各成员方可以自行决定承担多大程度的国民待遇义务，但随着贸易自由化程度的不断深入，国民待遇的义务有不断扩大的趋势，未来有可能减少甚至取消目前对国民待遇承诺的限制。

专家组还主张，中国政府对从事出版物和音像制品分销的外企规定的经营年限与最低注册资本限制违背了国民待遇的承诺。专家组指出，中国政府要求合资音像分销企业的中方必须控股、合资企业的经营时间也有一定的年限，此类规定违反了中国在《服务贸易总协定》第十六条"市场准入"和第十七条"国民待遇"中的承诺。

（三）上诉机构的意见

上诉机构支持专家组的观点：中国的《电影管理条例》第三十条[①]和《电影企业经营资格准入暂行规定》第十六条[②]违反了中国在《中华人民共和国加入议定书》和《WTO中国工作组报告》中的承诺；《音像制品管理条例》第五条[③]和《音像制品进口管理办法》第七条[④]违背了中国在《中华人民共和国加入议定书》第一部分第一条第二款的承诺。

上诉机构肯定了专家组的结论：就《关税与贸易总协定(1994)》第二十条(a)款的含义而言，中国无法证明：出版物进口经营单位的国有企业要求是保护公共道德所必需的，从而无法证明国有企业要求符合第二十条(a)款的要求。

上诉机构也支持专家组的另一结论：中国禁止外资实体从事音像制品电子销售的措施违背了《服务贸易总协定》第十七条"国民待遇"的规定。

但是，上诉机构似乎在中美双方之间走钢丝。它一方面支持美方的指控，另一方面又肯定中国政府对进口片的审查权，允许中国要求美国电

---

①　2001年国务院颁布的《电影管理条例》第三十条规定：电影进口业务由国务院广播电影电视行政部门指定电影进口经营单位经营；未经指定，任何单位或者个人不得经营电影进口业务。

②　2004年国家广播电影电视总局和商务部联合颁布的《电影企业经营资格准入暂行规定》第十六条规定：电影进口经营业务由广电总局批准的电影进口经营企业专营。进口影片全国发行业务由广电总局批准的具有进口影片全国发行权的发行公司发行。

③　2016年国务院颁布的《音像制品管理条例》第五条规定：国家对出版、制作、复制、进口、批发、零售音像制品，实行许可制度；未经许可，任何单位和个人不得从事音像制品的出版、制作、复制、进口、批发、零售等活动。

④　2002年文化部、海关总署发布的《音像制品进口管理办法》第七条规定：国家对设立音像制品成品进口单位实行许可制度。

影通过指定发行商发行,对审批手续等指控也未作裁决。

(四) 最终的结论

上诉机构建议 WTO 争端解决机构督促中国修改违反《关税与贸易总协定(1994)》《服务贸易总协定》《中华人民共和国加入议定书》和《中国加入工作组报告书》的文化贸易措施。2010 年 1 月 19 日,世贸组织争端解决机构采纳了专家组和上诉机构的报告。

裁决结果公布后,美国人欢呼雀跃,从贸易代表到唱片协会、图书发行协会、电影协会、软件开发商协会等社会团体,都认为此举为打开中国市场的大门奠定了良好的开端。而在中国,事发后的第二天商务部新闻发言人姚坚发表声明:对专家组部分裁决所做的限制性澄清和对中方援引例外条款权利的确认表示欢迎,对上诉机构的其他裁决感到遗憾。

美方此举以正常的经贸磋商为由,直接挑战了我国的新闻出版管理制度。此例一开,难以避免其他国家出于各种或明或暗的目的仿效之,给我们带来的影响将是长久而深远的。长期以来,我们在文化产业和文化贸易上习惯于通过"高筑墙"而高枕无忧,文化产业的市场化进程始终滞后,文化市场的封闭状态没有完全改观,以至于竞争力低下,难以做大做强,在外贸谈判中处于被动。当然,我们可以事后诸葛亮地认为,如果当初加入世贸组织的谈判之初,就将图书报刊和音像制品作为专营产品列入例外清单,那么就不会有今日之虞了。但当初谈判之艰难,国外要价之高,又使我们不得不作出某些妥协。从某种程度上说,世贸组织的判决也是件好事,它将督促我们更快地壮士断腕,更早地投入力度更大的实质性文化体制改革中!

值得庆幸的是,我国已经开始着手这方面的工作了。2009 年 7 月,国务院颁布了《文化产业振兴规划》,系统阐述了发展中国文化产业的目标、原则和指导思想,具有高屋建瓴的战略指导意义。《文化产业振兴规划》从金融、税收、财政等多个层面入手,着力提升我国的文化贸易竞争力。国家税务总局在国税函〔2010〕86 号文件中规定:对 2008 年 12 月 31 日前新办的政府鼓励的文化企业,自工商注册登记之日起,免征 3 年企业所得税,享受优惠的期限截至 2010 年 12 月 31 日。《文化产业振兴规划》

承诺大幅增加中央财政扶持文化产业发展专项资金和文化体制改革专项资金的规模,并在金融方面着力解决文化产业投融资难的问题。在对外文化贸易方面,《文化产业振兴规划》在市场开拓、技术创新、海关通关等方面给予支持,重点扶持具有民族特色的文化艺术、展览、电影、电视剧、动画片、网络游戏、出版物、民族音乐舞蹈和杂技等产品和服务的出口,抓好国际营销网络建设;支持动漫、网络游戏、电子出版物等文化产品进入国际市场;鼓励文化企业通过独资、合资、控股、参股等多种形式,在国外兴办文化实体,建立文化产品营销网点,实现落地经营;支持文化企业参加境外图书展、影视展、艺术节等国际大型展会和文化活动。我们相信,随着中央政策措施的逐步贯彻落实,随着我国广大文化产业界的不懈努力,我们的文化贸易水平必将大幅提升,真正实现中国文化产品走向世界!

(五) 对我国文化贸易战略的思考

1. 顺应既定的文化贸易格局,勇于走出国门,变被动为主动

进入 21 世纪以来,中国的经济快速增长,外贸总额连创新高,2009年已经取代德国成为世界第一的出口大国。携总体经济实力强劲提升的余威,我国的文化贸易也取得了不俗业绩。根据联合国贸发会议的统计,早在 2005 年,我国的文化产品出口额就达到了 613.6 亿美元,稳居全球首位,是意大利的 2.2 倍,美国的 2.4 倍。但是,我国的文化贸易缺乏核心竞争力,主要的核心文化产品如影视节目、音乐产品、电脑游戏均处于严重的贸易逆差,与发达国家的差距很大,未来的文化贸易工作似应以此为基点,积极推进我国文化产品和文化贸易"走出去",与其坐以待毙,不如奋起反击。

由于中西方文化背景的差异,我们进入西方核心文化产业贸易圈的障碍较大,但我们完全不必因噎废食,而应积极大胆地"走出去",勇于宣传自我、推介自我,让西方社会了解中国,逐步缩小双方的认知差距。以图书为例,中国已成为世界图书出口的大国,2016 年中国共出口图书1765.32 万册,金额达 5886.67 亿美元,令人欣慰!但在此之前我们作出了孜孜不倦的努力,早在 1986 年,北京就开始举办国际图书展览,前几期

的规模都不大,国外参展商也不多,主要职能是为人们提供一个了解国外的窗口。经过多年的积淀,从 2006 年的第十三届开始,我们在北京国际书展上开始出现版权输出多于引进的现象,北京书展也成为著名的图书交易平台。国家新闻出版总署积极鼓励中国出版物"走出去",实施了"中国图书对外推广计划""中国文化著作翻译出版工程"等一系列扶持政策,积极资助海外出版社翻译、出版中国图书,取得了一定的成效。以购并或直接设立商业存在的方式,可以大大缩短我们进入欧美核心文化市场的进程,在这方面,我们已经开始尝试了,未来还应该加大力度:

(1)图书出版方面。2008 年 7 月,人民卫生出版社在美国成立了分公司,并成功收购了加拿大的 BC 戴克出版公司。中国青年出版社、科学出版社、长江出版传媒集团等也纷纷在国外设立分支机构。以购并方式进入欧美市场,实现本土化运营,规避文化差异的负面影响,参与产业内文化贸易。通过直接在海外设立商业存在,我们可以迅速获取最前沿的文化产业信息,在全球范围内配置文化资源,增强中国文化产品对当地的影响力,最终塑造中国文化的品牌效应。目前,越来越多的出版社,无论中央级的还是省级的,纷纷在海外设立独资或合资公司,作为参与国际竞争的立足点。

(2)期刊方面。在《世界时装之苑》《时尚》周刊、《商业周刊》等进入中国后,中国的《知音》在加拿大创办了《知音(海外版)》,通过与当地出版商的合作,逐渐打开了市场;《读者》与美国合作方签署协议,尝试发行北美版本;《女友》在澳大利亚出版了《朋友》后又出版了北美版的《女友》;《时尚》关于中国文化及时装的一些图文资料也被国外出版公司所购买。[①] 这些有益的尝试为我们积累了资本输出、人员输出、跨国经营的宝贵经验。

(3)电视方面。早期的节目出口主要是电视剧及专题节目,包括《西游记》《笑傲江湖》《太平天国》等传统题材的剧目,以及《东方时空》《夕阳红》《中国一奇》等专题节目。销售的对象仅局限于周边的港澳台及海

---

① 周天增:《报刊准入分类管理和产业化研究》,远方出版社 2005 年版,第 165 页。

外华人群体,影响面并不太大。进入 21 世纪后,国内电视台积极尝试频道输出的策略,与单纯的节目输出相比,频道输出涉及的内容更丰富,借助海外媒体的传播,波及面更大,在这方面做得很出色的是 CCTV-9 和 CCTV-4。CCTV-9 通过与德国的博世电信合作进入了柏林、法兰克福;与美国的时代华纳合作进入了旧金山、纽约、洛杉矶等大城市的电视网;与澳大利亚的新闻集团合作,进入了新西兰、瑙鲁的有线网。CCTV-4 则与韩国 KDB 合作,成功在韩国落地;与"桑斯尔"有线电视网合作,在蒙古国落地。地方台如上海卫视在澳大利亚和日本开播,内蒙古电视台的蒙语频道在蒙古国开播。

相比而言,中国文化产品进军东亚、东南亚市场的难度要小一些。东亚、东南亚与中国同属中华文化圈,彼此的宗教、价值观、思维方式有很大的相似性,在这些地区销售的中国文化产品一般不会遇到太大的"文化折扣",正好适合我们与东亚、东南亚地区开展产业内文化贸易,近几年我国对东南亚地区的经济援助力度很大,加强了中国对该地区的影响力。2010 年,中国—东盟自由贸易区正式生效,双方的经济贸易飞速发展,但包括图书、版权在内的文化贸易相对滞后,双方未来的贸易增长潜力很大。2008 年 12 月,中国成功地在越南首都河内和柬埔寨首都金边举办了中国图书展销会,有 60 多家中方出版单位参加,现场图书销售额达 24 万元人民币,越南的电视台、《人民报》,柬埔寨的《柬埔寨日报》《华商报》等当地媒体积极报道,成为极好的广告宣传。2009 年第二届中越柬书展继续举办,进一步巩固了中国图书在当地的市场。

2.努力增强中国文化产业的竞争力

桂本东认为,面对美国文化产业的攻势,我们可以"学习借鉴国外经验,多采用符合 WTO 规则的措施维护文化安全。在这方面,加拿大、法国的经验值得我们借鉴"。① 本书作者认为:桂先生的观点值得商榷。诚然如桂本东所言,法国提出了文化例外的主张,并得到了加拿大等一大批国

---

① 桂本东:《市场开放环境下的利益博弈——关于应对中美出版物市场准入争端案 WTO 专家组报告裁决意见的思考》,《出版发行研究》2009 年第 11 期。

家的呼应,形成了一种捍卫民族文化的政治潮流。但是,在历次多边贸易谈判中,文化例外从没被纳进国际贸易规则中,仅停留在一种道义呼唤上,也就是说,它实际上无助于应对美国强势文化产品的进攻。虽然2001年法国将文化例外调整为文化多样性,联合国教科文组织也相继通过了《世界文化多样性宣言》《保护和促进文化表现形式多样性公约》,但约束力很弱,效果不容乐观。加拿大在发展本国文化产业时,采取了一系列措施限制美国文化产品的进入,但美加期刊贸易纠纷案的结局却显示:加拿大最终作出了妥协,部分地放松了当初的门槛,换取了暂时的和平,但造成期刊贸易纠纷的根子并没有消除,人们很难保证未来美加不会再次发生类似纠纷。加拿大对美国强势文化产业的警惕由来已久,早在20世纪20年代就开始了,但多年以后,美加之间的文化产业依然高度不对称。美加期刊贸易纠纷案和中美出版物市场准入争端案既有相同之处也有不同之处。相同之处是:中加两国均处于争端博弈中的下风,不同之处是加拿大囿于狭小的国内市场和远弱于美国的经济实力,不得不作出了较大幅度的让步;但面对国内市场、综合国力、发展潜力都蒸蒸日上的中国,美国人不可能再像当初对加拿大那样气势凌人,这就告诉我们:破解中美文化贸易争端的最好办法就是尽快发展壮大自身的文化产业实力,切实提高产业竞争能力,让更多更好的中国文化产品走向世界,方可由单纯被动的战略防御转向战略进攻!

但恰恰在提高我国文化产品的内在质量、增强我国文化产业竞争力的问题上,我们还有很长的路要走,未来任重道远。以电影为例,拥有13亿人口的泱泱大国却制作不出多少风靡全球的电影精品,奥斯卡金像奖成了中国电影从业者埋藏已久的梦想。20世纪90年代,鉴于国产电影产业滑坡严重,电影市场连年萎靡不振,我国从1994年开始每年引进10部外国大片,其中,大多数是美国片。事实证明,这些大片有力地拉动了国内的电影票房收入。1998年,我们进口的美国电影《泰坦尼克号》竟获得3.2亿元人民币的票房收入,占该年度全国电影票房总收入的20%以上!国外影片强大的市场魅力和票房前景深深刺激了中国电影界,中国开始学习引进影片的先进制作经验和娴熟的市场化运作经验,越来越多耗资巨大的国产大片开始出现,国内电影的票房收入也开始好转,从2003 年起,国产电影的票房收入就一直超过进口分账影片。2009 年,全国电影票房总收入达 62.06 亿元,其中仅《建国大业》一部的收入就有4.2 亿元之多,这是新中国成立以来国产电影取得的最佳票房纪录!2010 年 1 月,英国《独立报》曾以"中国引领全球票房收入一路走高"为标题报道了中国电影业与日俱增的影响力。① 但是我们应当清醒地意识到:中国电影仅仅守住了本土市场,还谈不上在全球范围内的攻城略地,其原因既有直接的也有间接的。

中国电影难以征服世界的直接原因是:内在质量普遍不高,缺乏足够的吸引力,连自己都不愿看的东西谈何走向世界? 这些年来,虽然国产电影的摄制艺术越来越娴熟,电影特技的运用也几可与好莱坞相比,但是某些国产大片只徒具"大片"的形式,剧中的人物缺少平常人的日常情感,整个片子缺乏人性的关怀,似乎导演和演员只是在按自己的意愿完成任务,却较少顾及观众的感受,最后落得叫座不叫好。

中国电影难以征服世界的间接原因是:我们的文化实力不强。从某种角度来说,一个国家的文化产品是该国文化的载体,因此,一个国家的文化综合实力越强,对周边国家保持强大的文化影响力和文化竞争力,则该国的文化产品越容易出口到国外。前面的"国际文化贸易的历史"部分指出:古代中国一直是世界上最强大的国家之一,尤其在汉唐盛世时期,因此我国的图书、字画一直持续输出到周边国家。近几年来,我们有意识地增强中国文化的对外推广工作,也取得了一些成就。例如,孔子学院是目前我国对外文化传播的重大项目,截至 2017 年 12 月 31 日,我国已经在全球 146 个国家/地区建立 525 所孔子学院和 1113 个孔子课堂,策划了一系列文化交流活动,如国外校长访华之旅、汉语桥中文比赛、国际学生夏令营等,有效地增进了中国文化在国外的感染力和亲和力,使中国文化的软实力有了提高。

---

① 《英报:中国引领全球票房一路走高》,中国网财经频道 2010 年 1 月 1 日,网址为finance.china.com.cn/news/wmkzg/20100111/127242.shtml。

　　美国是当今世界的文化产业大国,也是强国,但是当初美国也很重视对外文化的宣传工作。第二次世界大战期间,南美的众多国家支持纳粹德国,因为德国给这些国家提供了许多技术帮助和学术交流,为争取南美国家的支持,瓦解德国的同盟,美国大力开展针对南美的文化宣传。1938年,美国国务院设立了一个新的下属机构——文化关系处,1940年成立了由纳尔逊·洛克菲勒领导的美洲事务协调局。这两个机构负责与拉丁美洲国家间的教育科学文化交流,资助在拉美开办的近百所英语学校,并劝说拉美介入反法西斯的阵营,最终,就连德国的铁杆盟友阿根廷也宣布保持中立。为对抗纳粹德国的宣传,英国也成立了英国文化委员会。英、美等国的文化产品出口居于世界前列,与其多年的外宣不无关系。

　　但是我们也应清醒地认识到:中国文化在世界上的真实影响力和竞争力还不高,这在相当程度上影响了中国的文化产品,包括国产电影走向世界的步伐。根据中国现代化战略研究课题组的统计,从1990—2005年,中国在世界上的文化影响力排名由第11位上升到了第7位,但与美国、德国等文化贸易大国的绝对差距还是比较大的。2005年,美国的文化影响力指数高达81.4分,而中国只有39.7分![1] 从世界历史上看,凡是文化影响力大的国家,其对周边国家的文化辐射就强,扩大文化产品出口的可能性就大。而且,从1990—2005年,我国在世界上的文化竞争力呈略微下降的态势,在世界各国中一直属于中等强国水平,分数值徘徊在20—23分之间,但与世界前沿水平的差距略有扩大。[2]

　　进入21世纪以后,我们要想成为世界文化产品出口大国,首先需要苦练内功,提高国产文化产品的质量。根据目前的国情,宜进一步加大文化体制改革的力度,在保持适度控制的前提下逐步放松某些文化管制措

---

　　① 中国现代化战略研究课题组、中国科学院中国现代化研究中心编:《中国现代化报告2009——文化现代化研究》,北京大学出版社2009年版,第280页。

　　② 中国现代化战略研究课题组、中国科学院中国现代化研究中心编:《中国现代化报告2009——文化现代化研究》,北京大学出版社2009年版,第276页。

施,以适度的市场竞争带来文化产业发展的活力。在我国的经济实力、政治影响力、军事实力、科技实力逐步增强的同时,逐步增强中国文化在世界上的影响力,扩大我国文化产品出口。

思考题

应如何处理发展民族文化产业与接触外国文化产品的关系?

参 考 文 献

[1]中华人民共和国文化部对外文化联络局(港澳台办)、北京大学文化产业研究院编:《中国对外文化贸易年度报告(2012)》,北京大学出版社 2012 年版。

[2][德]彼得拉·克里斯蒂娜·哈特:《版权贸易实务指南》,宋含露等译,上海人民出版社 2009 年版。

[3]陈汉辞:《下一个机会,文化产业?》,《第一财经日报·网络版》2010 年 3 月 15 日。

[4]陈昌柏:《国际知识产权贸易》,东南大学出版社 2008 年版。

[5]陈岩:《国际贸易实务与结算实训教程》,高等教育出版社 2015 年版。

[6]范晓宇:《WTO 与版权贸易市场准入与国内监管规则研究》,法律出版社 2015 年版。

[7]桂本东:《市场开放环境下的利益博弈——关于应对中美出版物市场准入争端案 WTO 专家组报告裁决意见的思考》,《出版发行研究》2009 年第 11 期。

[8]国家统计局社会科技和文化产业统计司、中宣部文化体制改革和发展办公室:《中国文化及相关产业统计年鉴(2016)》,中国统计出版社 2016 年版。

[9]韩骏伟:《国际电影与电视节目贸易》,中国传媒大学出版社 2008 年版。

[10]贺化:《中国知识产权年鉴(2010)》,知识产权出版社 2010 年版。

[11]贺化:《中国知识产权年鉴(2011)》,知识产权出版社 2011 年版。

[12]贺化:《中国知识产权年鉴(2012)》,知识产权出版社 2012 年版。

[13]贺化:《中国知识产权年鉴(2013)》,知识产权出版社 2013 年版。

[14]贺化:《中国知识产权年鉴(2014)》,知识产权出版社 2014 年版。

[15]贺化:《中国知识产权年鉴(2015)》,知识产权出版社 2015 年版。

[16]贺化:《中国知识产权年鉴(2016)》,知识产权出版社 2016 年版。

[17]黄先蓉:《出版法规及其应用》,苏州大学出版社 2005 年版。

[18]姜飞主编:《海外传媒在中国》,中国文联出版社 2005 年版。

[19]姜汉忠:《版权贸易十一讲》,外文出版社 2010 年版。

[20]姜宏:《出口业务操作》,清华大学出版社 2015 年版。

[21]姜宏:《进口业务操作》,清华大学出版社 2015 年版。

[22]金鑫主编:《国际贸易实务》,北京大学出版社 2015 年版。

[23][美]杰弗里·赫尔:《音像产业管理》,陈星、方芳译,清华大学出版社 2005 年版。

[24][加拿大]考林·霍斯金斯、斯图亚特·迈克法蒂耶、亚当·费恩:《全球电视和电影:产业经济学导论》,刘丰海、张慧宇译,新华出版社 2004 年版。

[25]刘华:《国外报业的数字化自救及其隐忧》,《传媒》2009 年第 9 期。

[26]李德成:《文化传媒业政策法规精解》,法律出版社 2006 年版。

[27][英]莱内特·欧文:《中国版权经理人实务指南》,袁方译,法律出版社 2004 年版。

[28]梁昭:《文化贸易统计学》,高等教育出版社 2013 年版。

[29]罗兵编著:《国际艺术品贸易》,中国传媒大学出版社 2009 年版。

[30]马海群:《版权与图书外贸》,黑龙江人民出版社 2009 年版。

[31]田运银、胡少甫、史理、朱东红:《国际贸易操作实训精讲(第二版)》,中国海关出版社 2015 年版。

[32]佟东:《国际文化贸易》,经济管理出版社 2016 年版。

[33]王云霞:《文化遗产法学:框架与使命》,中国环境出版社 2013 年版。

[34]魏龙泉、邵岩编著:《纵览美国图书出版与发行》,中国经济出版社 2007 年版。

[35]中华人民共和国文化部对外文化联络局(港澳台办公室)编:《中国对外文化交流年鉴(2010)》,文化艺术出版社 2012 年版。

[36]辛广伟:《版权贸易与华文出版》,重庆出版社 2003 年版。

[37]徐建华主编:《版权贸易新论》,苏州大学出版社 2005 年版。

[38]徐建华、叶新主编:《版权贸易教程》,苏州大学出版社 2013 年版。

[39]杨凤祥、王茜主编:《国际贸易实务实训教程》,清华大学出版社 2011 年版。

[40]杨贵山等编著:《海外版权贸易指南》,中国水利水电出版社 2005 年版。

[41]尹章池、张麦青、尹鸿编著:《国际图书与版权贸易》,武汉大学出版社 2011 年版。

[42]余庆瑜:《国际贸易实务原理与案例》,中国人民大学出版社 2014 年版。

[43]俞学伟:《报关实务与操作(第三版)》,化学工业出版社 2016 年版。

[44]张炳达、顾涛:《进出口货物报关实务》,立信会计出版社 2012 年版。

[45]张华:《文化产品国际贸易法律问题研究》,厦门大学出版社 2013 年版。

[46]詹宏海:《知识产权贸易》,上海大学出版社 2009 年版。

[47]张燕等编:《国际贸易单证实务》,清华大学出版社 2015 年版。

[48]张玉国:《文化产业与政策导论》,高等教育出版社 2006 年版。

[49]郑士德:《中国图书发行史(增订本)》,中国时代经济出版社2009年版。

[50]中国现代化战略研究课题组:《中国现代化报告2009——文化现代化研究》,北京大学出版社2010年版。

[51]朱廷珺主编:《国际贸易(第3版)》,北京大学出版社2016年版。

[52]《中国引领全球票房一路走高》,《环球时报》2010年1月11日。

[53] Canadian Heritage, *Periodical Publishing Policy and Programs*, Annual Report 2005-2006, CH41-8/2006E-PDF, p.4.

[54] David Hesmondhalgh, *Cultural Industries (2nd Edition)*, London: Sage Publications Ltd., 2007, pp.162-163.

[55] Emile G. McAnany & Kenton T. Wilkinson, *Mass Media and Free Trade: NAFTA and the Cultural Industries*, Austin: University of Texas Press, 1996, pp.182-184.

[56] Fariba Razavi-Tavakoli, *International Flows of Selected Cultural Goods*, 1970-1987, ANNEX Ⅵ-50, Paris: UNESCO, 1992.

[57] Iain Robertson, *Understanding International Art Market and Management*, Abingdon: Routledge, 2005, pp.39-43.

[58] Miller, Toby et., *Global Hollywood 1*, London: British Film Institute, 2001.

[59] Papandrea, F. G., *Cultural Regulation of Australian Television Programs*, Canberra: Australian Government Publishing Service, 1997, pp.56-57, p.191.

[60] Phillip Ramsdale, *International Flows of Selected Cultural Goods 1980-1998*, UNESCO, 2000, p.31.

[61] Steven S. Wildman & Stephen E. Siwek, *International Trade in Films and Television Programs*, Cambridge: Ballinger Publishing Company, 1988, pp.39-40.

[62] Tania Voon, *Cultural Production and the World Trade Organization*, Cambridge University Press, 2007.

[63] Tapio Varis, *International Flow of Television Programmes*, Paris: UNESCO, 1985, p.19.

[64] WTO: China-Measures Affecting Trading Rights and Distribution Services for Certain Publications and Audiovisual Entertainment Products, WT/DS363/19.11 May 2012.

策划编辑：郑海燕
封面设计：王欢欢
责任校对：苏小昭

图书在版编目（CIP）数据

国际文化贸易/张斌 编著. —北京：人民出版社，2019.4
ISBN 978－7－01－020425－3

Ⅰ.①国… Ⅱ.①张… Ⅲ.①文化产业-国际贸易 Ⅳ.①G114

中国版本图书馆 CIP 数据核字（2019）第 030340 号

国际文化贸易
GUOJI WENHUA MAOYI

张 斌 编著

人民出版社 出版发行
（100706 北京市东城区隆福寺街 99 号）

涿州市星河印刷有限公司印刷 新华书店经销

2019 年 4 月第 1 版 2019 年 4 月北京第 1 次印刷
开本：710 毫米×1000 毫米 1/16 印张：17.25
字数：256 千字

ISBN 978－7－01－020425－3 定价：69.00 元

邮购地址 100706 北京市东城区隆福寺街 99 号
人民东方图书销售中心 电话 （010）65250042 65289539